政党政治の
混迷と政権交代

樋渡展洋/斉藤 淳――［編］

東京大学出版会

POLITICAL PARTIES IN DISARRAY
The Causes and Consequences of the LDP's Fall from Power
Nobuhiro HIWATARI & Jun SAITO, Editors
University of Tokyo Press, 2011
ISBN978-4-13-036241-2

目　　次

序　章　政党政治の混迷と政権交代────────────樋渡展洋／斉藤淳　1
　　　　　新選挙制度と長期経済停滞
　1. 本書の分析枠組──政党の適応行動の分析　1
　2. 本書の仮説と検証　6
　3. 本書の含意と知見　15

第Ⅰ部　制約条件と政党戦略

第1章　選挙制度と政党戦略──フランセス・ローゼンブルース／斉藤淳／山田恭平　27
　1. は じ め に　27
　2. 日本の選挙過程と自民党型集票組織　29
　3. 日本における多数決型民主主義への転換　31
　4. 結　　論　38

第2章　経済危機と政党戦略────────────────樋渡展洋　45
　1. 問題関心と分析仮説　45
　2. 実 証 分 析　51
　3. 結論と含意　59

第3章　財政危機と政党戦略────グレゴリー・W. ノーブル（豊福実紀訳）　71
　1. は じ め に　71
　2. 首相のリーダーシップと政官関係　74
　3. 首相を超えて──自民党の政策通有力議員と官僚の連携　80
　4. 結　　論　88

目　次

第Ⅱ部　構造改革と政党対立

第4章　格差問題と政党対立――――――イヴ・ティベルギアン（松田なつ訳）　97
1. はじめに　97
2. 構造改革の副産物としての格差と労働市場の二重構造　99
3. 格差に関する世論の反応　106
4. 結　　論――過渡期の不安定性　111

第5章　郵政問題と政党対立――――――パトリシア・L. マクラクラン（松田なつ訳）　115
1. はじめに　115
2. 2005年郵政民営化法案と郵政問題　116
3. 新自由主義改革の終焉？　122
4. 結　　論　130

第Ⅲ部　動員低迷と政権交代

第6章　地域経済変動と政権交代――――――清水薫／宮川幸三　137
1. はじめに　137
2. 自民党支持率低下の要因　138
3. データと実証分析　139
4. 結　　論　150

第7章　地域間格差と政権交代――――――山田恭平　153
1. はじめに　153
2. 財政改革と地域間格差　154
3. 地域間格差拡大の政治的影響　165
4. 結　　論　171

第8章　地方行財政改革と政権交代――――――斉藤淳　175
1. はじめに　175

2. 自民党による地方政府選挙動員と地方行財政改革　176
3. 市町村合併と自民党政権の終焉　181
4. 結　　論　187

第 IV 部　政党政治の混迷

第 9 章　党首選改革と政党支持率 ── ケネス・盛・マッケルウェイン／梅田道生　193
1. は じ め に　193
2. 政党党首とその選出過程の「民主化」　195
3. 党首予備選の影響 ── 世論の評価と政策対立　204
4. 結　　論　212

第 10 章　内閣支持率と与党支持率 ── 前田幸男　219
1. は じ め に　219
2. 内閣支持と首相に対する支持　220
3. 時系列データの分析　223
4. 結　　論 ── 構造変化の検討　236

第 11 章　首相の権力強化と短命政権 ── ベンジャミン・ナイブレイド（松田なつ訳）　245
1. は じ め に　245
2. 比較政治学的および歴史的視点からの日本の首相　248
3. 短命政権の原因 ── 首相の「ハイパーアカウンタビリティ」　254
4. 結　　論　258

あ と が き　263

索　　引　267

序　章

政党政治の混迷と政権交代
新選挙制度と長期経済停滞

樋渡展洋／斉藤淳

1. 本書の分析枠組 ── 政党の適応行動の分析

　2009年秋の衝撃的な政権交代の原因と帰結については，日本政治の同時代的分析の出発点であるだけに，今後も一層活発な議論が展開されるであろう．しかし，日本でもやっと教科書的な二大政党の政権交代が実現したという安堵と歓喜は瞬く間に霧散した．圧倒的期待を担って登場した民主党政権も，2年たらずで二つの短命内閣と参議院選挙での敗北を経験するにおよんで，人々は改めて，日本の政治の混迷と政権の脆弱性に懸念を抱き始めたのではないだろうか．自民党政権の末期現象と思われていたものが安定多数の民主党内閣でも継続したことで，説明されるべき対象が，政権交代や政権交代選挙そのものよりも，それを現出させた政党政治の趨勢であることが明らかになった．日本の政党政治が2009年の政権交代選挙で歴史的画期を迎えたとするよりも，日本の政党政治の混迷の一環として政権交代を理解する方が適切であろう．つまり，解明を要するのは政権交代や政権交代選挙の原因よりも政権交代前後の連続した政党政治状況の特質とその原因である．

　このような認識の下，本書は，2009年選挙の分析を超えて，自由民主党（以下，自民党）の政権転落と民主党の政権獲得を現出させた政党政治の現況を，政党，特に政権与党・自民党の戦略を規定・制約した要因とそこでの政党の適応行動から導出することを目的とする．そのために，まず，政党の適応行動に焦点を当てた本書の分析視点を提示し，次いで，それを1990年代以降の日本に適用した場合に導出される仮説およびその検証を，本書の各章の紹介を兼ねて説明する．本書の分析の知見と先進諸国の政党政治への含意は最後に言及される．

　2009年の政権交代の意義を理解するには，それが代表する政治状況を特定

し，それを現出させた要因を析出する必要がある．本書では，日本政治の現状を政党政治の混迷状況と規定し，その兆候を選挙ごとの大幅な議席変動（スウィング）と頻繁な内閣の交代に求める．そして，その原因を，構造的要因により規定・制約された政党，特に政権政党の適応行動に求める．分析単位を政党とする本書の分析は先行研究にない二つの特徴を持つ．第一に，政党の適応行動が複数の目標を同時達成する必要性ゆえに直面する困難さを指摘し，第二に，政党政治の混迷をそのような政党の適応行動の困難さが増幅された状態として説明する．

まず，2009年の画期的な政権交代を理解する上で重要なことは，それが通常の民主制度が想定する政権交代と様相を異にすることである．2009年の政権交代で特記すべきは，それが，連続した大幅議席変動と頻繁な内閣の交代の一環として発生したことである．このような政治状況は，既に小泉内閣での2005年の郵政選挙に始まっていた．与党自民党は2005年郵政選挙での地滑り的大勝にもかかわらず，2007年参議院選挙で大敗し，2009年総選挙で歴史的惨敗を喫し，その間，安倍，福田，麻生の短命内閣を経験した．同様に，2009年選挙で大勝し，政権を獲得した民主党も，2010年参議院選挙で大敗し，鳩山から菅，そして野田へと内閣を交代させた．

このような政党政治の混迷は，いかなる政治制度も予定しておらず，二大政党化といった選挙制度の帰結としては説明できない．理論的には，小選挙区制では，多数党は得票率に比べ過大な議席を獲得でき，有権者の投票の小さな変化が大きな議席変化をもたらすとされる（Taagepera and Shugart 1989；斉藤 2010）．しかし，このような制度特性が，連続した大幅議席変動と頻繁な内閣の交代に帰着する必然性はない．実際，小選挙区制下の二大政党制でも，議席の劇的変動や短命内閣は稀有である．例えば，選挙が2年毎にあるアメリカ下院でも，二大政党間の大きな議席変動を伴う多党派交代は，戦後数回しか見られていない[1]．同様に，戦後イギリスでは，1970年代を除くと，長期政権がむし

---

1) アメリカの政治発展論では，大きな議席変動に伴う二大政党の勢力逆転と政策対立軸の変動は，通常，「再編選挙（realignment elections）」として，歴史的に稀な事例として分析されている（Brady 1988；Clubb, Flanigan, and Zingale 1990；Poole and Rosenthal 1997）．「再編選挙」の必然性に関する批判としてはMayhew (2002) がある．

ろ典型である．逆に，頻繁な内閣交代が出現したイギリスの1970年代や，選挙ごとの政権交代が選挙制度改革を惹起したニュージーランドの1990年代などは，政治危機の時代として理解されている．つまり，一般的な小選挙区制での政権交代は，安定的な多数党による政権運営が前提とされていて，現在の日本の政党政治の混迷とは正反対の状況が想定されている．

日本における政党の適応行動が，なぜこのような混迷状況を現出させたかを理解するには，まず，政党の適応行動にもかかわらず政権交代がもたらされる理由を理論的に整理し，次いで，日本での政党の適応行動が一般的な政権交代と異なる状況を現出させた理由を説明する必要がある．

そもそも政党の適応行動がなぜ政権維持を阻害するような帰結をもたらすかについての理論的説明は意外にも皆無といって良い．本書では，政党の目標の複数性に着目し，その同時達成の困難さが政党の最適行動を困難にすると立論する．即ち，通常，行動主体としての政党は，政権の獲得・維持という最適行動を実現するには，議席の増大，政策の実現，組織の運営という三つの目標を同時に追求する必要がある．これらの目標は，政党を構成する議員の三つの目標，即ち，再選，政策，昇進に対応する．注目すべきは，政党がこのような目標を追求するためには党組織を整備・強化する必要があることで，政党は，議員の再選による議席増大のための選挙組織（party-in-electorate），議員の政策を集約する政策組織（party-in-government），そして，それらの活動を調整し，党の組織的一体性を保持するために役職を配分する執行部（party organization）を整備する必要がある（Strøm 1990; Rohde 1991; Cox and McCubbins 1993; Aldrich 1995; 建林 2004）．

本書にとって重要な点は，政党の三つの目標が同時鼎立する保証はなく，そのことが政党の組織的統一と内部規律による適切な対応，即ち政権の獲得・維持を阻害する可能性が高いことである．つまり，政党によるある目標の組織的追求がその他の目標実現を阻害し，政党の適応能力全体を減退させ得る．例えば，議席増大のための組織的行動が，有権者の政権信認を拡大するような，経済状況に適合的な経済政策の実施を阻害し得ることは，政治経済分析の政治的景気循環論（Tufte 1978; Kiewiet 1983; Lewis-Beck 1988）や政治的財政出動論（Persson and Tabellini 2003; Brender and Drazen 2005, 2007; Shi and Svensson

2006)によりかねてから指摘されている．逆に，経済状況に適合的な経済政策の党政策組織による立案は議席増大目標の阻害要因となり得る[2]．そして，このような選挙目標と政策目標の乖離は典型的には党内の対立を激化させ，議員団のエージェント（代理人）としての執行部の統率力や指導力を衰退させ，党の統一的・効率的な適応行動を困難にする[3]．このように，政党とその所属議員の複数目標を調整・集約し，組織としての最適行動のための統一的・整合的行動を担保するのが政党執行部の役割である．この点，議会と政党の理論的・実証的分析が格段に発達しているアメリカ政治研究でも，候補者中心の選挙組織と議会委員会を基盤とした政策組織とを議会の党執行部がどれほど統率できるかをめぐり論争が戦わされている．これらの論争の本書への重要な含意は，政党の選挙目標と政策目標の乖離が，党執行部の指導力を減退させ，それが政権の獲得・維持という政党の最適行動を困難にしていることである[4]．そして，この困難は，政党がその環境の大幅な変化に伴い，党の組織変革を要請される場合，より一層深刻になると考えられる．

　それでは，政党が適応すべき環境として，何が考えられるであろうか．通常は，政党の党選挙組織に関しては既存の選挙制度，党政策組織にとっては経済

---

2) 経済状況に適合的な構造改革や財政再建が政権党の選挙後の政権維持に悪影響を与えるかは近年の政治経済分析の争点となっている．最近は理論的予想に反して，このような政策の実施が選挙後の政権の維持に悪影響を与えないとする実証結果も散見される．この点に関しては，Brender and Drazen (2008), Buti et al. (2010), Galasso (2010) 参照．

3) いうまでもなく，この理解は Rohde (1991) や Aldrich (1995) の党執行部の権力が議員団の均質性に依拠するという限定的政党統治 (conditional party government) の考え方に基づいている．

4) 即ち，政党は候補者の選挙組織連合なのか政策要求連合なのかをめぐる論争に関しては，政党を，再選をめざす候補者の選挙組織連合とする Mayhew (1974), Rohde (1991) や Aldrich (1995) の通説的理解に対し，政策要求連合とする立場からの最近の Karol (2009) や Cohen et al. (2008) の挑戦がある．また，政策組織であるアメリカ議会の委員会をだれが，どのような委託をうけて統制するかの論争については，それを議院（即ち，与野党議員）であるとする Krehbiel (1992) や Mayhew (2011) の多数派統治 (majoritarian) の立場と，多数党によるその統制を強調する Rohde (1991), Aldrich (1995), Cox and McCubbins (1993, 2005), Smith (2007) の政党統治 (party government) の立場が激しく対立している．もっとも，政党統治論の中でも，政党の統制範囲については，議員選好の凝集性が高い場合は党派的立法に及ぶとする Rohde (1991) や Aldrich (1995) の限定的政党統治理論（あるいは positive agenda setting）と多数党分裂の可能性のある法案上程の回避を強調する Cox and McCubbins (2005) の議事設定阻止 (negative agenda setting) 論が対立する．

政策環境が挙げられる．当然，選挙制度などの政治制度は，変化が少ないが，経済環境としての市場経済の変動とその不確実性は，政府や政党の制御能力や予測能力を超えるため，政党の適応行動を著しく困難にし得る．先進諸国では，経済状況に関する政府への業績評価や責任追及が，野党の能力評価と相俟って，選挙結果や政権交代の主要因となっていることは，多くの実証分析が指摘するところである（cf. Erikson, MacKuen, and Stimson 2002; Grossback, Peterson, and Stimson 2006; Duch and Stevenson 2008; Soroka and Wlezien 2010）．このように，政治制度が固定されていても，政府の制御能力を超えた経済変動への政策適応は，常に政党の議席増大と政権維持・獲得を阻害し得る．もし，それに加え，選挙制度が変更された場合は，政党は新しい選挙制度に適応的な形で政策策定をしなければならず，党内の選挙組織や政策組織の再編とそれに伴う執行部権限の再構築が必要となる．その場合も，制度変動期に要請される適応の形態が，制度定着後のそれとは異なる可能性が大きいことは，例えば，新生民主国と先進民主国の財政政策の差異を指摘する最近の実証研究が示唆するところである[5]．

以上のように，選挙制度と経済状況が，政党の三つの目標の実現とそのための組織適応を一層困難にする形で，政党の最適行動としての政権維持を規定するというのが本書の分析枠組である．そこでは，選挙制度に規定された議席増大の要請は党選挙組織により，経済政策などの策定要請は党政策組織により担われ，党執行部を頂点にした組織的調整が政権の維持・獲得のための所属議員の整合的・統一的行動を確保するためには不可欠であると考える．この分析枠組からすると，現在の日本の政党政治を特徴づける大幅議席変動の連続と内閣の頻繁な交代は，選挙制度の改編と経済成長の停滞という1990年代以降の新たな状況への自民党の適応不全の結果ということになる．そこで，次節ではこの仮説と本書によるその検証を要約する．注意すべきは，本書の分析枠組が，実証政治分析の二つの分野，即ち，政治制度分析と政治経済分析の相互連携を，政党の行動を焦点に模索していることである．そのことの含意と知見は第3節で説明される．

---

[5] 新生民主国は先進民主国に見られない政治的財政出動（political budget cycle）がある点についてはBrender and Drazen (2005, 2007) 参照．

2. 本書の仮説と検証

(1) 仮　説

　本書の分析枠組とそれに沿った日本の現状は図 0-1 に示されている．その要諦は，新選挙制度と長期経済停滞という 1990 年代以降の新たな制約が，1980 年代の中選挙区制と経済成長で両立されていた自民党の選挙対応と政策対応の間の離齬を拡大させ（佐藤・松崎 1986；猪口・岩井 1987；Kohno 1997；Scheiner 2005；斉藤 2010），党執行部の調整能力を低下させ，党内組織整備が不十分のまま政権勢力に成長した民主党の台頭と相俟って，現在の政党政治の混迷状況を招来させたというものである．ここでは，まず，本書の分析枠組に従って，1990 年代以降の自民党の適応不全と現在の政党政治の混迷を結ぶ仮説を提示する．次いで，本書の各章がこの仮説をどう検証しているかを紹介する．

　政権政党の戦略が構造的制約を免れ得ないとしても，日本に特異なのは 1990 年代初頭に選挙制度と経済状況がほぼ同時に劇的に変化したことである．自民党政権の絶頂期を形成した中選挙区単記非移譲式投票制度と先進諸国の中では例外的な経済成長は，1990 年代初頭に，衆議院での新選挙制度導入と，景気回復が持続しない長期経済停滞を迎えるに至って終焉した．この結果，自民党の選挙組織（即ち，個人後援会），政策組織，それらを調整する執行部の組織変革の必要性が増大した．即ち，1990 年代に自民党支配の特徴であった選挙区組織を拠点とした利益誘導（Scheiner 2005；斉藤 2010），政務調査会などでの党＝省庁＝社会団体の連携のもとでの政策策定（佐藤・松崎 1986；猪口・岩井 1987；建林 2004；ノーブル 2002, 2005），党幹部や派閥領袖による円滑な政策調整や国会運営などが重大な挑戦に直面した．

　まず，選挙制度改革による衆議院の新選挙制度と政党交付金の導入は，政治制度分析の予想の通り，非自民政党の結集による対抗的政権担当勢力の出現をもたらした．ただ，本書の分析にとって重要なことは，民主党による非自民勢力の糾合が，自民党が永年培養してきたような選挙組織を構築することなく[6]，

---

[6]　換言すれば，自民党と民主党の政党組織が類似しているという理解には問題がある．そもそも政党論は，20 世紀初頭の大衆（動員）政党のモデルであったヨーロッパの社会民主

選挙区の非自民候補の擁立により助長され，その過程で従来のイデオロギー的・政策的硬直性を払拭したことである．政党の政策競争・政策位置に関する最近の研究は，政権担当能力のある大政党は，中位投票者の選好移動に政策位置を連動させる一方で，弱小政党は特定争点に特化して，その政策位置を固定化する傾向が強いことを指摘している (Adams et al. 2004, 2006; Adams and Somer-Topcu 2009a, 2009b; Ezrow 2005, 2010; Tavits 2004, 2007)．政治改革後の民主党による非自民勢力の結集も，野党のイデオロギー的・政策的穏健化（品田 2010；大村 2010）と国会での硬直的対立 (Kohno 1997; 福元 2000; 増山 2003) からの脱却を促した．

注目すべきは，政治制度分析は，非自民政党の再編・結集とその政策的穏健化を予想し得ても，自民党支配の衰退を説明できないことである．それを説明するには，新選挙制度への適応を迫られた自民党政権が直面した 1990 年代の経済状況を勘案する必要がある．その点，1991 年の不況以降，日本経済は長期停滞の時期を迎える．その内実は，自民党政権による景気後退期の財政出動と景気回復期の財政再建や構造改革の導入の反復である（樋渡 2002）．このような頻繁な財政出動は，財政再建路線の凍結と租税収入の減少により，累積公債を顕著に増大させ，その結果，時間が経過するに伴い，追加的財政出動の余地が減少し，財政再建・構造改革の喫緊性が増大するにいたった．

このような経済停滞への対応は，自民党にどのような影響を与えたであろうか．まず，選挙組織については，繰り返される財政出動は各選挙区，特に農村選挙区での自民党支援者の財政支出への依存を強めた．その一方で，景気回復のための財政再建・構造改革の喫緊性の増大は，利益誘導による支持者培養の継続を困難にした（斉藤 2010）．更に，財政再建の一環である地方行財政改革と市町村合併は，自治体の規模拡大による効率化と経費節減の試みであるが，自民党候補にとっては地元組織での選挙運動の重要な一角を担っていた系列市町村議会議員の減少による選挙組織の空洞化を意味した（山田 2007; 砂原 2009）．このように，経済の停滞に直面して，自民党の選挙組織は，支出抑制圧力の中，

主義政党がブルジョワ政党と異なる組織を編成した点が注目されたことに端を発する．現在のアメリカでも，民主党と共和党では政党組織編成が異なるという指摘は多い．最近のものとしては Galvin (2010) がある．

序　章　政党政治の混迷と政権交代

図 0–1　政党の適応行動の枠組と日本の政党への適用

(a) 政党の適応行動の枠組

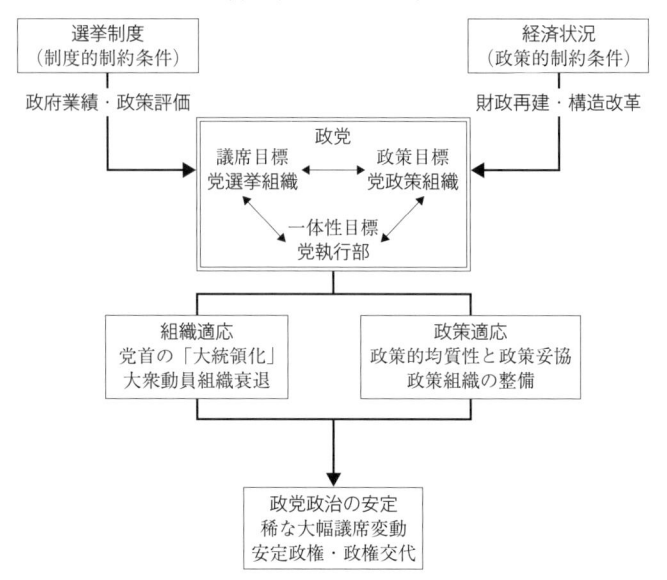

```
選挙制度                                    経済状況
(制度的制約条件)                          (政策的制約条件)

    │ 政府業績・政策評価              財政再建・構造改革 │
    │                                                    │
    ▼                                                    ▼
        ┌─────────────────────────────┐
        │           政党              │
        │  議席目標      政策目標     │
        │  党選挙組織 ⇄ 党政策組織    │
        │       ↘     ↙              │
        │       一体性目標            │
        │       党執行部              │
        └─────────────────────────────┘
                    │
        ┌───────────┴───────────┐
        ▼                       ▼
   組織適応                 政策適応
   党首の「大統領化」       政策的均質性と政策妥協
   大衆動員組織衰退         政策組織の整備
        │                       │
        └───────────┬───────────┘
                    ▼
              政党政治の安定
              稀な大幅議席変動
              安定政権・政権交代
```

(b) 日本の場合

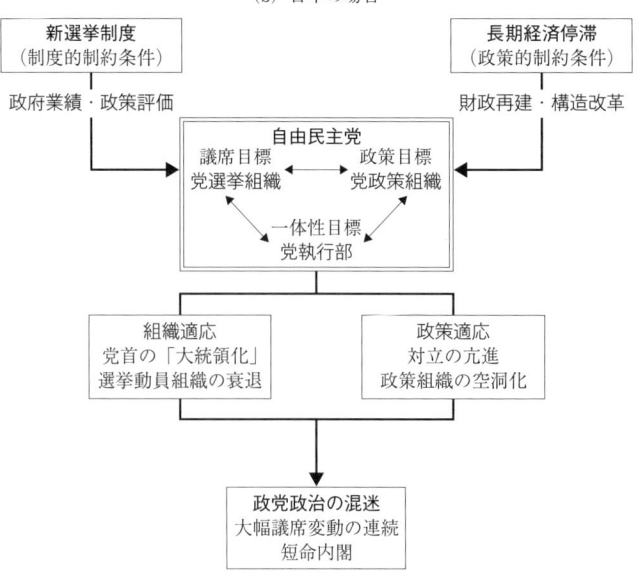

```
新選挙制度                                  長期経済停滞
(制度的制約条件)                          (政策的制約条件)

    │ 政府業績・政策評価              財政再建・構造改革 │
    ▼                                                    ▼
        ┌─────────────────────────────┐
        │         自由民主党          │
        │  議席目標      政策目標     │
        │  党選挙組織 ⇄ 党政策組織    │
        │       ↘     ↙              │
        │       一体性目標            │
        │       党執行部              │
        └─────────────────────────────┘
                    │
        ┌───────────┴───────────┐
        ▼                       ▼
   組織適応                 政策適応
   党首の「大統領化」       対立の亢進
   選挙動員組織の衰退       政策組織の空洞化
        │                       │
        └───────────┬───────────┘
                    ▼
              政党政治の混迷
              大幅議席変動の連続
              短命内閣
```

財政支出依存からの脱却を図れないまま，その動員力を衰退させた (菅原 2009)．
　この際，重要なのは，自民党政権が財政再建・構造改革を首相・政府主導で，党の選挙組織やそれと連携した政策組織を迂回，またはそれと対峙する形で推進したことで，それが結果的に選挙組織の衰退を助長したことである．具体的には，1990 年代の財政再建や構造改革などの成長戦略の策定にあたっては首相直属の諮問機関に決定権限を集中する方式が採用された．この政府首脳への政策決定の集権方式は自民党支配の絶頂期であった中曽根内閣の時代に最初に活用された．この政策決定権限の集中は，財政再建や構造改革など負担配分を伴う成長戦略が，地方や関係省庁の利益配分要求の抵抗に遭遇し，集合行為問題を惹起して頓挫するのを回避するために必要かつ有効と認識され，財政再建や構造改革の喫緊性が増大するに伴い強化された．特に橋本内閣の行政改革では，こうした政策決定の集権化を制度化させる形で内閣府の機能強化が進展した (ノーブル 2002, 2005)．また，これと併行して，新選挙制度の帰結として，党執行部の選挙権限の強化も並進することになる (建林 2004)．つまり，政策決定が政府首脳に集権化されたことによって可能となった財政再建の一環としての地方行財政改革や市町村合併は，その党選挙組織への影響が十分に顧慮されないまま推進されることになる．
　従って，問題は，政府首脳への政策権限の集中が，独立性が高い自民党の選挙組織と，関係省庁とともに地方利益や利益団体の調整をしてきた自民党の政策組織の地盤沈下をもたらし，両者を媒介してきた党幹部や党長老，派閥領袖の機能を空洞化させたことである．それだけではなく，政府主導の成長戦略の政策策定機構は，その整備が幾度もの景気後退による財政出動要請に中断されたこともあって，選挙組織や政策組織の体系的な再編・改革を伴わずに強化され，その結果，自民党政権の成長戦略の度重なる改訂・策定とともに，党の選挙組織や政策組織の空洞化が亢進することになる．
　自民党政権の選挙適応と政策適応の齟齬は，従って，改革指向の政権の時に顕在化すると予想される．実際，それが最も顕在化したのが，小泉改革をめぐる自民党内の混乱である．2005 年の郵政選挙が，現在の政党政治の混迷の端緒であったことは偶然ではない．周知のように，小泉純一郎首相は強化された首相権限を最大限に利用し，自民党の政策組織を迂回し，党内の反対派＝「守旧

派」と対峙することで，その改革路線を推進した．小泉改革継続が問われた 2005 年選挙において自民党が大勝を収めえたのは，党の組織的動員力の衰退の結果，有権者の自民党離れが進行していたにもかかわらず，首相がその人気と政策で都市と農村の浮動票を惹き付けたことによる．しかし，自民党の後継内閣はそれらの支持者をつなぎ止めることができず，2009 年総選挙で大敗することになる．

このように，自民党政権はその選挙適応と経済適応の相互調整を強化するような組織改革に失敗したが，政権交代を実現した民主党もこの問題の組織的解法を見出していない．民主党は 2007 年と 2009 年に党派性の弱い，独立性を強めた有権者を惹き付けて大勝した．しかし，2010 年参議院選挙での大敗はまさに，選挙の要請と政策の要請を有効に集約する党執行部の基盤が確立されていないことの帰結である．つまり，2009 年の民主党は，2005 年の自民党と同様に高い議席占有率を実現したにもかかわらず，その支持は脆弱なままであり，党所属議員の政策的均質性も高くない．このように，民主党は，その議席拡大目標と政策目標を両立させ得るような党内組織の整備がないまま政権に就いていたことが，有権者の政党帰属意識の強化をもたらさず，逆に有権者が浮動層化したまま，政党政治の混迷を継続させている．

この本書の分析枠組から導出される現代日本の政治状況の特徴は図 0-1 で一瞥できる．自民党政権は，選挙制度改革と長期経済停滞の中，選挙組織と政策組織の衰退を回避できず，選挙要請と政策要請の調整を強化するような執行部体制を確立することができなかったといえよう．このことが，新選挙制度の下，民主党が選挙組織や政策組織を整備せずに政権に対抗できる勢力に成長したことと相俟って[7]，浮動層の増大とその弊害をもたらしているのである．

(2) 検　　証

以上の仮説は，本書の各章で検証される．本書は 4 部構成になっており，第 I 部「制約条件と政党戦略」では，1990 年代の自民党政権の戦略を制約した条件とそれへの自民党の対応が説明される．第 II 部の「構造改革と政党対立」で

---

[7] この兆候が，政務組織をめぐる民主党内の混乱，政策重視の財政再建・増税派と選挙重視のマニフェスト堅持派の亀裂として現出している．

は，政権交代前後の与野党の政策争点であった格差問題と郵政問題を取り上げ，小泉内閣の政策が従来の自民党政権の政策からの逸脱であり，その後の自民党政権や民主党の改革の立場は，両党を横断した政策接近を助長したことを示す．続く第III部の「動員低迷と政権交代」では，財政緊縮やその一環としての市町村合併が，自民党の選挙組織の動員力を弱体化させた過程が詳述される．そして，第IV部「政党政治の混迷」では，自民党が組織適応に失敗したため現出した，政党政治の混迷状況を確認する．このように，本書は全体として上記の仮説を支持する展開になっている．

そこで，簡単に各章を紹介すると，第1章のローゼンブルース・斉藤・山田論文は新選挙制度の導入が予想する政党競争の変化を確認する．そこでは，新選挙制度での選挙区の当選要件の変化が，政府財政支出の個別選挙区配分に基づいた従来の都市・農村の対立に代わる，中位投票者を挟んでの左右の政策対立と政策接近を予想する．これを見越して，自民党は，農村選挙区の選挙基盤の強固さを犠牲にしてまで，農村部の市町村合併と地方分権を容認し，新しい都市有権者の開拓を試みたと論じ，新選挙制度下の自民党の選挙戦略の可能性を指摘している．但し，新選挙制度下の民主党の挑戦を受けて，自民党が農村政党からの脱却を果たすには，従来の農村偏重の選挙組織や政策組織の改変を成功させることが必須であった．自民党首脳が，そのような組織改革を放置した事情を理解するには，自民党政権の喫緊の政策課題を検討する必要がある．

その検討は第2章の樋渡論文でなされる．そこでは，OECD諸国との比較で，日本の構造改革が，小泉内閣期に特段に進展したわけではなく，むしろ先進諸国と軌を一にする議会中位の政策選好の保守化を反映しているとする．このことは，第1章で示された，二大政党の政策接近の予想を支持する一方で，小泉改革が政党制の分極化を促進し，それへの反発が自民党の政権転落と政権交代をもたらしたという議論を棄却する．

自民党政権が断続的に構造改革に取り組んだ際，自民党の政策組織が迂回され，空洞化された点を，財政改革を事例に追跡したのが第3章のノーブル論文である．そこでは，首相が一般議員の抵抗を排して指導力を発揮する政策決定に変化したという小泉内閣期に流布された主張に疑義が呈される．むしろ，実態は，首相の意向による党内の政策通や財務省幹部の台頭と党政策組織の影響

力低下である．1980年代の自民党で，選挙目標と政策目標の調整を担ったのが派閥領袖であったとすれば (佐藤・松崎 1986；Curtis 1988；朝日新聞政治部 1992；朝日新聞政治部・社会部 1993；野中 2008)，経済政策通として，選挙基盤も党内基盤も脆弱な与謝野馨や中川秀直が登場する小泉内閣後の事態は，党の政策目標と選挙動員の亀裂が拡大したことを象徴している．

第 I 部での自民党の適応行動の背景説明を受けて，第 II 部では，2009 年選挙の重大争点のうち，第 4 章は格差問題，第 5 章は郵政問題を取り上げる．そもそも，格差拡大の抑制も郵政三事業の保護も，長期経済停滞でその維持が困難となった政策である．小泉内閣が，自民党の従来の政策の変更に着手したため，小泉内閣以降の景気後退にあって，旧来の自民党の政策への回帰的是正と小泉改革の継承的修正が，自民，民主両党を横断する形で渾然として要求されることになる．その際，政策転換の方向性をめぐる対立が政党間の対立と離齬をきたしていることも，政党政治の混迷に寄与していると思われる．

即ち，第 4 章のティベルギアン論文は，格差拡大の原因を経済の国際化と企業の合理化で進展した労働市場の二重構造化に求め，格差拡大は必ずしも小泉改革の結果ではないとする．しかし，小泉内閣が，従来の自民党の政策から逸脱して，格差是正のための補填的財政出動を拒み，市場競争による格差拡大を容認したため，後続内閣はその是正に着手した．その際，格差是正は，与野党や都市・農村を横断する幅広い支持を得られたため，民主党連立内閣内でも，自民党出身の小沢一郎や亀井静香らの自民党の伝統的政策への回帰指向と，菅直人，福島瑞穂などの普遍的政策による平等指向が，整序されることなく併存することになった．

小泉改革の継承と是正をめぐる自民，民主両党を横断する対立の下，亀井静香や小沢一郎らが旧来の自民党政策への回帰を指向したことは，郵政改革を扱った第 5 章のマクラクラン論文でも確認される．しかし，ここでは，社会経済変化への対応として必要な郵政改革の旧体制への回帰があり得ず，従って，選挙組織の強化の手段としての特定郵便局長への依存には限界があることが指摘される．このことは，民主党連立内閣も，1990 年代以降の自民党政権と同様，政策課題の解決と選挙動員の必要性との離齬を解消できず，その結果，第 1 章が予想した都市・農村対立の左右対立への転換が滞っていることを示唆する．こ

の点，2009 年総選挙の実証分析でも（谷口 2010；山田 2010），民主党議員の政策選好の分布が，自民党以上に分散が大きく，そのような政策の不統一が，逆に自民党政権の実績に不満を増幅させた有権者の民主党の政策への警戒を特段惹起することなく同党への支持を増大させた可能性が示唆されている．

このように第 II 部は，社会経済状況の変化や財政再建の要請強化により，小泉以前の自民党の伝統的政策への回帰が困難であることを示唆するが，第 III 部では，自民党政権の経済政策対応，特に格差是正策の後退と地方行財政改革が，自民党の選挙組織の動員力を減退させ，政党帰属意識の弱い有権者を自民党の地盤の農村部で増大させた経緯が分析される．

即ち，第 6 章の清水・宮川論文と第 7 章の山田論文はともに，自民党の支持基盤が，その格差是正策により利益を得ていた地域の有権者であることを確認し，しかも自民党政権の格差是正策の後退が，意外にも，自民党政権の中核的支持者よりも，その周辺的な支持者の離反を招いた可能性を指摘する．特に，清水・宮川論文は自民党の支持基盤が，格差是正策を必要とした農村有権者であり，このような自民党の中核的支持者は 2009 年総選挙でも，自民党を支持し続けたことを検証している．換言すれば，2009 年総選挙の，自民党と民主党の格差是正策の競合のなかで，格差の是正が切実でない有権者の方がより大胆な民主党の主張を支持したことになる．この点，第 7 章の山田論文も，小泉内閣の構造改革が地方の経済的疲弊と地域間格差の拡大をもたらし，その結果，地方有権者の自民党からの離反が起ったかを検討する．その結果，小泉内閣以前は，公共事業や国から地方自治体への財政移転が地方の格差拡大を抑制していた可能性が高かったが，小泉内閣下の景気回復ではその均霑を地方によっては享受できず，そのことが地域間格差を拡大させ，所得下落幅が大きい市町村ほど与党系候補の得票率が減少したことを析出する．

つまり，この山田論文と清水・宮川論文から得られる結論は，財政支出の限界から来る自民党政権の格差抑制策の弱体化が，地方での自民党の得票率を低下させたが，2005 年総選挙では，自民党はその支持基盤を超えた支持獲得により，その事実を隠蔽でき，逆に 2009 年総選挙では支持基盤の一部からも見放された結果，自民党政権の格差抑制策の中核的受益者のみを残したということである．更に，1990 年代の自民党政権の財政再建要請が，自民党の選挙組織の

動員力を低下させた経路を検討したのが第8章の斉藤論文である．そこでは，地方分権・地方行財政改革の一環として小泉内閣期に急速に進展した市町村合併による地方自治体の数の減少が，地方議員の数を劇的に減少させ，伝統的な自民党候補者の選挙運動の実動部隊を空洞化させたとする．

以上，第III部で検証された構造改革の帰結としての自民党の選挙区の組織動員力の弱体化と自民党支持者の離反，浮動層化と，第II部で示唆された構造改革の是正をめぐる二大政党を横断する政策の接近によりもたらされた，議席変動の激化と短命内閣の頻発を分析したのが第IV部である．即ち，第9章では，自民，民主両党とも首相や党首の個人的人気に選挙での党の命運を託すようになった事情が，第10章では，それにもかかわらず首相への評価である内閣支持率が与党支持率に大きな影響を与えないことが分析される．この権限が強化された首相・党首に対する浮動層の業績評価への依存がもたらす新しい不安定な政党政治状況が第11章で描写される．

つまり，第9章のマッケルウェイン・梅田論文は，自民党の組織改革のひとつである党首予備選を分析し，その効果が短期的で，自民党の選挙区組織の衰退を補塡し，その支持基盤を強化・拡大するには至らないことを示す．即ち，予備選は，派閥領袖や農村議員の影響力を減退させ得る点で，新選挙制度の要請である党首への権限集中と農村政党脱却に呼応するものの，その効果は，短期的に政党支持率を上昇させるだけで，党の組織的衰退を補塡するものではないことが指摘される．むしろ，自民，民主両党による予備選の採用は，浮動層の評価に依存する党首の人気に，選挙での党の命運を託さざるを得ない状況を増幅させることになる．両党がともに首相や党首の人気に依存するなかで，首相の政策業績への有権者の直接評価が，党組織衰退後の党の支持の拡大・安定化に寄与しないことを分析したのが第10章の前田論文である．その分析の含意は，小泉内閣以降，政界やマスコミで盛んに流布された内閣支持率の重要性の陥穽であり，政党支持に直結しない党首評価に依存せざるを得なくなっている現在の二大政党の窮状である．

このような窮状が，内閣の頻繁な交代に帰結する経緯を解説したのが，本書の最後となる第11章のナイブレイド論文である．そこでは，先進諸国の首相は，権限の強化に伴い，業績評価や非難を一身に受けやすく，特に有権者の支

序　章　政党政治の混迷と政権交代

持を得にくい緊縮財政や構造改革の実施に起因する追及に脆弱な立場にたたされているとする．そうした中で，日本の首相が特に脆弱なのは，新選挙制度に適応的な党組織の改善も与野党協議の整備も未完のまま，長期経済停滞の結果，構造改革や財政再建を迫られているためであることをこの章は示唆する．

以上，各章により本書の仮説が支持された．それは，現在の政党政治の混迷が，新選挙制度と経済停滞への適応要請に直面して，自民党も民主党も十分な組織整備を怠ったため，有権者による極めて流動的な首相・党首評価にその命運を託さざるをえない状況に陥ったことに起因する，というものである．そこで，最後に本書の分析の含意と知見について触れる．

3. 本書の含意と知見

本書は，2009年の政権交代を含めた政党政治の混迷の原因を，新選挙制度と長期経済停滞への対応を迫られた自民党の1980年代に機能した党組織の変革の蹉跌と，民主党の党組織の未整備に求めた．その際に採用された分析枠組の理論的含意として，先進諸国の政党政治の変化を説明するのに有効であること，その現実的知見として，日本の二大政党制に関する教科書的理解に代替する解釈を提示したことが指摘できる．

まず，本書は，日本の政党政治の変化の特徴を，先進諸国にある程度共通に見られる変化の中で理解する枠組を提供する．しかし，その枠組構築のためには，選挙制度と政党戦略の関係を扱ってきた政治制度分析 (Cox 1997; Lijphart 1999; Ezrow 2010) と，経済政策と政党戦略の関係を扱ってきた政治経済分析 (Tufte 1978; Fiorina 1981; Kiewiet 1983; Lewis-Beck 1988; Alesina and Rosenthal 1995; Boix 2000; Brug, Eijk, and Franklin 2007; Duch and Stevenson 2008) を，政党の戦略と組織とをめぐる研究を結節点に改善する必要があった．

この分析枠組により，先進諸国が共通に経験している最近の政治経済変容を，統一的に説明する可能性が拓ける．即ち，政治経済分析によって，先進諸国が経済の国際化と国際競争の激化，および社会経済的成熟化による低成長に直面して，景気回復と安定成長の戦略として，例外なく構造改革や財政再建を導入していることが指摘され (Boeri et al. 2006; Hallerberg, Strauch, and von Hagen

2009), その一方で, 最近の政党研究で実証的に指摘されている組織変化として, 労働組合などの支援組織の動員力衰退と, 政府業績評価や政党公約評価に依拠した有権者の投票行動 (Erikson, MacKuen, and Stimson 2002; Grossback, Peterson, and Stimson 2006; Soroka and Wlezien 2010) に伴う政府・政党指導者の「大統領化」がある (Dalton and Wattenburg 2000; Poguntke 2002; Poguntke and Webb 2005). それでは, 先進国に見られる成長戦略の国際的収斂傾向, 即ち, 構造改革や財政再建の要請は, 大衆組織政党の執行部への権限集中と関連するのであろうか. 本書の分析はこの疑問に対して肯定的回答をする.

　本書の分析枠組は, これらの二つの事象は政党の適応行動により, 密接に連関していることを示唆する. 即ち, もし経済国際化下の経済状況変化により政党が与野党を問わず, 中長期的成長の実現のために短期的には支持者の負担・犠牲を強いる改革を訴えることが要請されるなら, 政党は, その適応行動として, 一方では経済改革を前提にその負担配分をめぐる合意・協調を迫られ, 他方では, そのような落選リスクが高い政策の強力な実現のために政策権限の集中化を試みるはずである. 実は, この仮説を支持する状況証拠は多い. 即ち, 第2章でも示されるように, 先進諸国の議会政党の政策選好は漸進的に保守化しつつあり, 不況の際も分極化を免れている. このような政党間の政策的了解の下, 政策決定での協力と権限集中が進行している. 政治経済分析の通説的理解と異なり, 議会の多党制や分裂が改革を阻害する要因でないことは第2章で検証されているが (cf. Galasso 2010), 財政再建の導入に関する実証研究も, 連立政権内の消耗戦 (war of attrition) 回避の手段としての連立政権の政策協定や財政改革法の制定, 単独政権の責任回避 (blame avoidance) の手段としての財務省や中央銀行への政策権限の委任強化などを指摘して (Poterba and von Hagen 1999; Bernhard 2002; Buti, von Hagen, and Martinez-Mongay 2002; Hallerberg 2004; Hallerberg, Strauch, and von Hagen 2009), 経済改革の必要性が政党間協調や執行部権限強化の原因であることを示唆している.

　注目すべきことは, 先進諸国に見られる政党の政策目標と選挙目標の連携が, 日本では未発達なことである. 通常, 構造改革や財政再建を進める場合, 政党は, 多党制議会下の連立政権でも, 二大政党制下の単独政権でも, 改革の負担をめぐって政党間で協議や妥協をする場合, 次期選挙で支持者の賛同をできる

だけ多く集めることを前提に交渉がなされる．この点，先進各国では，政策の大枠での政党間の了解を前提に，その負担配分をめぐって，異なる支持基盤を代表する政党が対立しつつ，妥協・調整を試みる[8]．これに対して，日本では，このような政策対応と選挙対応の連携が確立されていない兆候が，構造改革の是正をめぐる対立が自民党と民主党を横断して現出していることからも窺える．つまり，日本では，政党内の政策的均質化も，政党間の政策的差別化も進展が遅く，そのことが逆に二大政党の排他的な有権者動員と，そのような支持を前提とした妥協的な政策運営を困難にしている可能性がある．

このように，本書の分析枠組により明確となった日本の政党政治の特徴は，2009年の政権交代が構造改革をめぐる政策対立の尖鋭化の帰結であるとする理解に重大な疑義を挟む．通説的理解では，小泉内閣の新自由主義的改革が有権者の分極化を増幅し，改革の犠牲となった有権者が自民党とは対極的な反構造改革を掲げた民主党などに政権を委託したことになる．この仮説が支持されるためには，2005年郵政選挙以降の国政選挙でも，自民，民主両党は，新自由主義的政策と反新自由主義的政策を掲げて戦い，従って，これらの選挙での民主党支持者は，新自由主義的政策に固執する政府自民党の政策により価値剥奪を受けた，反新自由主義に共鳴する有権者に次第に特化されていかなくてはならない．

しかし，本書の検証から分かるように，この立論は実証に耐えられない．まず第一に，構造改革とその帰結とされた格差問題の是正は，自民・民主両党を横断する政策争点であり，両党の対立軸として浮上していないし，両党が政策的に分極化してきている証拠もない．この点は，政党の政策位置に関する神戸大公約調査（品田 2010）や東大・朝日政治家調査（谷口 2010）から判読できる．これらの分析は，2003年，2005年，2009年で，民主党の政策位置はそれほど

---

[8] この点に関して，有権者の分極化による政党の対立が，政策への中位投票者選好の反映や政策決定の効率性（即ち，政策の妥協や調整の可能性）を阻害しているかについてはアメリカ政治でも議論となっている．有権者の分極化や政党対立の激化が，中位的な政策をもたらし，効率的な政策決定を阻害しないとする Mayhew (2011) や Brady, Ferejohn, and Harbridge (2008) と，分極化の弊害を指摘する Hacker and Pearson (2005) や McCarty, Poole, and Rosenthal (2006)，McCarty (2007) とが対立する．他方，有権者の分極化による政党対立に肯定的な Abramowitz (2010) の議論もある．

移動せず，むしろ自民党が 2005 年にその政策位置を顕著に変動させ，2009 年には 2003 年の位置付近に戻っていることを指摘する．ここからも，現在の二大政党の政策対立軸が新自由主義対反新自由主義となったとは断定できないし，両党が政策的にその距離を拡大させているとも主張できない．

更に，新自由主義対反新自由主義が有権者を二分しつつある証拠もない．有権者の分極化よりもむしろその浮動層化が，大きな変動を伴う選挙結果とそこでの両党の命運を規定していると思われる．つまり，2009 年の典型的民主党支持者は郵政選挙で自民党の大勝をもたらした有権者層と極めて近似した「若い」「都市部の」「無党派層」であることが指摘され（田中ほか 2009），また，農村での民主党支持も，構造改革への反発に起因した形跡は少なく（河村 2010），小泉改革で疲弊した地方の有権者が，民主党の反新自由主義・反構造改革的政策を積極的に支持していたという証拠はない（白鳥 2010）．これらの結果と本書の成果を重ね合わせて考えると，現在に至り顕著となった選挙ごとの変動の原因は浮動票の増大にあり，その源泉は旧来の農村の自民党支持の弛緩による農村浮動票の増大にもとめられるべきであり，その中にあって，自民党政権の格差是正策の受益者層は依然として，自民党支持にとどまっている可能性が高い．

そして，最後に，本書の分析の枠外ではあるが，2010 年参議院選挙前後からの民主党政権は，野党自民党が特に新自由主義的立場を強化していないにもかかわらず，その反新自由主義的な 2009 年マニフェストの転換を指向しており，それが党内の対立を惹起していることは周知の通りである．与党民主党も，政権期の自民党同様，強い支持基盤に基づいた政策凝集性を確立できていないのである．通説的理解は，政党の政策対立面にのみ着目し，その選挙目標や組織目標を看過するがゆえに，教科書的二大政党の理論的予想値と異なる現在の政党政治の混迷を説明できないのである．

以上のように，本書の分析枠組により，先進諸国の政党政治の変容と整合的な形で日本の政党政治の混迷を説明することができる．そこでの日本の特徴は，選挙制度の変更に伴う二大政党化の下，民主，自民両党の経済政策課題への有効な対応が政策への共鳴による支持者の動員と連携しない状況，即ち，党執行部による政党の政策組織と選挙組織の調整が十分機能していない状況にあるといえよう．代表民主政では，有権者の自己統治の手段として，その利益や選好

を政府の政策に反映させる中枢的媒介機能を政党による競争が担っているとすると，日本では政権をめぐる政党競争がやっと実現されたものの，政党は未だ十分にその民主的代表機能を果たすような組織整備に至っていないと判断せざるを得ない．

参考文献

朝日新聞政治部．1992．『竹下派支配』朝日新聞社．
朝日新聞政治部・社会部．1993．『権力の代償』朝日新聞社．
猪口孝・岩井奉信．1987．『「族議員」の研究：自民党政権を牛耳る主役たち』日本経済新聞社．
大村華子．2010．「戦後日本の政党のコミットメントと世論：世論と政党の政策をめぐる2つの問いの検証」『選挙研究』26(2)：104–19．
河村和徳．2010．「2009年総選挙における稲作農家の政治意識と投票行動：自民党農政の担い手たちに対する感情に注目して」『選挙研究』26(2)：73–83．
斉藤淳．2010．『自民党長期政権の政治経済学：利益誘導政治の自己矛盾』勁草書房．
佐藤誠三郎・松崎哲久．1986．『自民党政権』中央公論社．
品田裕．2010．「2009年総選挙における選挙公約」『選挙研究』26(2)：29–43．
白鳥浩編著．2010．『政権交代選挙の政治学：地方から変わる日本政治』ミネルヴァ書房．
菅原琢．2009．「自民党政治自壊の構造と過程」御厨貴編『変貌する日本政治：90年代以降「変革の時代」を読みとく』勁草書房，13–42．
砂原庸介．2009．「もうひとつの政界再編：政党における中央地方関係の変化とその帰結」御厨貴編『変貌する日本政治：90年代以降「変革の時代」を読みとく』勁草書房，101–26．
建林正彦．2004．『議員行動の政治経済学：自民党支配の制度分析』有斐閣．
田中愛治・河野勝・日野愛郎・飯田健・読売新聞世論調査部．2009．『2009年，なぜ政権交代だったのか』勁草書房．
谷口尚子．2010．「2009年政権交代の長期的・短期的背景」『選挙研究』26(2)：15–28．
野中尚人．2008．『自民党政治の終わり』筑摩書房（ちくま新書）．
ノーブル，グレゴリー・W．2002．「産業規制：喪失の十年か，漸進の十年か」樋渡展洋・三浦まり編『流動期の日本政治：「失われた十年」の政治学的検証』東京大学出版会，241–58．
——．2005．「政治的リーダーシップと財政投融資改革：成果と限界」東京大学社会科学研究所編『「失われた10年」を超えてII：小泉改革への時代』東京大学出版会，191–218．

樋渡展洋．2002．「財政政策：景気対策と構造改革」樋渡展洋・三浦まり編『流動期の日本政治：「失われた十年」の政治学的検証』東京大学出版会，199–218．
福元健太郎．2000．『日本の国会政治：全政府立法の分析』東京大学出版会．
増山幹高．2003．『議会制度と日本政治：議事運営の計量政治学』木鐸社．
山田真裕．2007．「保守支配と議員間関係：町内二派対立の事例研究」『社会科学研究』58(5・6)：49–66．
―．2010．「2009年総選挙における政権交代とスゥィング・ヴォーティング」『選挙研究』26(2)：5–14．
Abramowitz, Alan L. 2010. *The Disappearing Center: Engaged Citizens, Polarization, and American Democracy*. New Haven: Yale University Press.
Adams, James, and Zeynep Somer-Topcu. 2009a. "Moderate Now, Win Votes Later: The Electoral Consequences of Parties' Policy Shifts in 25 Postwar Democracies." *Journal of Politics* 71(2): 678–92.
―. 2009b. "Policy Adjustment by Parties in Response to Rival Parties Policy Shifts: Spatial Theory and the Dynamics of Party Competition in Twenty-Five Postwar Democracies." *British Journal of Political Science* 39(4): 825–46.
Adams, James, Michael Clark, Lawrence Ezrow, and Garrett Glasgow. 2004. "Understanding Change and Stability in Party Ideologies: Do Parties Respond to Public Opinion or to Past Election Results?" *British Journal of Political Science* 34(4): 589–610.
―. 2006. "Are Niche Parties Fundamentally Different from Mainstream Parties? The Causes and the Electoral Consequences of Western European Parties' Policy Shifts, 1976–1998." *American Journal of Political Science* 50(3): 513–29.
Aldrich, John H. 1995. *Why Parties? The Origin and Transformation of Political Parties in America*. Chicago: University of Chicago Press.
Alesina, Alberto, and Howard Rosenthal. 1995. *Partisan Politics, Divided Government, and the Economy*. New York: Cambridge University Press.
Bernhard, William. 2002. *Banking on Reform: Political Parties and Central Bank Independence in the Industrial Democracies*. Ann Arbor: University of Michigan Press.
Boeri, Tito, Michael Castanheira, Ruccardo Faini, and Vincenzo Galasso, eds. 2006. *Structural Reforms without Prejudices*. Oxford: Oxford University Press.
Boix, Carles. 2000. "Partisan Governments, the International Economy and Macroeconomic Policies in OECD Countries, 1964–93." *World Politics* 53 (October): 38–73.
Brady, David W. 1988. *Critical Elections and Congressional Policy Making*. Stanford: Stanford University Press.

Brady, David W., John Ferejohn, and Laurel Harbridge. 2008. "Polarization and Public Policy: A General Assessment." In Pietro S. Nivola and David W. Brady, eds. *Red and Blue Nation? Volume Two: Consequences and Correction of America's Polarized Politics*. Washington, D.C.: Brookings Institution Press, 185–216.

Brender, Adi, and Allan Drazen. 2005. "Political Budget Cycles in New versus Established Democracies." *Journal of Monetary Economics* 52: 1271–95.

――. 2007. "Electoral Fiscal Poicy in New, Old, and Fragile Democracies." *Comparative Economic Studies* 49: 446–66.

――. 2008. "How Do Budget Deficits and Economic Growth Affect Reelection Prospects? Evidence from a Large Panel of Countries." *American Economic Review* 98(5): 2203–20.

Brug, Wouter van der, Cees van der Eijk, and Mark Franklin. 2007. *The Economy and the Vote: Economic Conditions and Elections in Fifteen Countries*. Cambridge: Cambridge University Press.

Buti, Marco, Jürgen von Hagen, and Carlos Martinez-Mongay, eds. 2002. *The Behaviour of Fiscal Authorities: Stabilization, Growth and Institutions*. Houndmills: Palgrave.

Buti, Macro, Alessandro Turrini, Paul van den Noord, and Pietro Biroli. 2010. "Reforms and Re-elections in OECD Countries." *Economic Policy* (January): 63–116.

Clubb, Jerome M., William H. Flanigan, and Nancy H. Zingale. 1990. *Partisan Realignment: Voters, Parties, and Government in American History*. Boulder: Westview Press.

Cohen, Marty, David Karol, Hans Noel, and John Zaller. 2008. *The Party Decides: Presidential Nominations before and after Reform*. Chicago: University of Chicago Press.

Cox, Gary W. 1997. *Making Votes Count: Strategic Coordination in the World's Electoral Systems*. Cambridge: Cambridge University Press.

Cox, Gary W., and Mathew D. McCubbins. 1993. *Legislative Leviathan: Party Government in the House*. Berkeley and Los Angeles: University of California Press.

――. 2005. *Setting the Agenda: Responsible Party Government in the U.S. House of Representatives*. Cambridge: Cambridge University Press.

Curtis, Gerald L. 1988. *The Japanese Way of Politics*. New York: Columbia University Press.（山岡清二訳『「日本型政治」の本質：自民党支配の民主主義』TBSブリタニカ，1987）

Dalton, Russell J., and Martin P. Wattenberg, eds. 2000. *Parties without Partisans:*

Political Change in Advanced Industrial Democracies. Oxford: Oxford University Press.

Duch, Raymond M., and Randolph T. Stevenson. 2008. *The Economic Vote: How Political and Economic Institutions Condition Election Results*. Cambridge: Cambridge University Press.

Erikson, Robert S., Michael B. MacKuen, and James A. Stimson. 2002. *The Macro Polity*. Cambridge: Cambridge University Press.

Ezrow, Lawrence. 2005. "Are Moderate Parties Rewarded in Multiparty Systems? A Pooled Analysis of Western European Election, 1984–1998." *European Journal of Political Research* 44(6): 881–98.

——. 2010. *Linking Citizens and Parties: How Electoral Systems Matter for Political Representation*. Oxford: Oxford University Press.

Fiorina, Morris P. 1981. *Retrospective Voting in American National Elections*. New Haven: Yale University Press.

Galasso, Vincenzo. 2010. "The Role of Political Partisanship during Economic Crises." CEPR Discussion Paper No. 7834.

Galvin, Daniel J. 2010. *Presidential Party Building: Dwight D. Eisenhower to George W. Bush*. Princeton: Princeton University Press.

Grossback, Lawrence J., David A. M. Peterson, and James A. Stimson. 2006. *Mandate Politics*. Cambridge: Cambridge University Press.

Hacker, Jacob, and Paul Pearson. 2005. *Off Center: The Republican Revolution and the Erosion of Democracy*. New Haven: Yale University Press.

Hallerberg, Mark. 2004. *Domestic Budgets in a United Europe: Fiscal Governance from the End of Bretton Woods to EMU*. Ithaca: Cornell University Press.

Hallerberg, Mark, Rolf Rainer Strauch, and Jürgen von Hagen. 2009. *Fiscal Governance in Europe*. Cambridge: Cambridge University Press.

Karol, David. 2009. *Party Position Change in American Politics: Coalition Management*. Cambridge: Cambridge University Press.

Kiewiet, Roderick D. 1983. *Macroeconomics and Micropolitics: The Electoral Effects of Economic Issues*. Chicago: University of Chicago Press.

Kohno, Masaru. 1997. *Japan's Postwar Party Politics*. Princeton: Princeton University Press.

Krehbiel, Keith. 1992. *Information and Legislative Organization*. Ann Arbor: University of Michigan Press.

Lewis-Beck, Michael S. 1988. *Economics and Elections: The Major Western Democracies*. Ann Arbor: University of Michigan Press.

Lijphart, Arend. 1999. *Patterns of Democracy*. New Haven: Yale University Press.

(粕谷祐子訳『民主主義対民主主義：多数決型とコンセンサス型の 36 ヶ国比較研究』勁草書房，2005）

Mayhew, David R. 1974. *Congress: The Electoral Connection*. New Haven: Yale University Press.

———. 2002. *Electoral Realignments: A Critique of an American Genre*. New Haven: Yale University Press.

———. 2011. *Partisan Balance: Why Political Parties Don't Kill the U.S. Constitutional System*. Princeton: Princeton University Press.

McCarty, Nolan. 2007. "The Policy Effects of Political Polarization." In Paul Pierson and Theda Skocpol, eds. *The Transformation of American Politics: Activist Government and the Rise of Conservatism*. Princeton: Princeton University Press, 223–55.

McCarty, Nolan, Keith T. Poole, and Howard Rosenthal. 2006. *Polarized America: The Dance of Ideology and Unequal Riches*. Cambridge: MIT Press.

Persson, Torsten, and Guido Tabellini. 2003. *The Economic Effects of Constitutions*. Cambridge: MIT Press.

Poguntke, Thomas. 2002. "Party Organizational Linkage: Parties without Firm Social Roots?" In Kurt Richard Luther and Ferdinand Müller-Rommel, eds. *Political Parties in the New Europe: Political and Analytical Challenges*. Oxford: Oxford University Press, 43–62.

Poguntke, Thomas, and Paul Webb, eds. 2005. *The Presidentialization of Politics: A Comparative Study of Modern Democracies*. Oxford: Oxford University Press.

Poole, Keith T., and Howard Rosenthal. 1997. *Congress: A Political-Economic History of Roll Call Voting*. Oxford: Oxford University Press.

Poterba, James M., and Jürgen von Hagen, eds. 1999. *Fiscal Institutions and Fiscal Performance*. Chicago: University of Chicago Press.

Rohde, David W. 1991. *Parties and Leaders in the Postreform House*. Chicago: University of Chicago Press.

Scheiner, Ethan. 2005. *Democracy without Competition in Japan: Opposition Failure in a One-Party Dominant State*. New York: Cambridge University Press.

Shi, Min, and Jakob Svensson. 2006. "Political Budget Cycles: Do They Differ across Countries and Why?" *Journal of Public Economics* 90: 1367–89.

Smith, Steven S. 2007. *Party Influence in Congress*. Cambridge: Cambridge University Press.

Soroka, Stuart N., and Christopher Wlezien. 2010. *Degrees of Democracy: Politics, Public Opinion, and Policy*. New York: Cambridge University Press.

Strøm, Kaare. 1990. "A Behavioral Theory of Competitive Political Parties."

American Journal of Political Science 34(2): 565–98.

Taagepera, Rein, and Matthew Soberg Shugart. 1989. *Seats and Votes: The Effects and Determinants of Electoral Systems*. New Haven: Yale University Press.

Tavits, Margit. 2004. "The Size of Government in Majoritarian and Consensus Democracies." *Comparative Political Studies* 37(3): 340–59.

——. 2007. "Principle vs. Pragmatism: Policy Shift and Political Competition." *American Journal of Political Science* 51(1): 151–65.

Tufte, Edward R. 1978. *Political Control of Economy*. Princeton: Princeton University Press.

第Ⅰ部

制約条件と政党戦略

第1章
選挙制度と政党戦略

フランセス・ローゼンブルース／斉藤淳／山田恭平

1. はじめに

　政党規律が強い状況では，接戦区に運動資源を集中的に投下することが，政党が議席数を最大化するために合理的である．反対に政党規律が弱い場合，政党の決定は現職議員による談合によって骨抜きにされ，現職議員の議席を守るためにむしろ金城湯池への資源投下が行われる．その結果，党全体の議席の最大化ができないこともある (Stokes 1967; Butler and Stokes 1974; Cox 1987; Weingast 1994; Carey and Shugart 1995; McGillivray 1997, 2004; Smith and Remington 2001)．しかし政党規律が十分に強い場合でも，選挙区内ないし選挙区間における有権者の選好が多様であったり，選挙動員の効果が不均質な状況では，政党が最適な戦略を形成するのは容易ではない．多くの有権者が強固な選好を持つ選挙区から選ばれる議員は，選挙区の有権者の選好に従うことなしに再選は難しい．一方で政党リーダーは議席数を最大化するために，選挙区内部が均質的な選挙区ではなく，有権者の選好が多様な選挙区に資源を集中投下する誘因がある．すなわち接戦区を重要視する政党リーダーの戦略は，必ずしも現職議員の利益と一致するとは限らない (Gerber and Lewis 2004; Dunning and Stokes 2008)．

　1994年選挙制度改革により中選挙区制が廃止され，小選挙区制を主体とする選挙制度が導入されたことで，日本の政党は選挙戦略を転換した．これは多数決型政治体制での規律ある政党は，接戦区に資源を集中的に投下するであろうという予測を支持するものである．具体的には，都市化度を選好の指標とすると，選出された選挙区を見る限りでは，二大政党の中位議員が代表する都市化度は，国全体での中位投票者の都市化度に接近してきている．これは日本にお

いてウェストミンスター型民主主義，つまり内閣が行政権の実権を持つ一元型議院内閣制への転換が起こっていることを示唆する．二大政党のいずれも中位投票者の選好に合わせた公約を提示する誘因があり，自党の公約に近い議員の再選確率が高いがゆえに，二大政党がともに内部で均質的となり，さらには二大政党同士が似たような議員の集団となる（Estévez-Abe 2006; Rosenbluth and Thies 2010）．理屈の上では各小選挙区で候補者の公約は選挙区の中位投票者の選好に収斂するが，規律ある政党は中位選挙区に最適化した公約を作成するはずである．

2005年時点で，民主党・自民党ともに中位議員は，国全体の中位投票者と比較すると，都市化度の低い支持基盤（すなわち地方）から選出されていた．これは選挙制度改革後も地方の有権者が選挙において強い動員力を持ち続けていることを示唆している．新選挙制度では，利益団体は中選挙区制の頃と同じ影響力を行使することは出来ない．しかし，いかなる政治体制でも，組織された有権者は，そうでない有権者よりも政治に強い影響を与えることができる．組織された有権者が集中している選挙区，例えば農村地域の選挙区は，今後しばらくは従来通りに，人口比からみると過大とも言える利益を受け続けるだろう．それでも，徐々にではあるが，過去100年間にわたって日本政治を特徴付けてきた「都市と地方」の対立は，典型的な「右と左」の対立に取って代わられるだろう．政党間での競争は政策を軸としたものになり，左翼政党は農民とその他の保護主義的な利益，さらには都市部の低所得者層にまとめて訴求できる政策を打ち出すようになり，農村への過大な利益配分は徐々に姿を消すであろう．

本章の構成は以下の通りである．第2節では94年の選挙制度改革について概観し，なぜ新制度では政党が多数決型に適応すると予想されるのか示す．その上で日本政治を特徴付ける主要な要因として，都市と地方の対立軸について説明する．第3節は政党が新選挙制度に適応する過程を分析する．第4節は結論であり，日本政治の変容について展望する．

2. 日本の選挙過程と自民党型集票組織

　政党の適応戦略を論ずる前提として，中選挙区制の時期，とりもなおさず自民党黄金時代に，その集票活動がいかなる論理において行われていたかを検討しよう．特に利益誘導による集票戦略が有効だったのは，自民党政権が半永久的に続くとの期待を与党と有権者が形成し，共有していたからである．その意味において，有権者と自民党の関係は，無限繰り返し囚人のジレンマゲームとして捉えられる．

(1) 自民党と有権者の繰り返し囚人のジレンマ

　本来なら野党を支持する有権者が与党に投票する見返りに，与党はこの有権者に何らかの利益を提供しているとしよう．本来なら野党支持なので，利益誘導がなければこの有権者は野党に投票する．取引が一回限りなら，この有権者にとって，与党から利益を受け取り，野党に投票する，いわゆるタダ乗りを選択することが合理的な行動である（Stokes 2005；斉藤 2010）．同様に与党側も，野党支持者から票だけ受け取って，見返りとなる利益提供を行わないことが利益にかなう．これは囚人のジレンマで（裏切り，裏切り）がナッシュ均衡となる状況である．

　標準的な囚人のジレンマの解が示すように，自民党と有権者が裏切りを行わず協調するためには，取引が無限回繰り返される必要がある[1]．これに加えて自民党，有権者の双方が将来の利得に大きな価値を置く場合，裏切りへの制裁を取り入れた適切な戦略によって（渡辺 2008），協調的な結果，すなわち票と便益の交換が行われる．

　このことから示唆されるのは，自民党が長期にわたって政権の座にあり続けるだろうという期待自体が，利益誘導による権力の維持を容易なものとしたことである．選挙競争が正常に行われている政治体制においては，有権者は複数ある選択肢の中から自分の好む候補や政党を選ぶ．このような政治体制では，

---

1) これは取引の終末がいつ訪れるか分からないまま多数の取引を繰り返す状況と言い換えることも出来る．

有権者が無能と判断した議員や，有権者の選好から大きく逸脱する議員を，有権者自身が投票という手段で罰することができる．

利益誘導を行う権力を保持する者が定期的に交代する状況であれば，つまり頻繁に政権交代のある政治体制では，利益誘導による得票が困難になる．一度きりの囚人のジレンマゲームでナッシュ均衡では，両プレーヤーとも裏切りを選択し，票と便益の取引が発生しないのと同様，政権交代が頻繁に発生する政治体制では，野党支持者は野党に投票し，与党はこれらの有権者には利益を提供しないものであろう．

(2) 秘密投票と集票マシーン

実際の選挙では，あくまで建前としては，有権者個々人がどの政党に投票したかを個人レベルで識別することは出来ない．この状況では，たとえ有権者が，政権党が永久に政権の座にとどまるとの予想を共有していたとしても，野党を支持する有権者は政権党が提供する利益にタダ乗りできる．つまり，秘密投票が守られている限り，野党を支持する有権者は政権党から提供される利益を受け取る一方で，選挙では野党候補に投票できるはずである (Stokes 2005)．政権党が有権者の裏切りを罰するためには，有権者の行動を監視し，裏切りを発見した際は罰する技術を有することが必要である．実際，自民党の選挙マシーンは秘密投票の原則をかいくぐるために設計されていたといえる．

日本の投票用紙は自署式で，有権者は投票用紙に候補者の名前を書く必要があるだけでなく，投票用紙記載台は半開きで，投票者の様子を後ろから監視することが出来る．たとえ選挙当日に監視することが難しい場合でも，後援会が複数の手段を組み合わせて有権者の投票行動を追跡する．例えば，後援会は選挙区内の有権者や団体が，選挙前の運動にどの程度協力的だったのか監視できる．また，ある企業が従業員を運動員として提供したかどうか，候補者のポスターを会社の掲示板に貼ってあったかどうかなど，協力的だったか否かはすぐにわかる．

中選挙区制では，少数の組織された利益団体が過大な政治的影響力を持つ結果につながるが (Myerson 1993)，この制度的文脈において自民党は利益誘導による集票力を強化していったのである．中選挙区制では，自民党は同一選挙区

から複数の候補を当選させるために候補者間で得票を分割する必要があった．それゆえ支持者の投票行動を監視し，票の分割を確実に行うことは，安定的に議席を確保する上で極めて重要であった．ただし，有権者個々人の投票行動を完全に追跡するのは費用がかかり現実的には困難な場合も多い．自民党はしばしば農協や医師会，商工会議所，あるいは宗教団体などに，有権者の動員や監視，処罰を外注することで問題を回避した．また個々の議員が族議員として特定の政策分野に影響力を持つことによって，同じ選挙区内でも各議員が自身の政策分野にかかわる業界の監視を行うことが可能だった．

(3) 集票マシーン政治と政策

賃金が比較的柔軟に変動しうる労働市場と異なり，政策によって利益を提供することには様々な技術的困難が伴う．自民党から見た場合，有権者が自民党に投票することを条件に利益分配を行うことが出来ない場合，すなわち自民党に投票したか否かにかかわらず有権者が政策による利益を享受できる場合，しっぺ返しやトリガーなどの報復戦略は機能しないことになる．政策によって発生する利益が永続的だったり，非排除的な公共財であったりする場合，有権者は自民党の利益誘導にタダ乗りできる．たとえば高速交通インフラ整備は特定の地域に半永続的に利益を提供する公共財であり，野党支持者でもこの便益を享受できるため，集票にはつながらない（斉藤 2010，第 6 章）．このため自民党は自らの支持基盤を守るために，外部性の大きな公共財や透明性の高い基準に基づいたものではなく，選別的に利益提供を行うことが容易で，外部性の小さな政策体系を採用していたのである（McCubbins and Rosenbluth 1995; Scheiner 2005）[2]．

3. 日本における多数決型民主主義への転換

自民党が一時的に野党の座にあった 1994 年，国会で政治改革関連四法が成

---

[2] 典型的な事例はコメ農業保護政策の変遷である．当初，食糧管理制度として全国一律に価格を固定していたものが，減反への参加を前提とした奨励金の配分，農業土木事業を中心とした形態に変化していった．

立し，これにより衆議院選挙制度としての中選挙区制は廃止され，小選挙区比例代表並立制が導入された．中選挙区制時代の選挙区定数は2から6であり，このため政党が議会で過半数を獲得するためには平均して一選挙区あたり複数の候補を当選させる必要があった．自民党は1955年に保守合同により誕生し与党となって以来，財政，税制，規制を操作しつつ様々な有権者や組織に利益を分配したが，選挙区レベルで議席を維持する上で重要だったのは，利益誘導の成果を，自民党所属議員が自らの実績として選挙区の有権者に誇示できる仕組みを整えることだった．各議員が自らの支持基盤となっている業界，組織，有権者に成果を示すことで，選挙区内の支持基盤の分割が容易になり，党内競争問題が緩和された (Ramseyer and Rosenbluth 1993; Hirano 2006; 建林 2004)．しかし分配された政策便益が集票に結びつくことを確認するためには，動員と監視が容易な有権者を取り込むことが重要になる．議員は自民党全体としての政策の一貫性を犠牲にしてでも，自身を支持する有権者集団を開拓する必要に駆られた．すなわち有権者の大部分が何らかの動員網に属している限り，議員個人が利益を地元に誘導できるという評判を維持することによって，自民党はあくまでも集合的に政権を維持できたのだ．

　中選挙区制は自民党全盛期を生み出したが，やがてこれを作り出した環境そのものが存亡の危機に瀕するようになった．1960年代から70年代前半に都市化が急速に進展したことにより，個々の議員後援会による動員だけでは支持獲得が困難な有権者集団が大量に発生した．都市の消費者にとって，農村での公共事業に税金を支払うことや，規制で守られた製品を購入するために多額の支出をすることは利益の多いものではなかった．自民党の得票率は1970年代を通じて下落し続けた．1950年代には自民党（またはその前身政党）の相対得票率は全体の約3分の2だったが，1976年の衆院選では41％にまで低下していた．しかし，一票の格差による農村の過剰代表や，野党が複数の政党に分かれていたこともあり，得票率の低下にもかかわらず自民党は衆院の過半数を維持し続けた．再分配政策を注意深く調整することによって自民党の得票率は1980年代に一時的に上昇したが，1989年の参院選で急落した．

　1989年には一連の金銭スキャンダルにより竹下登首相が辞任，1993年には金丸信元自民党副総裁が逮捕された．業を煮やした改革派は宮沢内閣に対する

第 1 章　選挙制度と政党戦略

不信任案に賛成し，自民党を去った．不信任案可決後の解散総選挙では，自民党は 55 年の結党以来，初めて政権与党の座から転落したが，非自民連立政権は 1 年余りで政権を手放すこととなった．しかし連立政権は選挙制度改革など，いくつかの重要な改革を実現させた．小選挙区 300 議席と比例代表 200 議席で構成される新制度では[3]，当然ながら自民党は二大政党の一つとして生き残る可能性があった．さらに自民党にとって少なくとも短期的に有利だったのは，比例代表制の並存によって非自民小政党が単独で存続したため，野党各党が衆院で過半数を獲得できる規模の政党として結集するのが遅れてしまったことである (Reed and Thies 2001)．

このように比例代表制との並立によって，自民党は少なくとも暫く政権党に留まり続ける展望を得た．加えて比例代表ブロックが組み込まれていたからこそ，新選挙制度導入に対する小規模政党の反対が和らいだ側面もある．しかし自民党は，新選挙制度による誘因によって，党そのものが変質していった．政治家はもはや同じ党の候補者と戦う必要がなくなり，代わりに選挙区内での過半数の得票を目指すようになった．新しい制度のもとでは，候補者自身の支持基盤を培養し維持する代わりに，明確な政策公約を提示して選挙戦を戦った方が安上がりである．例えば数の上では圧倒的に多数派である都市部の有権者にアピールする手法として，可処分所得を少しでも増加させるために，多くの候補者が無駄な公共事業を厳しく批判することになったのは一例である．

ダウンズ政策空間モデル (Downs 1957) を用いた分析は，選挙区レベルでの予測を行うのに有用だが，政党や政党システム全体での予測を導出するためには，陣笠議員と政党リーダーが直面する誘因や運動資源について，さらに詳しく分析する必要がある．議院内閣制において，議員は政党規律に従う強い誘因があるので，政党は一枚岩の行為主体だと仮定できることが多い．しかし議員はいかなる状況でも政党執行部に権限を委譲するわけではなく，1994 年選挙制度改革前後を比較すればわかるように，どの程度権限を委譲するかについて，議員はかなりの裁量を持っている[4]．中選挙区制では党内競争があったゆえに，議員は支持者に個別の利益誘導を行い，これを自分の業績であると主張する強

---

3) 比例代表から選出される議員は，2000 年に 200 議席から 180 議席に削減された．
4) 19 世紀イギリスの例については，Cox (1987) を参照．

い誘因が働いた．所属議員が党の政策の一貫性を犠牲にする形で支持者に利益を配分することに，党幹部はある意味で共謀せざるを得なかった．対照的に新しい制度では，党内競争が緩和され，また政権公約によって有権者の支持を得ることの重要性が増加したため，党指導部に権限を集中させることが合理的になった．

中選挙区制と比較した場合，並立制では政党への強力な支持と一貫性のある政権公約を持つことは，多くの選挙区において特に陣笠議員にとって直接的に得票率の増加につながる．このため，権限を党執行部に委譲する誘因が強まった．しかし議員は，権限を政党執行部に集中させることについて費用対効果を計算する際，選挙区間で有権者の選好が不均質であること（これは経験的検証によってのみ示されるものだが）を考慮に入れる必要にも迫られる．議院内閣制で小選挙区制を採用しているインドの例をみればわかるように，政党には「規模の経済」が働く，つまり無名の候補者が政党名を頼りに集票したり，逆に有権者が候補者に関する情報を集める努力を節約するために政党名を頼りに投票したりするのだ．しかしこの規模の経済は，全国の中位投票者から遠く離れた，政策次元で外れ値にあたる選挙区を代表する議員が直面する再選誘因によって相殺されうる．外れ値の選挙区を代表する政治家ならば，議会の過半数を狙う大政党の候補として立候補して落選するよりは，地方の小政党から出馬して当選したいと考えるのが当然だ．大政党は国全体の中位投票者の選好に合わせた政策を掲げるだろうが，選挙区内で有権者の選好が全国の中位投票者から大きく離れている選挙区では，そのような政策を掲げる政党の候補として当選するのは極めて困難である．

(1) 選挙区間の不均一性

ここで日本の文脈に即して議論を進めるために，選挙区毎の違いが，公共政策に対する選好と言うよりもむしろ，動員の強度によってもたらされると仮定しよう[5]．全選挙区で有権者の選好は均質だが，人口規模と与党が有権者の裏切りを発見・特定する能力において不均一であると仮定する．例えば，地縁血

---

5) ここで動員の容易さを，選好の違い，例えばイデオロギー距離と読み替えたとしても分析結果に大きな違いはない．

縁の強い農村の有権者は，都市の有権者よりも監視が容易である．都市部では，有権者自身が頻繁に引っ越すなど流動性が高いだけでなく，有権者の持つ資産も流動的であり，政党が有権者を監視し，裏切りを発見して処罰するのは難しい．居住地域の変更という退出オプションが容易に行使できるからである．この理由から，農村の有権者は自民党による利益分配政治の恩恵を受けたはずだが，それは農村の有権者が保守的であったからというよりも，より簡単に監視・動員されうる存在だったからである．

(2) 中選挙区制での議席獲得戦略

中選挙区制での政党間競争を単純化して考えるために，デュヴェルジェ均衡 (Cox 1994; Reed 1990) が成立し，候補者数が定数プラス1であると仮定する．さらに選挙区内では候補者が票を均等に分割しているとする．このような状況で，定数3の選挙区では，与党が獲得する議席数は，4分の1の得票率で1議席，半分の得票率で2議席，4分の3の得票率で3議席になる．選好が選挙区間で同質ならば，与党は各選挙区に分配する動員資源量を調節することで，各選挙区から得られる議席数を決めることが出来る．

単純化のために全選挙区が定数3の場合を考える．一般的に与党が政権を維持するためには過半数議席を獲得しなければならない．3議席目を獲得するための費用が，別の選挙区で2議席目を獲得するために必要な費用よりも安い場合，与党はその選挙区において全3議席を獲得しようとするであろう．全国的に一定の支持がある場合を想定するなら，与党が大量に資源を投下して全3議席を獲得する選挙区と，ほとんど資源を投入せずに1議席のみ獲得する選挙区とに分かれることが予想される．中間の場合では，与党は3議席中2議席を獲得することになる．

(3) 中選挙区制から小選挙区制への転換

ここで政治システムが全て小選挙区で構成されている場合を考えてみよう．デュヴェルジェ均衡が成立しているとすると，議席は2人の候補によって争われ，候補者は50%の得票率を得れば当選できる．任意の小選挙区において自民党が議席を得るために必要な資源は，定数3の選挙区で2議席を得るために

必要な資源と同量である．

　この政治システムで選挙制度が中選挙区制から小選挙区を中心とした制度に移行した場合，与党は二つの問題に直面する．第一に，中選挙区制で全議席を独占していた地域の小選挙区では，大量に投下された資源と高い監視能力があるために，与党は 50% を大幅に超える得票率を得る．第二に，与党がかつて1議席のみ獲得していた地域では，与党得票率は 50% に届かない．このような地域では少しだけ得票率を上げることで多くの議席を獲得できる．中選挙区制の下，一部の有権者および選挙区に大量の利益を与えていたのとは対照的に，小選挙区では，与党に資源を全国的により均一にさせる誘因を与える．

　無論，日本の実際の選挙制度は中選挙区制において定数のばらつきがあり，新制度では比例区を伴う並立制となった．選挙区毎に有権者の選好が異なる可能性や，有権者の選好が時系列で変化する可能性など，現実により即した分析を行う上で考慮しなければならない要因は数多くある．しかし選挙制度変更に伴う誘因の変化は，少なくとも定性的には，他の要因を一定とした場合，上記の単純な思考実験の示す通りである．

（4）経験的根拠

　それでは自民党は，どのようにして新しい選挙制度に適応してきたのであろうか．自民党は複数の手段を使い政策の優先順位と選挙戦術を変更することによって，その制度の下でも与党であり続けようとしたことがうかがえる．第一に，地方への補助金を削減した．第二に，「有給の活動家」を解雇することによって，地方での選挙マシーンを再編した．つまり 1990 年代後半以降，自民党は市町村合併を主導し，それまで党の集票マシーンの中心的存在であった地方政治家を削減させた（本書第 8 章参照）．第三に，都市部でも強い動員力を誇る公明党と連立を組み，動員を外注することになった．

　図 1–1 は全国人口，衆議院中位議員の選挙地盤，衆議院自民党中位議員の選挙地盤，それぞれで見た都市化度の変遷を示したものである．ここで言う都市化度とは，人口集中地区に住む住民の比率である[6]．日本の都市部人口は 1960

---

6)　議員支持基盤の都市化度とは，市町村都市化度を議員得票に占める占有率で加重平均を取ったものである．議員 i の都市化度 $\bar{x}_i$ は

第 1 章　選挙制度と政党戦略

図 1–1　人口と得票基盤の都市化

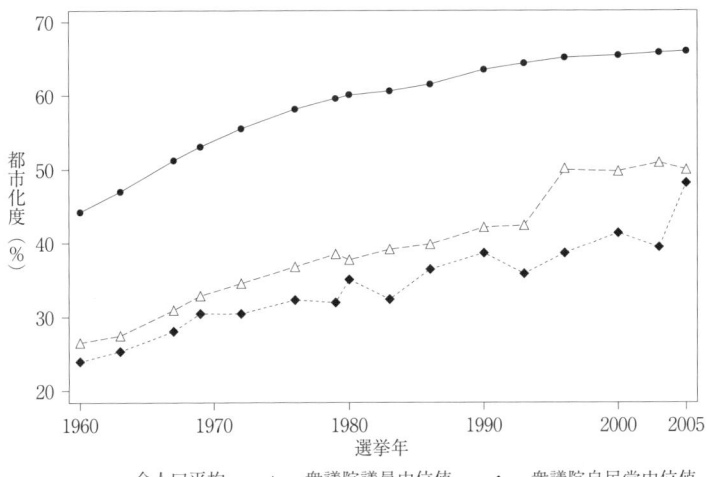

注：国勢調査資料を基に筆者算出．議員支持基盤の都市化度は脚注 6 で定義される．

年代に過半数を超えたのに対して，衆議院全体および自民党の中位議員の都市化度は，一票の格差による農村部の過剰代表と，農村部の高い投票率により，50％ を大きく下回り続けた．1994 年の選挙制度改革で一票の格差が是正された後でさえ，衆議院の中位議員の都市化度は，全人口の都市化度に比べて低いままである．しかし 2005 年の総選挙後，自民党の中位議員の都市化度は，衆院全体の中位議員の都市化度に近づいている．

　自民党は選挙制度改革後，歳出パターンを変化させた．例えば国から地方への一人当たりの補助金の変化を見ると，中選挙区制の時代は金城湯池への補助金配分が経時的に増加する傾向があった．並立制への移行後はかつて多くの補助金を受け取っていた選挙区への配分が減らされ，接戦区へ集中する傾向がある (斉藤 2010, 第 8 章；本書第 8 章)．

　さらに自民党は歳出の変化を補強するため，市町村合併など，制度面での改革も実行したが (本書第 8 章)，この時期に合併が進んだのは主として自民党の

$$\bar{x}_i = \sum_j \frac{v_{ij}}{v_i} x_j$$

として定義される．ここで v_i は i の総得票数，v_{ij} は市町村 j における議員 i の得票数，x_j は市町村 j の都市部人口比率である．

金城湯池であった (斉藤 2010, 図 8.6). 小規模自治体を整理し, さらに交付税交付金の算定式を改訂することで, 小泉政権は地方への補助金を 4 兆円規模で削減した. 自民党は主に農村部の金城湯池の弱体化を半ば容認していたことが見て取れるが, 同時に, 公明党と連立を組むことで, 都市部の選挙区での支持を強化することも企図した. 自民党の得票力は, 人口一人当たりの地方議員数, すなわち自治体人口規模と強い相関関係を持つが, 公明党の得票率は選挙区内の市町村数, すなわち地方議員の数とほぼ無相関に均一に分布している (Saito 2011). つまり合併によって地方での財政支出と過剰得票を削減する一方で, 公明党と連立することによって全国的に自民党の得票率を底上げしたのである. 特に都市部の接戦区では, 議席獲得のために必要な「最後のひと押し」を加えることが可能になったのである.

自民党は新制度に適応することによって, 政権党として生き延びることに成功した. しかし, 長年自民党を支えてきた, 監視動員網に属する有権者や, これを動かしてきた地方政治家を失った. 自民党は多数決型民主主義体制における「普通の政党」になり, 獲得議席数の不確実性と乱高下に直面することになった. 図 1–2 は選挙区の都市化の度合いと自民党を中心とする与党候補の衆議院選挙での得票力を散布図に表したものである. 中選挙区制時代は (例 1986 年), 自民党は農村部で安定して高い得票率を記録していたが, 選挙制度改革以降, 回帰直線の傾きが平坦になっていくことから分かるように, 地方と都市での得票力の違いは徐々に失われていく. しかも回帰直線が選挙の度に上下に変動することから分かるように, 地方・都市のいずれの選挙区でも得票力が不安定化し, 獲得議席が大きく変動することになった (本書第 8 章).

4. 結　論

自民党が再起不能であると考えるのは誤りだが, 同党ももはや無敗の政党ではなくなった. 加えて並立制が形作る再選誘因は日本政治の争点軸を「都市と農村」の対立軸から, 小選挙区制を採用する国において一般的にみられる「右と左」の対立軸へと転換させていくだろう. この予測が成り立つのは, 小選挙区制を採用する国における大政党が持つ強い政党組織を前提とすれば, 全国的

第 1 章　選挙制度と政党戦略

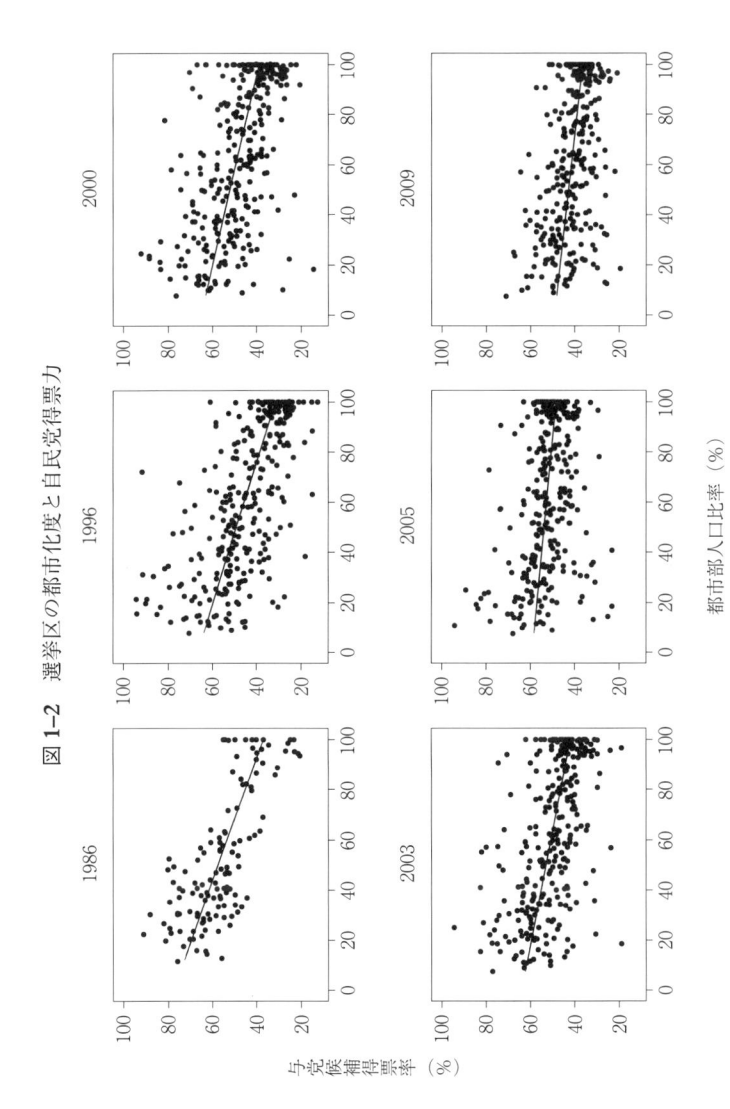

図 1-2　選挙区の都市化度と自民党得票力

注：選挙区都市部人口比率は国勢調査資料を基に筆者が算出。回帰直線は選挙毎に最小自乗法によって推計したものである。

に人気のある政策パッケージに頼ったほうが，中位投票者に課税して少数の有権者に利益誘導を行うよりも，安く効率的に選挙に勝利できるからである．選挙制度改革後，衆議院および与党内の中位議員が，より都市型の支持基盤を持つようになったことを考慮すれば，政党間の競争によって，民主・自民両党ともに今後も都市部の利益に沿う政策を掲げていくと予想される．また効果的に農村部有権者にアピールするためには，候補者の主張を党の政策パッケージに組み込むことが重要である．具体的には，自民党は規制緩和と効率化を強調し，民主党は成長路線から取り残される人たちのために社会保障を強調すると予想される．

新選挙制度では，都市部有権者の利益を代表する必要に迫られるため，自民党は強い動員力と高い投票率を誇る農村部の有権者に依存する誘因が弱体化した．確かに，過去に自民党は膨大な資源を投入して，農民を動員・監視するために農協を選挙マシーンとして利用してきた．しかし現在，自民党は，旧来の制度のもとで構築され，選挙制度改革後も残存していた選挙マシーンを放棄し始めている．従来からの農村優遇策と，これを維持運用するための組織や政策がもはや負債となったことを認識した自民党は，特に農村部での市町村合併を推進した．農村部の動員網が弱体化したことは，農村票に依存していた議員の再選が以前ほど容易でなくなったことを意味する．すなわち市町村合併によって，民主・自民両党が「都市と農村」の次元において似たような内部構造を抱えることになる．同様に，自民党は近年，行財政の地方分権を推進してきたが，これは所得の高い都市部から所得の低い農村への，富の移転を削減させることになる．

民主・自民ともに，現状では政策の方向性について党内の意見・選好がまとまっているとは言い難い．特に現職議員は，自らが既に膨大な資源を投入して築いた恩顧主義の網の目を簡単には放棄できない．それゆえに，複数次元による政党間競争が残存する可能性，つまり公共政策だけでなく地域政党が出現したり，恩顧主義的取引が生き残ったりする可能性がある．旧来型利益誘導政治による選挙での効率の損失は，選挙に敗れない限りは許容されうるという意味において，程度問題である．イデオロギー的にまとまりのある政党の執行部に権限を集中させることに対して，現職カルテルはどの程度抵抗し続けられるの

か．時間の経過とともに判明してくるであろう．

　選挙制度の変更は，政党システムや投票行動がどの程度まで制度に影響されるのかを測る貴重な機会を提供する．選挙制度改革に伴い中選挙区制から小選挙区制を中心とした制度に移行したことによって，日本政治は，都市の消費者であり納税者である中位投票者が政策に対してより大きな影響力を持つ，二大政党制へと転換しつつある．政治的な打算と妥協により，小選挙区比例代表並立制という，多数決型と比例代表型を組み合わせた制度が導入されたが，結果として日本政治に目に見える影響を与えることになった．大陸型の純粋な比例代表制が導入されていれば，農民や労働組合など組織された利益と，政党との結びつきは以前よりも強化され，また，社会の利益調整は連立政権内で行われていたはずである．イギリス的な単純小選挙区制が導入されていれば，政党の数は今よりも少なくなり，一党で過半数を獲得する可能性が高まっていただろう．

　現実には小選挙区制に比例代表制を組み合わせたことで，小規模政党が生き残った．例えば公明党は小選挙区での票を提供することによって自民党の旧来型の政治家を生きながらえさせることができる一方で，いったん民主党支持に切り替えることがあれば，旧来型の政治家を一瞬にして落選させることもできる．公明党が今後，民主党を中心とした連立政権に加わるか，かつての連立パートナーであった自民党とともに野党であり続けるかは，注視していく必要がある．都市の中低所得層の利益を代弁する公明党の再分配政策は，イデオロギー的には自民党よりも民主党に近い．しかし，公明党は共和党を支持する米国の宗教団体のように，今後も再分配政策では右に位置する自民党と組み続けるかもしれない．しかし自民党が長期的に二大政党の一翼を担ってゆくためには，根本的に自民党自身が変革するしかない．

参 考 文 献

斉藤淳．2010．『自民党長期政権の政治経済学：利益誘導政治の自己矛盾』勁草書房．
建林正彦．2004．『議員行動の政治経済学：自民党支配の制度分析』有斐閣．
渡辺隆裕．2008．『ゲーム理論入門』日本経済新聞社．

Butler, David, and Donald E. Stokes. 1974. *Political Change in Britain: The Evolution of Electoral Choice*, 2nd ed. London: Macmillan.

Carey, John M., and Matthew Soberg Shugart. 1995. "Incentives to Cultivate a Personal Vote: A Rank Ordering of Electoral Formulas." *Electoral Studies* 14(4): 417–39.

Cox, Gary W. 1987. *The Efficient Secret: The Cabinet and the Development of Political Parties in Victorian England*. Cambridge: Cambridge University Press.

——. 1994. "Strategic Voting Equilibria under the Single Nontransferable Vote." *American Political Science Review* 88(3): 608–21.

Downs, Anthony. 1957. *An Economic Theory of Democracy*. New York: HarperCollins. (古田精司訳『民主主義の経済理論』成文堂, 1980)

Dunning, Thad, and Susan C. Stokes. 2008. "Clientelism as Persuasion and as Mobilization." Paper presented at the annual meeting of the Midwest Political Science Association, April 2–6.

Estévez-Abe, Margarita. 2006. "Japan's Shift toward a Westminster System: A Structural Analysis of the 2005 Lower House Election and Its Aftermath." *Asian Survey* 46(4): 632–51.

Gerber, Elizabeth R., and Jeffery B. Lewis. 2004. "Beyond the Median: Voter Preferences, District Heterogeneity, and Political Representation." *Journal of Political Economy* 112(6): 1364–83.

Hirano, Shigeo. 2006. "Electoral Institutions, Hometowns, and Favored Minorities: Evidence from Japan's Electoral Reforms." *World Politics* 59(1): 51–82.

McCubbins, Mathew D., and Frances M. Rosenbluth. 1995. "Party Provision for Personal Politics: Dividing the Vote in Japan." In *Structure and Policy in Japan and the United States*, ed. Peter F. Cowhey and Mathew D. McCubbins. New York: Cambridge University Press, 33–55.

McGillivray, Fiona. 1997. "Party Discipline as a Determinant of the Endogenous Formation of Tariffs." *American Journal of Political Science* 41(2): 584–607.

——. 2004. *Privileging Industry: The Comparative Politics of Trade and Industrial Policy*. Princeton: Princeton University Press.

Myerson, Roger B. 1993. "Incentives to Cultivate Favored Minorities under Alternative Electoral Systems." *American Political Science Review* 87(4): 856–69.

Ramseyer, J. Mark, and Frances McCall Rosenbluth. 1993. *Japan's Political Marketplace*. Cambridge, Mass.: Harvard University Press. (加藤寛監訳『日本政治の経済学：政権政党の合理的選択』弘文堂, 1995)

Reed, Steven R. 1990. "Structure and Behavior: Extending Duverger's Law to the Japanese Case." *British Journal of Political Science* 20(2): 335–56.

第 1 章　選挙制度と政党戦略

Reed, Steven R., and Michael F. Thies. 2001. "The Causes of Political Reform in Japan." In *Mixed-Member Electoral Systems: The Best of Both Worlds?* ed. Matthew Soberg Shugart and Martin P. Wattenberg. Oxford: Oxford University Press, 152–72.

Rosenbluth, Frances McCall, and Michael F. Thies. 2010. *Japan Transformed: Political Change and Economic Restructuring*. Princeton, N.J.: Princeton University Press.

Saito, Jun. 2011. "Analyzing the Electoral Clout of Komei's Votes." Typescript, Yale University.

Scheiner, Ethan. 2005. *Democracy without Competition in Japan: Opposition Failure in a One-Party Dominant State*. New York: Cambridge University Press.

Smith, Steven S., and Thomas F. Remington. 2001. *The Politics of Institutional Choice: The Formation of the Russian State Duma*. Princeton, N.J.: Princeton University Press.

Stokes, Donald E. 1967. "Parties and the Nationalization of Electoral Forces." In *The American Party Systems: Stages of Political Development*, ed. William Nisbet Chambers and Walter Dean Burnham. New York: Oxford University Press, 182–202.

Stokes, Susan C. 2005. "Perverse Accountability: A Formal Model of Machine Politics with Evidence from Argentina." *American Political Science Review* 99(3): 315–25.

Weingast, Barry R. 1994. "Reflections on Distributive Politics and Universalism." *Political Research Quarterly* 47(2): 319–27.

第2章
経済危機と政党戦略

樋渡展洋

1. 問題関心と分析仮説

(1) 問題関心

2007年参議院選挙での自民党の大敗と民主党の大勝，2009年総選挙での劇的な政権交代をもたらしたのは，小泉政権の新自由主義構造改革による弱者切り捨て，格差拡大，地方の疲弊に対する有権者の不満であるという理解はいまも一般的である[1]．しかし，小泉内閣の構造改革が有権者を分極化させ，「市場原理主義」の犠牲となった有権者が自民党と対極的な政策を掲げた民主党などに政権を託したと主張できる十分な実証的根拠はない．むしろ，2009年総選挙に関する既存研究は，民主党投票者が，2005年の郵政選挙で自民党に歴史的大勝をもたらした有権者と極めて近似した「若い」「都市部の」「無党派層」であることを示唆する（田中ほか 2009）．つまり，民主党の反構造改革路線を積極的に支持したのが小泉改革で疲弊した地方の有権者であることを示す証拠はない（白鳥 2010）．そこで，改めて，構造改革と政党のイデオロギー対立の関係を解明する必要があると思われる．

本章は，この問題を解明する手懸かりとして，OECD諸国での構造改革——具体的には生産市場改革，財政改革，労働市場改革——を分析し，構造改革を

---

[1] この認識は選挙戦での民主党，社民党，国民新党3党指導者の発言や党マニフェストに表れており，選挙後の鳩山民主党連立政権の基本方針を規定した．3党の「衆議院選挙に当たっての共通政策」（2009年8月14日）の序文では「そもそも小泉内閣が主導した市場原理・競争至上主義の経済政策は，国民生活，地域経済を破壊し，雇用不安を増大させ，社会保障・教育のセーフティネットを瓦解させた．その結果，過去10年間に一世帯あたりの平均所得は100万円減少している」とする．更に3党の「連立政権樹立に当たっての政策合意」（2010年9月9日）の序文でもほぼ同一の文言が繰り返されている．

促進するのが，政党制の分極化の下での新自由主義政権なのか，経済危機後の経済成長のための党派間妥協なのかを分析する．本章の仮説の一つである新自由主義仮説は，政府与党のイデオロギーや政策理念を重視し，構造改革が，強力な保守政権の下，市場競争的政策が発達した国々で進展すると予想する．これに対して，経済危機仮説は，経済運営に対する非難回避と政権の維持という政府与党の目標を重視し，構造改革が国際経済危機後の成長戦略として，それまで国際経済変動の衝撃を緩和するために市場介入的政策を発展させてきた国々において，政府与党の野党との妥協の産物として，より進展するとする．

そこで，まず，次項ではこの両仮説が説明される．それを踏まえた実証分析では，構造改革の進展が，国際経済変動に脆弱な開放経済下の議会中位議員（median legislator）の選好に依存することが明らかにされ，概ね経済危機仮説が支持され，新自由主義仮説が疑問視される．それとともに，銀行危機の発生が，国際経済危機とは対照的に，財政赤字や公的債務残高を著しく悪化させることも確認される．以上の分析の日本への含意は，次の二点である．第一に，国際経済変動から隔絶されている日本の構造改革の特徴は，市場改革の軽微な進展と財政改革の顕著な挫折の非対称性にあり，その理由は日本の経済危機が国内銀行問題に起因していることに求められること．第二に，日本の構造改革も与野党の了解の枠内で実施された可能性が高いことである．つまり，中曽根内閣以来，断続的に推進されてきた日本の構造改革が二大政党の分極化と反構造改革勢力の増大を惹起し，それが小泉改革を契機に政権交代をもたらしたという冒頭の理解は説得力に欠ける．

(2) 仮　　説

市場の競争的機能の強化をめざし，有権者またはその一部に負担を強いるような構造改革を政府はなぜ導入するかについて，見解は大きくわけて二つに分類できよう．一つは，政党間の政策的・イデオロギー的対立と政権交代の影響を強調する新自由主義仮説である．もう一つは，政党の目標として，政策実現に加え，組織の一体性保持と議席増大，究極的には政権の維持・獲得があることを重視する経済危機仮説である．

新自由主義仮説では，構造改革の配分的帰結に着目し，改革で利益を得る集

団が，不利益を受ける集団に負担を転嫁することにより，構造改革を進展させると想定される．従って，この立論では，新自由主義的イデオロギーを標榜する保守政権が，その支持者の要求を受けて，左派政党との対抗・対立を増幅させ，有権者および政党制のイデオロギー分極化を激化させて構造改革を導入する．その際，新自由主義的政策が導入されやすい制度的条件としては，強力な単独政権を形成しやすく，市場競争的政策を創出しやすい小選挙区制が挙げられる．これに対して，政党の選挙目標や組織目標を強調する経済危機仮説は，構造改革が，経済危機後の景気回復・経済成長のために不可欠として，党派妥協的（または合意的）に導入されるとする．その根拠として本章が強調するのは，経済危機に対する有権者や議員の広範な不満を背景に，その解消をめざす構造改革では，政府与党は経済失政に対する非難を回避し，野党や中位投票者の要求に妥協的な提唱をして，政権の維持を図るというものである．

　この両仮説の論拠を更に説明する．まず，新自由主義仮説の重要な構成要素である，小選挙区制下の強力な単独政権下で改革が進展しやすいという想定は，選挙制度の影響に着目した二つの密接に関連する議論，即ち選挙制度と政権の形態に関するLijphart (1999)の民主政類型論と選挙制度の政策的帰結に関する政治経済分析を基礎にしている．Lijphart (1999)は，小選挙区制の方が，中位投票者から離れた政策選好を持つ単独安定政権を形成しやすく，そのような政権が野党との対決を通して，経済団体や労働組合から相対的に独立して，その党派的政策を実現すると主張する．これに対して比例代表制は，中位投票者の選好を反映した多党制下の連立政権を形成しやすく，そのような連立政権は経済団体や労組との協議による妥協的・合意的政策を強いられるとする．つまり，比例代表制の方が，党派的拒否権者（Tsebelis 1995）が多いため，政策が現状から移動し難いとされる (cf. Lizzeri and Persico 2001; Milesi-Ferretti, Perotti, and Rostagno 2002; Spolaore 2004; Tavits 2004; Edwards and Thames 2007; Chang 2008; Rickard 2009)．特に，負担の配分を伴う改革では，連立相手に政策の負担転嫁を試みる消耗戦（war of attrition）が惹起され，改革を難しくするという仮定は，支出削減や財政再建，貿易交渉などの領域で実証されている (Roubini and Sachs 1989; Alesina and Drazen 1991; Alesina and Perotti 1995a, 1995b; Alesina, Perotti, and Tavares 1998; Henisz and Mansfield 2000; Annett 2002;

Mansfield, Milner, and Pevehouse 2007, 2008)．

　新自由主義仮説のもうひとつの重要な構成要素である小選挙区制で市場競争的政策が定着しやすいという立論の典型は Iversen and Soskice（2006）の議論である．彼らは，小選挙区制では保守政権による自由主義的再配分政策が定着する反面，比例代表制下では左派中道政権の下，再配分が拡大すると主張する．その根拠は，小選挙区制下の二大政党制では，中位投票者は再配分政策の負担転嫁を恐れて，再配分指向の左派政党よりも，負担転嫁を回避できる保守政党を選択するが，比例代表制による多党制下の連立政権では，再配分が不可避の状況においては，中位投票者を代表する政党は，左派政党と連立政権を形成することで，保守政党支持者に負担を転嫁して再配分政策を拡大する，というものである．実際，保守政権の方が，財政規模や再配分政策規模が小さく，再配分政策の市場化や縮減が著しく，不況期の雇用確保の財政出動も小さいという主張は多くの実証研究でなされている（Clayton and Pontusson 1998; Cusack 1999, 2001; Boix 2000; Way 2000; Huber and Stephens 2001; Kittle and Oblinger 2003; Korpi and Palme 2003; Allan and Scruggs 2004）．

　このように保守政権の政策的特徴の基礎を選挙制度に求めたものとしては，更に財政規模や財政政策に関して小選挙区制の方が小規模の税財政国家を形成しやすいとする，Persson and Tabellini（2003）の研究がある．その立論は，小選挙区制では，選挙区に特化した地域的支出を重視する傾向が強く，与党の支持基盤に限定された選挙区利益が代表されるのに対し，比例代表制では特定選挙区の便益のための負担が転嫁される危険性が低く，再配分が拡大しやすいというものである．但し，この説明の「地域的支出」を「地域的保護要求」，「再配分」を「市場開放」と置き換えるとそのまま Rogowski（1987）の貿易政策の説明となるが，そこでの結論は，小選挙区制の方が保護主義的であるというものである（cf. Grossman and Helpman 2005; Hankla 2006; Ehrlich 2007）．

　いずれにせよ，新自由主義仮説の基礎には責任政党制（responsible party system）の統治観（American Political Science Association 1950）がある．その要諦は，主要政党は政策・イデオロギーをめぐって対立・競合し，政府与党は公約した政策を実施することで有権者の政策・イデオロギー評価に基づく審判を選挙で仰ぐという，政党の政策対立を重視する視角である．そこから導出され

る，構造改革に関する仮説は次の通りである．

　仮説1a：構造改革は市場競争を促進させている税財政規模が小さい国々で進展する．
　仮説1b：構造改革は保守政権の下，敵対的議事運営により党派的政策が強力に実施されやすく，拒否権者数の少ない政治制度，つまり小選挙区制，単独政権，均質な議会構成の下で進展する．

　新自由主義仮説が，政党の政策やイデオロギーの対立・競合を重視するのに対し，経済危機仮説は政党の目標として，政策実現に加え，組織の一体性保持と議席増大，究極的には政権の維持・獲得があることを重視する．本書の序章で指摘されているように，政治家の再選，政策，昇進動機に呼応して，政党が議席拡大，政策実現，組織一体性を目標に，政権の維持・獲得を指向する場合，政府与党にとっては政策を，新自由主義仮説が想定している与党中位の理想点で提案するよりも，議会中位の理想点で提案する方が合理的な可能性が出てくる．

　政府与党が与党の中位選好よりも議会の中位選好に近い改革を提案する理由は二つ考えられる．第一は，政党の議席拡大目標から導出される点で，政府与党が経済危機後，政策改革により次期選挙での敗北を回避し，政権の維持を図る場合，政府の政策対応への非難を強めている野党や有権者に妥協的な改革提言をした方が，即ち，与党の中位議員の理想点より中位投票者に近い（与党所属の）議会中位議員の理想点に改革提言をした方が，責任与党としての有権者への政策応答性を訴え，経済失政への非難を緩和することが容易になる．そもそも，経済危機が政策改革を促進する背景には，危機が往々にして，改革に抵抗してきた既得権者，特に政府与党の支持基盤の既得権者の抵抗を弱めることが考えられる（Drazen and Grilli 1993; Drazen and Easterly 2001）．しかし，その際，政府与党が，その支持基盤を保護するような提案をすると，却って改革の負担配分をめぐる党派的対立を惹起させ，改革の実現を危うくする可能性がある（Alesina and Drazen 1991; Rodrik 1996）．政府与党が危機に直面して，その経済運営能力に対する有権者の信頼を回復し，支持団体を優遇・保護してい

るとする疑惑を払拭するためには，敢えて交渉過程を透明にし，より妥協的で実現性の高い改革を提案した方が，政権維持に寄与すると考えられる．この立論は，財政政策の透明性や政治的財政出動の抑制，貿易自由化や資本市場開放の促進，貿易協定の締結，銀行危機処理の財政負担などに関する実証分析で広く援用されている（Mansfield, Milner, and Rosendorff 2002; Frye and Mansfield 2003; Shi and Svensson 2003, 2006; Abiad and Mody 2005; Alt and Lassen 2006; Alesina, Ardagna, and Galasso 2008; Galasso 2010; Milner and Kubota 2005; Fabrizio and Mody 2008; Keefer 2007）．

加えて，改革が必要な場合政府与党が改革を提案する際に，与党中位の理想点よりも議会中位の理想点を重視する第二の理由として，政党組織の一体性保持の目標がある．即ち，政府与党は，政策を提案＝議事設定する場合，現状が与党中位点の近く（厳密には与党中位点と議会中位点の間）にある場合，それを与党中位点か議会中位点のいずれかに動かすような政策提案は，与党反対派と野党の連合で否決されるおそれがあるためあえて議会に上程しないはずである．この立論は，Cox and McCubbins（2005）の議事設定阻止（negative agenda setting）論であるが，その応用として，現状点が上記以外の場合でも，政府与党は議会中位議員の理想点に改革を提案した方が，与党中位点での提案より（野党と呼応し得る）与党内の異論や反対が少ないことになり，党内調整のコストが低くなる．つまり，与党指導部は党の内紛や紛糾を回避するためには，政策の議事設定を議会の中位議員の選好に近づけた方が，党内大多数の同意が得られやすいことになる．

以上の二点が，構造改革が政府与党の中位選好ではなく，議会中位の選好を反映させる仮定の根拠である．そこでは，経済危機による政府の経済運営への批判が政策改革の誘因になると想定されているが，このことは，経済危機に見舞われやすい国ほど構造改革の必要性に迫られることを意味する．特に国際資本移動の増大下の経済危機とは，通貨の劇的下落を伴う不況で，その際の通貨の乱高下は，国際市場に依存する産業の活動を攪乱するだけなく，通貨価値維持の要請は政府の財政金融政策の出動を著しく制約する（cf. 樋渡 2002, 2006）．従って，1970年代までの成長期に国際経済変動に対する衝撃緩和策として市場介入的政策を発達させてきた国々ほど，即ち，国際経済依存度の高い「小国」

(Cameron 1978; Garrett 1998; Rodrik 1998; Hays, Ehrlich, and Peinhardt 2005; Guichard et al. 2007; Fabrizio and Mody 2008; Duval 2008) ほど，国際通貨変動に起因する経済危機に脆弱なため，構造改革に積極的であると想定できる．以上，この仮説を纏めると，

仮説 2a: 構造改革は国際的経済変動に脆弱で，その脆弱性を補填するため政府の市場介入を発達させた税財政規模が大きい国々で進展する．

仮説 2b: 構造改革は議会中位選好を反映し，妥協的議事運営が発達した拒否権者が多い政治制度，つまり比例代表制，連立政権，不均質な議会構成の下で進展する．

以上が本章で検証する二つの対抗仮説である．これまで，OECD 諸国の構造改革に関する実証的先行研究 (Pitlik and Wirth 2003; Belke, Herz, and Vogel 2007; Guichard et al. 2007; Pitlik 2007; Alesina, Ardagna, and Galasso 2008; Duval 2008; Galasso 2010) は，改革進展の経済条件あるいは改革の経済成長への影響に焦点をあててきたため，改めて，本章のように改革実施の民主政治的条件を検討する意義はまだあると思われる．

2. 実 証 分 析

(1) 記 述 統 計

そこで，まず先進諸国の構造改革の実態を明らかにする必要があろう．図 2-1 の五つのグラフは本章で扱う改革の趨勢を図示している．その詳細は付表の記述統計表の通りである．図 2-1a は OECD 諸国[2]の公益部門規制・政府介入の趨勢を，図 2-1b は平均法人税率の趨勢を，図 2-1c は一般政府の累積公債残高の趨勢を，図 2-1d は財政収支の趨勢を，図 2-1e は雇用保護規制の趨勢を示し

---

[2] 本章の分析対象は，データが欠落している場合を除き，OECD の 20 ヵ国（オーストラリア，オーストリア，ベルギー，カナダ，デンマーク，フィンランド，フランス，ドイツ，アイルランド，イタリア，日本，オランダ，ニュージーランド，ノルウェー，ポルトガル，スペイン，スウェーデン，スイス，イギリス，アメリカ）である．

第 I 部　制約条件と政党戦略

図 2-1　OECD 諸国の構造改革の趨勢

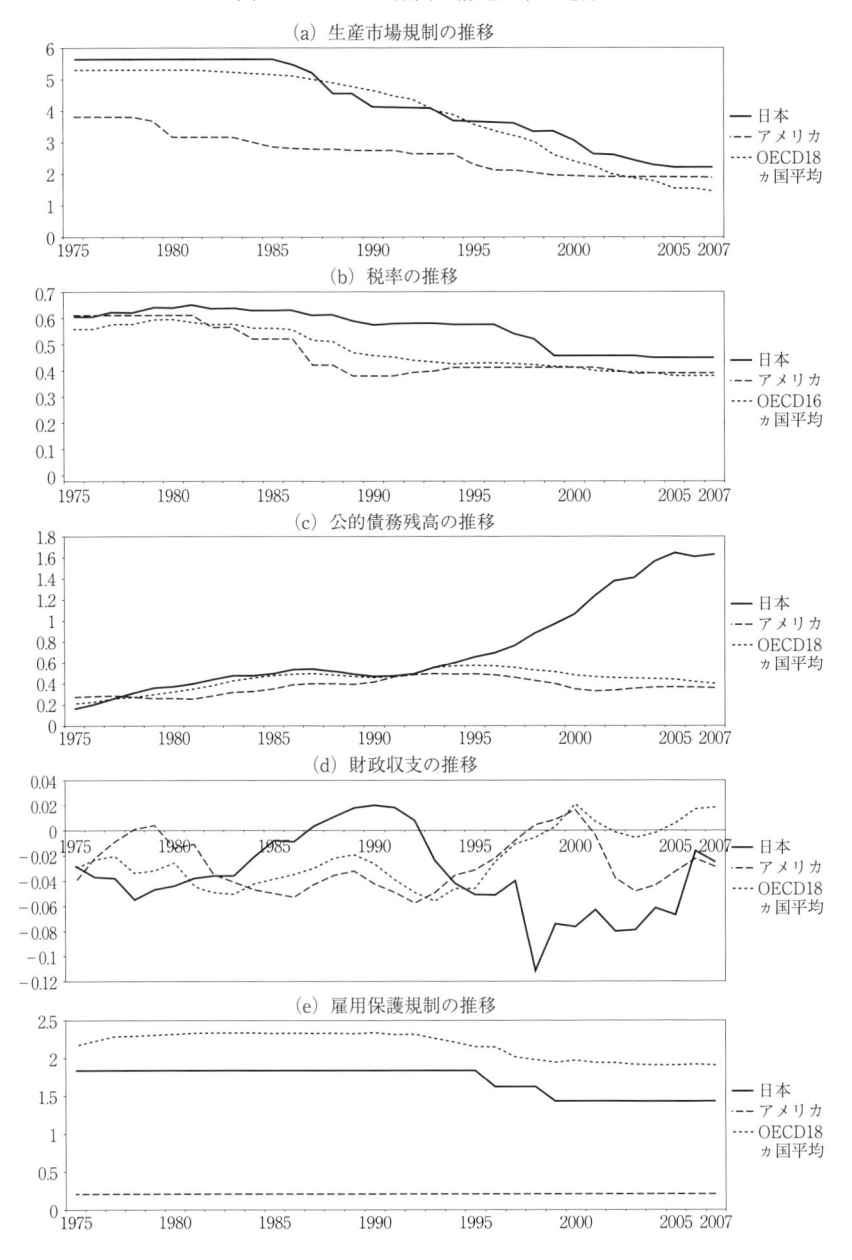

(a) 生産市場規制の推移

―― 日本
--- アメリカ
⋯⋯ OECD18 ヵ国平均

(b) 税率の推移

―― 日本
--- アメリカ
⋯⋯ OECD16 ヵ国平均

(c) 公的債務残高の推移

―― 日本
--- アメリカ
⋯⋯ OECD18 ヵ国平均

(d) 財政収支の推移

―― 日本
--- アメリカ
⋯⋯ OECD18 ヵ国平均

(e) 雇用保護規制の推移

―― 日本
--- アメリカ
⋯⋯ OECD18 ヵ国平均

ている.

　これらのグラフから以下の三点が明らかになろう.第一に,先進諸国での生産市場や労働市場の規制緩和,財政再建,公的債務削減は,遅くとも1990年代初頭の国際的不況以降,実施されていること.第二に,このような改革は,規制や財政赤字,公的債務残高の水準が高いところで,特に1990年以降は進展し,OECD諸国全体では収斂傾向がある反面,顕著な改革の逆転が見られないこと.最後に,日本の構造改革の突出した特徴として,規制改革と財政改革の非対称性があり,日本の財政事情は1990年代以降OECD諸国の中で唯一悪化し続けていることである.興味深いことに,日本の規制改革は,公益部門改革では中曽根内閣期,企業・投資減税では銀行部門危機直後の小渕内閣期での変化が大きい反面,小泉改革の特徴は,一貫して増大してきた公的債務の増加を抑制した点である.以上の点は,OECD諸国において構造改革が市場競争を促進させてきた国々で新自由主義を指向する保守政権で導入されたという理解に対しても,日本の構造改革が小泉内閣時代に進展したとする理解に対しても疑問を生じさせるのに十分であり,新自由主義仮説の検証が必要なことを示唆している.

(2) モデルと変数

　本章の分析の従属変数としては,生産市場改革では公益部門規制[3]と法人税率と限界最高所得税率の平均税率[4]を用いた.財政改革では公的債務残高とそれを規定する三つの変数,財政収支,支出規模,税収規模(後述参照)を,労働市場改革では雇用保護を用いた.

　これに対して,構造改革の経済的・政策的要因に関する仮説1aと2aを検証する変数群として,経済要因に関しては,経済危機には失業率と銀行危機発生

---

[3] 具体的には,規制はOECDの公益産業である電力,ガス,航空輸送,鉄道,電気通信,郵便の六産業での政府規制,公企業化,参入障壁の三つの指標の単純平均を採用している.この分野での規制改革による競争の導入は,製造業製品の輸出価格低下による輸出競争力強化に基づく成長戦略に貢献すると考えられている(Nicoletti and Scarpetta 2003; Conway, Janod, and Nicoletti 2005; Boeri et al. 2006; Conway and Nicoletti 2006; Høj et al. 2006; Wölfi et al. 2009).

[4] 投資・企業減税は,新自由主義的政策の代表格としても,経済成長戦略の代表格としても議論される(Swank 1998, 2006).

期間を，国際通貨変動への脆弱性にはインフレ率，劇的通貨下落頻度[5]，貿易依存度を用いた．従属変数（構造改革）に従属変数のラグと独立変数を投入した予備的分析では，経済危機では成長率，国際経済変動への脆弱性では欧州共同体の共通通貨圏への加盟（**EMU**），その安定成長条約への加盟（**SGP**）も有意であったが，煩雑になるためインフレ率，貿易依存度とともに結果説明から捨象した．

更に，政策要因に関しては，財政改革と労働市場改革のモデルで，生産市場規制の程度（規制，税率）と税財政規模（税収規模）を投入した．但し，新自由主義仮説も経済危機仮説も，生産市場改革が進展している経済で，財政改革や労働市場改革が進展すると予想するため，規制や税率では両仮説が分別できない．唯一，両仮説を分別するのは税収規模で，新自由主義仮説では税財政規模の小さい国で，経済危機仮説では，逆にそれが大きい国で構造改革が進展すると想定する．実際，予備的分析では生産市場改革の進展が財政改革や労働市場改革を有意に説明したが，結果の説明からは捨象した．

最後に，構造改革の政治要因としては，比較マニフェスト・プロジェクト[6]のデータを加工して，各国の議会中位選好（厳密には党派議席勢力分布に基づく加重平均），政権中位選好（政府与党の党派議席勢力分布に基づく加重平均），選挙前から選挙後の議会中位の変化および政権中位の変化，有効議会政党数（effective number of legislative parties），選挙制度（小選挙区＝2，混合選挙区＝1，比例選挙区＝0），選挙区定数（district magnitude）を投入した．この他に，予備的分析では内閣中位選好（内閣の閣僚勢力分布に基づく加重平均），議会保守中道議席占有率，政権保守中道議席占有率，議会不均質度（legislative fragmentation），候補者投票（personal vote）指標を投入してみた．これらの変数は議会不均質度を除き説明力が悪く，議会不均質度の結果は有効議会政党数と類似していたので，いずれも結果からは捨象した．これらの政治変数については，新自由主義仮説と経済危機仮説で異なる結果を予想しているのは仮説 1b と 2b の通りである．

5）　この変数は，ある月の通貨価値変動が平均変動より 2 標準偏差以上下落した年，もしくは 6 ヵ月以内に 2 度以上平均変動より 1.5 標準以上下落した年の累積値である．

6）　比較マニフェスト・プロジェクトについては，以下のサイトを参照．http://www.wzb.eu/en/research/civil-society-conflicts-and-democracy/democracy/projects/the-manifesto-project

以上の変数により新自由主義仮説と経済危機仮説の妥当性を検証した．分析手法としては固定効果（fixed effects）を勘案した標準誤差修正済み重回帰分析を採用し，時系列の独立変数は全てラグをつけた．

(3) 分析結果

分析結果は，生産市場改革，財政改革，労働市場改革での経済的・政策的要因（仮説1aと2a）に関しては表2–1，これらの改革の政治的要因（仮説1bと2b）に関しては表2–2に示されている．

まず，生産市場改革において，符号が負の場合は規制の緩和および税率の低減を意味する．経済危機仮説では不況および経済危機を経験した国々で規制改革が進展すると予想しているが，この点を表2–1aで概観すると，規制に関しても税率に関しても，失業率を除くいずれの変数も5%水準で有意の結果になっている．これに対して，失業率の符号は予想通りであるが有意水準を満たしていない．経済危機，特に国際的通貨危機や銀行危機が生産市場改革を促進し，その際，税収規模は改革推進に貢献したといえる．

次に，表2–1bに示されている財政改革の結果は，公的債務，財政収支，支出規模で，すべての変数が（財政収支での失業率と税収規模を除き）有意水準に達している．特に注目すべきことは，通貨下落頻度など国際通貨変動への脆弱性が，財政状況の改善——即ち，公的債務の削減，財政収支の改善，支出の削減——をもたらしているのに対して，銀行危機は顕著に財政状況を悪化させていることである．一方，分析結果の表示を省略した税収規模に関しては，通貨下落頻度は有意にその拡大をもたらすものの，他の変数は効きが悪いため表から省いたが，このことは税制政策が経済や政策状況から隔絶された独自の経路依存性を有していることを示唆している[7]．

最後に，表2–1cに見られる労働市場改革の分析結果も，これまでの政策改革の結果を追認しているが，概して経済変数，政策変数の効果が弱い．即ち，

---

7) 但し，本章では解説していない貿易依存度，公的債務，付加価値税率が，通貨下落頻度とともに，統計的に有意な水準で税収規模を拡大させ，支出規模を抑制，財政収支を改善させている．このことは開放経済の方が，財政の健全化に敏感であり，その一環として，税収の確保に努力していることを示唆する．

第Ⅰ部 制約条件と政党戦略

表 2-1 構造改革の経済的・政策的規定要因

(a) 生産市場改革

規制	係数	標準誤差	z値	有意確率
規制 (t–1)	0.973	0.013	72.19	0.000
失業率 (t–1)	–0.286	0.354	–0.81	0.418
通貨下落頻度 (t–1)	–0.018	0.004	–4.05	0.000
銀行危機	–0.135	0.045	–3.01	0.003
税収規模 (t–1)	–0.880	0.309	–2.85	0.004
国別ダミー	省略			
標本数	640			
決定係数	0.988			
ワルドカイ二乗 [変数数]	31367.59 [24]			

税率	係数	標準誤差	z値	有意確率
税率 (t–1)	0.897	0.022	41.14	0.000
失業率 (t–1)	–0.058	0.053	–1.10	0.273
通貨下落頻度 (t–1)	–0.001	0.000	–3.04	0.002
銀行危機	–0.021	0.005	–4.44	0.000
税収規模 (t–1)	–0.099	0.037	–2.66	0.008
国別ダミー	省略			
標本数	576			
決定係数	0.967			
ワルドカイ二乗 [変数数]	31570.89 [22]			

(b) 財政改革

公的債務	係数	標準誤差	z値	有意確率
公的債務 (t–1)	0.989	0.012	80.82	0.000
失業率 (t–1)	0.327	0.077	4.26	0.000
通貨下落頻度 (t–1)	–0.002	0.001	–3.66	0.000
銀行危機	0.071	0.009	8.00	0.000
税収規模 (t–1)	–0.278	0.062	–4.50	0.000
国別ダミー	省略			
標本数	649			
決定係数	0.988			
ワルドカイ二乗 [変数数]	104900.24 [25]			

財政収支	係数	標準誤差	z値	有意確率
財政収支 (t–1)	0.758	0.035	21.55	0.000
失業率 (t–1)	0.001	0.000	3.63	0.000
通貨下落頻度 (t–1)	–0.031	0.005	–6.03	0.000
銀行危機	–0.028	0.038	–0.73	0.465
国別ダミー	省略			
標本数	660			
決定係数	0.822			
ワルドカイ二乗 [変数数]	3742.59 [23]			

支出規模	係数	標準誤差	z値	有意確率
支出規模 (t–1)	0.845	0.029	28.76	0.000
失業率 (t–1)	–0.083	0.038	–2.17	0.030
通貨下落頻度 (t–1)	–0.001	0.000	–3.69	0.000
銀行危機	0.028	0.005	5.93	0.000
税収規模 (t–1)	0.111	0.044	2.51	0.012
国別ダミー	省略			
標本数	619			
決定係数	0.951			
ワルドカイ二乗 [変数数]	29602.81 [24]			

(c) 労働市場改革

雇用保護	係数	標準誤差	z値	有意確率
雇用保護 (t–1)	0.935	0.022	42.06	0.000
失業率 (t–1)	–0.296	0.183	–1.62	0.106
通貨下落頻度 (t–1)	–0.005	0.001	–3.78	0.000
銀行危機	–0.044	0.021	–2.06	0.039
税収規模 (t–1)	–0.277	0.181	–1.53	0.126
国別ダミー	省略			
標本数	640			
決定係数	0.992			
ワルドカイ二乗 [変数数]	129000 [24]			

有意が想定されている失業率，通貨下落頻度，銀行危機，税収規模などの変数のうち，失業率と税収規模の符号は予想と一致しているものの有意水準に達していない．雇用保護規制の緩和も経済危機のなか，失業率の増大にもかかわらず，税収規模の大きい国で進展すると主張することはできるものの，その主張は頑健であるとまではいえない．

以上の構造改革の諸変数の分析結果から，税収規模が大きい国ほど改革が進展していることが分かり，仮説 2a の方が仮説 1a よりも支持されるといえる．但し，この結果だけでは，新自由主義仮説を棄却し，経済危機仮説を支持するには不十分であり，更に仮説 1b と 2b に沿った政治変数の検証が必要である．本章では政治変数の検証は経済・政策変数とは別途なされ[8]，その結果は，表2-2 に示されている．

まず表 2-2a の生産市場改革の政治的条件であるが，規制，税率のいずれも，議会中位の位置が改革に影響を与えている．係数の符号が負なので，議会中位の位置が右（保守的）であればあるほど規制改革や投資・企業減税が進展することになり，仮説 2b を支持する．一方，政権中位は有意ではなかった．この結果は，政権中位の変化や有効議会政党数，選挙制度，選挙区定数を加えた分析でも変わらなかった．また，これらの変数はいずれも有意を示すことはなかったため，表からは省いた．ただ，例外として，税率に関して，選挙制度の係数が負で有意であり，これは小選挙区制の国々の投資税率が低いことを示唆する．

次に，表 2-2b に沿って公的債務とその構成要素である財政収支，支出規模への政治的変数の影響を確認すると[9]，議会中位，政権中位の変化，有効議会政党数（もしくは表から省略されている議会不均質度）に見られた．これに対して，選挙制度の変数は有意水準に遠く及ばなかったためこれも表から省略した．問題は，これらの変数の符号と有意水準であり，符号からは財政改革の進展の

---

[8] 経済・政策変数への政治変数の効果を含めた階層モデル分析も可能であるが，紙幅の関係で省略した．構造改革の各領域での政治制度変数と政党変数のより緻密な仮説に基づく検証は準備中の別稿（"When Do Democratic Governments Enact Fiscal Reforms: A Theory of Responsible Party Competition" 2011 年度日本政治学会研究大会提出論文）でなされる．

[9] 税収規模を頑健に説明できる政治変数は析出できなかったので省略する．

第Ⅰ部 制約条件と政党戦略

表 2-2 構造改革の政治的規定要因

(a) 生産市場改革

規制	係数	標準誤差	z値	有意確率
規制 (t−1)	1.026	0.011	92.48	0.000
議会中位	−0.002	0.001	−2.03	0.043
政権中位の変化	−0.000	0.000	−0.51	0.608
有効議会政党数				
選挙制度				
選挙区定数				
国別ダミー	省略			
標本数	610			
決定係数	0.985			
ワルド カイ二乗 [変数数]	21500.11 [22]			

税率	係数	標準誤差	z値	有意確率
税率 (t−1)	0.948	0.022	42.45	0.000
議会中位	−0.000	0.000	−3.50	0.000
政権中位の変化	0.000	0.000	1.57	0.115
有効議会政党数				
選挙制度				
選挙区定数				
国別ダミー	省略			
標本数	548			
決定係数	0.963			
ワルド カイ二乗 [変数数]	21110.69 [20]			

(b) 財政改革

公的債務	係数	標準誤差	z値	有意確率
公的債務 (t−1)	0.972	0.016	60.510	0.000
議会中位	−0.000	0.000	−0.26	0.794
政権中位の変化				
有効議会政党数	0.000	0.000	4.15	0.000
選挙制度	−0.012	0.003	−4.50	0.000
選挙区定数				
国別ダミー	省略			
標本数	612			
決定係数	0.982			
ワルド カイ二乗 [変数数]	15130.14 [23]			

財政収支	係数	標準誤差	z値	有意確率
財政収支 (t−1)	0.805	0.043	18.59	0.000
議会中位	0.000	0.000	1.78	0.075
政権中位				
政権中位の変化	−0.000	0.000	−2.18	0.029
有効議会政党数	0.003	0.001	2.10	0.036
選挙制度				
選挙区定数				
国別ダミー	省略			
標本数	615			
決定係数	0.797			
ワルド カイ二乗 [変数数]	3342.04 [23]			

支出規模	係数	標準誤差	z値	有意確率
支出規模 (t−1)	0.858	0.032	26.68	0.000
議会中位	−0.000	0.000	−1.71	0.088
政権中位の変化	0.000	0.000	2.13	0.033
有効議会政党数	−0.003	0.001	−2.09	0.036
選挙制度				
選挙区定数平均				
国別ダミー	省略			
標本数	586			
決定係数	0.943			
ワルド カイ二乗 [変数数]	110779.23 [23]			

(c) 労働市場改革

雇用保護	係数	標準誤差	z値	有意確率
雇用保護 (t−1)	0.955	0.029	33.14	0.000
議会中位	−0.001	0.000	−2.51	0.012
政権中位				
政権中位の変化				
有効議会政党数	−0.054	0.021	−2.54	0.011
選挙制度				
選挙区定数				
国別ダミー	省略			
標本数	560			
決定係数	0.990			
ワルド カイ二乗 [変数数]	100000 [22]			

雇用保護	係数	標準誤差	z値	有意確率
雇用保護 (t−1)	0.937	0.025	36.88	0.000
議会中位	−0.001	0.000	−2.29	0.022
政権中位				
有効議会政党数	0.010	0.002	4.72	0.000
選挙制度				
選挙区定数				
国別ダミー	省略			
標本数	622			
決定係数	0.991			
ワルド カイ二乗 [変数数]	187000 [22]			

条件が議会中位の選好の保守的位置，政権中位の左傾化，および有効議会政党数の増加であることが分かる．しかし，議会中位の有意水準はせいぜい10％で，そもそも政治的要因の規定力は弱いと想定される．それにもかかわらず，本章にとって重要なのは，議会中位の結果が概ね仮説2bを支持しているのに対して，政権中位の変化と有効議会政党数は仮説1bの予想と逆の結果になっていることである．特に，政権の中位が左傾化すると財政改革が進むという結論は奇異に感じられるかもしれないが，先行研究でも，左派政権の方が反循環政策を採用するため，景気回復に伴って財政再建に着手すると主張されている（Garrett 1998; Cusack 1999, 2001; Garrett and Mitchell 2001）．また，有効議会政党数の増加が財政改革に寄与するという結果は，財政危機の際，多党制下の連立政権でも財政改革法などにより財政再建が実現するという先行研究の指摘と符号する（Hallerberg and von Hagen 1999; von Hagen, Hallett, and Strauch 2002; Hallerberg 2004; Hallerberg, Strauch, and von Hagen 2009）．

最後に表2–2cに示された雇用保護の分析結果であるが，そこでは右寄りの議会中位がその規制緩和に貢献するのに対して，政権の選好の位置やその変化は説明力がないことが確認される．

以上，構造改革の規定要因を本書の対抗仮説に沿って検証してきた．結果的にいえることは，国際通貨変動に脆弱な国ほど構造改革を経済危機後の経済回復・成長戦略として導入しやすく，その導入の際，政府の選好より議会の選好の方が規定力があり，そうした政治的選好の規定力は，政党の対決・対立や妥協・合意を促進する制度の有無を問わず見られるということである．つまり，仮説2bの後半の制度に関する部分は検証されなかったものの，そのことは政治制度に関係なく政党の妥協により改革が進展することを示唆し，経済危機仮説にとっては好意的結果である．このように，構造改革に関して，経済危機仮説の方が新自由主義仮説よりも説得力があることが検証されたといえる．

3. 結論と含意

本章では，構造改革が，政党制の分極化を前提に強力な保守政権によって導入されるという新自由主義仮説よりも，経済危機への対応として党派妥協的に

導入されるという経済危機仮説の方が支持されることを示した．この結果の日本政治への含意は，日本の規制改革の凡庸な進展と財政改革の明白な失敗の非対称性の原因として，日本の経済危機が国際通貨変動への脆弱性に起因せず，むしろ銀行危機に起因すること，自民党体制における日本の議会中位選好が極端に保守的・新自由主義的ではなかったことが考えられることである．興味深いことに，もし1990年代以降，日本の議会中位選好が保守化しているとすると，その原因は野党勢力を糾合した民主党の伸張の結果である可能性が高い．以下，これらの点を検証して本章の結論とする．

まず，日本の構造改革の非対称性は，国際経済変動への脆弱性を示す変数，即ち通貨下落頻度がOECD諸国の中で低く，その一方で，OECD諸国では類を見ない長期的で深刻な銀行危機に見舞われたことから説明できる．実際，日本のインフレ率と貿易依存度はOECD諸国中最低の水準であり，その通貨下落頻度は実は急激な円高の反動に起因している．また，日本の法人税改革は，銀行危機が大手金融機関に波及した直後の小渕政権で実現され，その財政赤字はこの時期の法人税収の激減と大規模景気対策に起因している．

それでは，経済の長期低迷と銀行危機の長期化を背景とした日本の新選挙制度下の二大政党化は政策の分極化を惹起したのだろうか．図2-2は日本とアメリカ，OECD平均の議会中位選好，政権中位の選好，および議会政党の選好分散を図示している．図2-2aから明らかなことは，日本の議会中位選好が常にOECD平均より左に位置し，選挙制度改革後は次第に保守化して，小泉内閣期にOECD平均に到達したことである．更に，図2-2bに示されているように，日本の政権政党の政策選好は，1980年代以降は，政策的に最も保守的な中曽根，小泉両内閣期でさえ，ほぼOECD諸国の平均値に近い水準になっている．最後に，各国の議会政党の選好分散を図示した図2-2cでは，日本は，70年代の後半を除くとOECD平均よりも一貫して低くなっている．つまり，構造改革が議会中位の位置が保守的な場合に進展するという本章の一般的結論は十分に日本のケースを説明できるのである．換言すれば，日本の構造改革が政党制の分極化を背景に，新自由主義を標榜して導入された形跡は全くない．

むしろ，逆に，選挙制度改革後の民主党の伸張による日本の二大政党化こそが，議会の政策選好の漸進的保守化をもたらし，構造改革の推進力となった可

第 2 章　経済危機と政党戦略

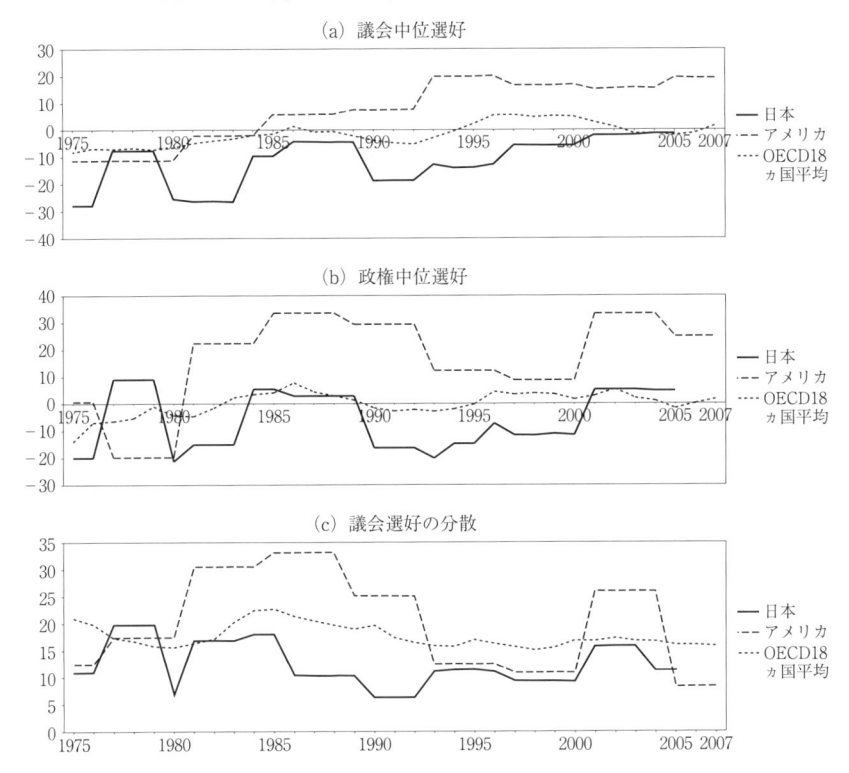

図 2–2　日本，アメリカ，OECD の議会選好とその分散

(a) 議会中位選好

(b) 政権中位選好

(c) 議会選好の分散

能性が高い．この点を確認するため，日本の議会中位を従属変数に，独立変数としては，(非自民と非社民・共産の) 中道議席率，衆議院での自民党議席率，参議院での自民党議席率，中道議席率，そして新選挙制度ダミー (新選挙制度下での選挙＝1，新選挙制度導入以前の選挙＝0) を個別に入れた．その結果を示す表 2–3 で注目すべきことは，中道議席率と自民党議席率が議会の中位選好に有意に効いており，これは衆議院議席率を参議院議席率に代えても変わらず，むしろ変数の有意度とモデルの説明力が高まる．更に新選挙制度ダミーも単回帰では有意に相関するが，各党勢力の議席率を入れると，その効果は消えてしまう[10]．以上から推測できることは，日本の議会中位選好の保守化は，新選挙

---

10)　このため，新選挙制度ダミーは表 2–3 から省いた．

表 2–3　日本の議会中位選好の規定要因

議会中位	係数	標準誤差	t値	有意確率	係数	標準誤差	t値	有意確率
中道議席率	41.414	11.905	3.48	0.002	71.534	16.229	4.41	0.000
自民党議席率					91.173	36.274	2.51	0.018
定数項	−23.115	3.594	−6.43	0.000	−79.090	22.514	−3.51	0.002
標本数	31				31			
F値	0.002				0.000			
調整済決定係数	0.270				0.383			

制度の下，自民党と野党の競合の中で，自民党より「左」の民主党による非自民，非社会主義勢力の結集により促進されたものであり，このような民主党の台頭に伴い，図 2–2c の議会選好分散は拡大せず議会選好を右に移動させていることが構造改革の推進力になっているということである．

　以上の結論の日本政治への含意は明白で，日本の構造改革の進展，即ち，その凡庸な規制改革と顕著な財政悪化は，その経済危機が国際経済変動よりも銀行危機に由来することと，その議会中位選好が一貫して OECD 諸国の平均より左翼的であったことから説明できるということである．注目されるべきは，日本の議会選好の保守化には，新選挙制度の下での，民主党による非自民・非社共勢力の結集が，自民党の選好変化と共に貢献していることである．つまりは，民主党の勢力増大は，中曽根内閣以来の構造改革による政党制分極化と新自由主義への有権者の反発には起因せず，逆にその結果，議会選好の保守化が進展した可能性が高い．従って，小泉内閣は経済危機を背景に，議会中位選好に反映される中位投票者の選好に呼応して，自民党の既得権益と対峙して，改革を進めた政権ということになり，党派的分極化やポピュリズムを惹起して新自由主義的政策を導入した政権という通説と逆の評価が正しいことになる．

*　例によって，この論文も多くの有能な新進気鋭の若手研究者の理論と方法の両面での貴重な助言と助力なくして完成され得なかった．特に前田健太郎（首都大学東京），白糸裕輝（プリンストン大学大学院），井手弘子（筑波大学）の各氏の協力は不可欠であった．深く感謝申し上げたい．各氏の理論的理解度と方法論的洗練度にこの論文が到底達しない責任は筆者にあることは言を俟たない．

第 2 章　経済危機と政党戦略

参 考 文 献

白鳥浩編著．2010.『政権交代選挙の政治学：地方から変わる日本政治』ミネルヴァ書房．

田中愛治・河野勝・日野愛郎・飯田健・読売新聞世論調査部．2009.『2009 年，なぜ政権交代だったのか』勁草書房．

樋渡展洋．2002.「財政政策：景気対策と構造改革」樋渡展洋・三浦まり編『流動期の日本政治：「失われた十年」の政治学的検証』東京大学出版会，199–218.

――. 2006.「長期経済停滞下の財政運営と銀行部門再建」東京大学社会科学研究所編『「失われた 10 年」を超えて II：小泉改革の時代』東京大学出版会，145–90.

Abiad, Abdul, and Ashoka Mody. 2005. "Financial Reform: What Shakes It? What Shapes It?" *American Economic Review* 95(1): 66–88.

Alesina, Alberto, and Allan Drazen. 1991. "The Benefit of Crisis for Economic Reforms." *American Economic Review* 83(3): 598–607.

Alesina, Alberto, and Robert Perotti. 1995a. "The Political Economy of Budget Deficits." *IMF Staff Papers* 42(1): 1–31.

――. 1995b. "Fiscal Expansions and Adjustments in OECD Countries." *Economic Policy* 21: 205–48.

Alesina, Alberto, Silvia Ardagna, and Vincenzo Galasso. 2008. "The Euro and Structural Reforms." NBER Working Paper Series 14479.

Alesina, Alberto, Robert Perotti, and José Tavares. 1998. "The Political Economy of Fiscal Adjustments." *Brookings Papers on Economic Activity* 1: 197–265.

Allan, James P., and Lyle Scruggs. 2004. "Political Partisanship and Welfare State Reform in Advanced Industrial Societies." *American Journal of Political Science* 48(3): 496–512.

Alt, James E., and David Dreyer Lassen. 2006. "Fiscal Transparency, Political Parties, and Debt in OECD Countries." *European Economic Review* 50: 1403–39.

American Political Science Association. 1950. *Towards a More Responsible Two-Party System: A Report of the Committee on Political Parties*. New York: Rinehart and Company, Inc.

Annett, Anthony. 2002. "Politics, Government Size, and Fiscal Adjustment in Industrial Countries." IMF Working Paper 02–162.

Belke, Ansgar, Bernhard Herz, and Lukas Vogel. 2007. "Reforms, Exchange Rates and Monetary Commitment: A Panel Analysis for OECD Countries." *Oxford Economic Review* 18: 369–88.

Boeri, Tito, Micael Castanheira, Riccardo Faini, and Vincenzo Galasso. 2006. *Structural Reforms without Prejudices*. Oxford: Oxford University Press.

Boix, Carles. 2000. "Partisan Governments, the International Economy, and Macroeconomic Policies in Advanced Nations, 1960–93." *World Politics* 53(1): 38–73.

Boyd, John, Gianni De Nicolò, and Elena Loukoianova. 2009. "Banking Crises and Crisis Dating: Theory and Evidence." IMF Working Paper 09–141.

Cameron, David. 1978. "The Expansion of the Public Economy." *American Political Science Review* 72: 1241–61.

Chang, Eric C. C. 2008. "Electoral Incentives and Budgetary Spending: Rethinking the Role of Political Institutions." *Journal of Politics* 70(4): 1086–97.

Clayton, Richard, and Jonas Pontusson. 1998. "Welfare-State Retrenchment Revisited." *World Politics* 51(1): 67–98.

Conway, Paul, and Giuseppe Nicoletti. 2006. "Product Market Regulation in the Non-Manufacturing Sectors of OECD Countries." OECD Economics Department Working Papers 530.

Conway, Paul, Véronique Janod, and Giuseppe Nicoletti. 2005. "Product Market Regulation in OECD Countries: 1998–2003." OECD Economics Department Working Papers 419.

Cox, Gary W., and Mathew D. McCubbins. 2005. *Setting the Agenda: Responsible Party Government in the U.S. House of Representatives*. Cambridge: Cambridge University Press.

Cusack, Thomas R. 1999. "Partisan Politics and Fiscal Policy." *Comparative Political Studies* 32(4): 464–84.

———. 2001. "Partisanship in the Setting and Coordination of Fiscal and Monetary Policies." *European Journal of Political Research* 40: 93–115.

Devereux, Michael P., Rachel Griffith, and Alexander Klemm. 2002. "Corporate Income Tax Reforms and International Tax Competition." *Economic Policy* 35: 451–95.

Drazen, Allan, and William Easterly. 2001. "Do Crises Induce Reform? Simple Empirical Tests of Conventional Wisdom." *Economics and Politics* 13: 129–57.

Drazen, Allan, and Vittorio Grilli. 1993. "The Benefit of Crises for Economic Reforms." *The American Economic Review* 83(3): 598–607.

Duval, Romain. 2008. "Is There a Role for Macroeconomic Policy in Fostering Structural Reforms? Panel Evidence from OECD Countries over the Past Two Decades." *European Journal of Political Economy* 24: 491–502.

Edwards, Martin S., and Frank C. Thames. 2007. "District Magnitude, Personal Votes, and Government Expenditures." *Electoral Studies* 26(2): 338–45.

Ehrlich, Sean D. 2007. "Access to Protection: Domestic Institutions and Trade

Policy in Democracies." *International Organization* 61(3): 571–605.

Fabrizio, Stefania, and Ashoka Mody. 2008. "Breaking the Impediments to Budgetary Reforms: Evidence from Europe." IMF Working Paper 08–82.

Frye, Timothy, and Edward D. Mansfield. 2003. "Fragmenting Protection: The Political Economy of Trade Policy in the Postcommunist World." *Comparative Political Studies* 37(4): 371–98.

Galasso, Vincenzo. 2010. "The Role of Political Partisanship during Economic Crises." CEPR Discussion Paper 7834.

Garrett, Geoffry. 1998. *Partisan Politics in the Global Economy*. Cambridge: Cambridge University Press.

Garrett, Geoffry, and Deborah Mitchell. 2001. "Globalization, Government Spending and Taxation in the OECD." *European Journal of Political Research* 39: 145–77.

Grossman, Gene M., and Elhanan Helpman. 2005. "A Protectionist Bias in Majoritarian Politics." *Quarterly Journal of Economics* 120(4): 1239–82.

Guichard, Stéphanie, Mike Kennedy, Eckhard Wurzel, and Christophe André. 2007. "What Promotes Fiscal Consolidation: OECD Country Experiences." OECD Economics Department Working Papers 553.

Hallerberg, Mark. 2004. *Domestic Budgets in a United Europe: Fiscal Governance from the End of Bretton Woods to EMU*. Ithaca: Cornell University Press.

Hallerberg, Mark, and Jürgen von Hagen. 1999. "Electoral Institutions, Cabinet Negotations, and Budget Deficits in the European Union." In James M. Poterba and Jürgen von Hagen, eds. *Fiscal Institutions and Fiscal Performance*. Chicago: University of Chicago Press, 13–36.

Hallerberg, Mark, Rolf Rainer Strauch, and Jürgen von Hagen. 2009. *Fiscal Governance in Europe*. Cambridge: Cambridge University Press.

Hankla, Charles R. 2006. "Party Strength and International Trade: A Cross-National Analysis." *Comparative Political Studies* 39(9): 1133–56.

Hays, Jude C., Sean D. Ehrlich, and Clint Peinhardt. 2005. "Government Spending and Public Support for Trade in OECD Countries: An Empirical Test of the Embedded Liberalism Thesis." *International Organization* 59: 473–94.

Henisz, Witold J., and Edward D. Mansfield. 2000. "Votes and Vetos: The Political Determinants of Commercial Openness." *International Studies Quarterly* 50: 189–211.

Høj, Jens, Vincenzo Galasso, Giuseppe Nicoletti, and Thai-Thanh Dang. 2006. "The Political Economy of Structural Reform." OECD Economics Department Working Papers 501.

Huber, Evelyne, and John D. Stephens. 2001. *Development and Crisis of the Welfare State: Parties and Policies in Global Markets*. Chicago: University of Chicago Press.

Iversen, Torben, and David Soskice. 2006. "Electoral Institutions and the Politics of Coalitions: Why Some Democracies Redistribute More Than Others." *American Political Science Review* 100(2): 165–81.

Jaimovich, Dany, and Ugo Panizza. 2006. "Public Debt around the World: A New Dataset of Central Government Debt." IDB Research Department Working Paper 561.

Johnson, Joel W., and Jessica S. Wallack. 2007. "Electoral Systems and the Personal Vote: Update of Database from 'Particularism Around the World'." http://polisci2.ucsd.edu/jwjohnson/ESPV_theory_&_dataset_2_08.pdf

Keefer, Philip. 2007. "Elections, Special Interests, and Financial Crisis." *International Organization* 61: 607–41.

Kittle, Bernhard, and Herbert Oblinger. 2003. "Political Parties, Institutions, and the Dynamics of Social Expenditure in Times of Austerity." *Journal of European Public Policy* 10(1): 20–45.

Korpi, Walter, and Joakim Palme. 2003. "New Politics and Class Politics in the Context of Austerity and Globalization: Welfare State Regimes in 18 Countries, 1975-95." *American Political Science Review* 97(3): 425–46.

Laeven, Luc, and Fabian Valencia. 2008. "Systemic Banking Crisis: A New Database." IMF Working Paper 08–224.

Lijphart, Arend. 1999. *Patterns of Democracy: Government Forms and Performance in Thirty-Six Countries*. New Haven: Yale University Press. (粕谷祐子訳『民主主義対民主主義：多数決型とコンセンサス型の36ヶ国比較研究』勁草書房，2005)

Lizzeri, Alessandro, and Nicola Persico. 2001. "The Provision of Public Goods under Alternative Electoral Incentives." *American Economic Review* 91(1): 225–39.

Mansfield, Edward D., Helen V. Milner, and Jon C. Pevehouse. 2007. "Vetoing Co-opertion, The Impact of Veto Players on Preferential Trading Arrangements." *British Journal of Political Science* 37(3): 403–32.

——. 2008. "Democracy, Veto Players, and the Depth of Regional Integration." *World Economy* 31(1): 67–96.

Mansfield, Edward D., Helen V. Milner, and B. Peter Rosendorff. 2002. "Why Democracies Cooperate More: Electoral Control and International Trade Agreements." *International Organization* 56(3): 477–513.

Milesi-Ferretti, Gian Maria, Roberto Perotti, and Massimo Rostagno. 2002.

"Electoral Systems and Public Spending." *Quarterly Journal of Economics* 117 (2): 609–57.

Milner, Helen V., and Keiko Kubota. 2005. "Why the Move to Free Trade? Democracy and Trade Policy in the Developing Countries." *International Organization* 59(1): 107–43.

Nicoletti, Giuseppe, and Stefano Scarpetta. 2003. "Product Market Reforms and Employment in OECD Countries." OECD Economics Department Working Papers 472.

Persson, Torsten, and Guido Tabellini. 2003. *The Economic Effects of Constitutions*. Cambridge: MIT Press.

Pitlik, Hans. 2007. "A Race to Liberalization? Diffusion of Economic Policy Reform among OECD Economies." *Public Choice* 132: 159–78.

Pitlik, Hans, and Steffen Wirth. 2003. "Do Crises Promote the Extent of Economic Liberalization? An Empirical Test." *European Journal of Political Economy* 19: 565–81.

Rickard, Stephanie. 2009. "Strategic Targeting: The Effect of Institutions and Interests on Distributive Transfers." *Comparative Political Studies* 42(5): 670–95.

Rodrik, Dani. 1996. "Understanding Economic Policy Reform." *Journal of Economic Literature* 24: 9–41.

——. 1998. "Why Do More Open Economies Have Bigger Governments?" *Journal of Political Economy* 106(5): 997–1032.

Rogowski, Ronald. 1987. "Trade and the Variety of Domestic Institutions." *International Organization* 41(2): 205–23.

Roubini, Nouriel, and Jeffrey Sachs. 1989. "Political and Economic Determinants of Budget Deficits in the Industrial Democracies." *European Economic Review* 33: 903–33.

Shi, Min, and Jakob Svensson. 2003. "Political Budget Cycles: A Review of Recent Developments." *Nordic Journal of Political Economy* 29: 67–76.

——. 2006. "Political Budget Cycles: Do They Differ across Countries and Why?" *Journal of Public Economics* 90(8・9): 1367–89.

Spolaore, Enrico. 2004. "Adjustments in Different Government Systems." *Economics and Politics* 16: 117–46.

Swank, Duane. 1998. "Funding the Welfare State: Globalization and the Taxation of Business in Advanced Market Economies." *Political Studies* 46: 671–92.

——. 2006. "Tax Policy in an Era of Internationalization: Explaining the Spread of Neoliberalism." *International Organization* 60(4): 847–82.

Tavits, Margit. 2004. "The Size of Government in Majoritarian and Consensus Democracies." *Comparative Political Studies* 37(3): 340–59.

Tsebelis, George. 1995. "Decision Making in Political Systems: Veto Players in Presidentialism, Parliamentarism, Multicameralism and Multipartyism." *British Journal of Political Science* 25(3): 289–325.

von Hagen, Jügen, Andrew Hughes Hallett, and Rolf Strauch. 2002. "Quality and Success of Budgetary Consolidations." In Marco Buti, Jürgen von Hagen, and Carlos Martinez-Mongay, eds. *The Behaviour of Fiscal Authorities*. Houndmills: Palgrave, 17–38.

Way, Christopher. 2000. "Central Banks, Partisan Politics, and Macroeconomic Outcomes." *Comparative Political Studies* 33(2): 196–224.

Woldendorp, Jaap, Hans Keman, and Ian Budge. 2000. *Party Government in 48 Democracies (1945–1998)*. Dordrecht, Boston, and London: Kluwer Academic Publishers.

Wölfi, Anita, Isabelle Wanner, Tomasz Kozluk, and Giuseppe Nicoletti. 2009. "Ten Years of Product Market Reform in OECD Countries: Insights from a Revised PMR Indicator." OECD Economics Department Working Papers 695.

第 2 章　経済危機と政党戦略

付表　諸変数の記述統計一覧

変数名	平均	標準偏差	最小値	最大値	データ出典
規制	3.88	1.52	0.76	6	OECD Indicators of Product Market Regulation homepage (http://www.oecd.org/document/36/0, 3343,en_2649_34323_35790244_1_1_1_1,00.html)
税率	0.48	0.11	0.26	0.74	Institute for Fiscal Studies (http://www.ifs.org.uk/publications/3210); Devereux et al. (2002); Fraser Institute Economic Freedom of the World database (http://www.freetheworld.com/datasets_efw.html)
公的債務	0.45	0.27	0.02	1.64	Jaimovich and Panizza (2006)
財政収支	−0.02	0.04	−0.13	0.19	OECD Economic Outlook (http://stats.oecd.org/)
支出規模	0.46	0.08	0.24	0.72	
税収規模	0.36	0.07	0.18	0.52	OECD Revenue database (http://stats.oecd.org/)
雇用保護	2.05	1.08	0.21	4.19	OECD Employment Protection database (http://stats.oecd.org/Index.aspx?usercontext=sourceoecd)
インフレ率	0.05	0.05	−0.02	0.27	
成長率	0.03	0.02	−0.07	0.12	OECD Economic Outlook (http://stats.oecd.org/)
失業率	0.07	0.03	0.00	0.20	
通貨下落頻度	5.86	3.21	0	14	IMF International Financial Statistics (http://elibrary-data.imf.org/)
貿易依存度	0.65	0.32	0.16	1.84	PENN World Table (http://pwt.econ.upenn.edu/); World Bank World Development Indicators database (http://databank.worldbank.org/ddp/home.do)
EMU	0.15	0.36	0	1	EUROPA website (http://europa.eu/index_en.htm)
SGP	0.22	0.41	0	1	
銀行危機	0.04	0.18	0	1	Boyd et al. (2009); Laeven and Valencia (2008)
付加価値税率	0.13	0.09	0.00	0.25	OECD Tax database (http://www.oecd.org/ctp/taxdatabase)
議会中位	−1.49	11.36	−30.60	39.71	Manifesto Project (MRG/CMP/MARPOR), Berlin: Wissenschaftszentrum Berlin für Sozialforschung (WZB) (http://manifesto-project.wzb.eu/); Woldendorp et al. (2000); European Journal of Political Research (various issues)
議会中位の変化					
政権中位	−0.05	16.87	−37.26	48.46	
政権中位の変化					
内閣中位	−0.03	16.74	−37.41	48.46	
議会保守中道議席	0.51	0.19	0.06	0.97	Duane Swank Comparative Parties dataset (http://www.marquette.edu/polisci/faculty_swank.shtml); Klaus Armingeon, David Weisstanner, Sarah Engler, Panajotis Potolidis, Marlène Gerber, Philipp Leimgruber, Comparative Political Dataset (http://www.ipw.unibe.ch/content/team/klaus_armingeon/comparative_political_data_sets/index_ger.html)
政権保守中道議席	0.29	0.24	0.00	0.80	
議会不均質度	68.11	11.16	40.91	88.98	
有効議会政党数	3.61	1.48	1.69	9.07	
選挙制度	0.59	0.80	0	2	
選挙区定数	14.99	31.78	1	150	
候補者投票	2.81	1.61	0	5	Electoral Systems and Personal Vote dataset (http://polisci2.ucsd.edu/jwjohnson/espv.htm); Johnson and Wallack (2007)
自民党議席率	0.52	0.05	0.39	0.60	『国会便覧』年 2 回出版
中議席率	0.28	0.12	0.13	0.44	
新選挙制度ダミー	0.34	0.48	0	1	

注：ゴシック表示の変数のみ結果表示．

第3章
財政危機と政党戦略

グレゴリー・W. ノーブル
（豊福実紀訳）

1. はじめに

　一般に政党は，言語・宗教・民族に基づく特定の有権者に支持を訴え，さらに限定された地域・職業の有権者に対して，道路や橋などの物質的な便益を約束するものである．しかし，多数決に基づく選挙制度のもとでの政党は，そのような特定の有権者のみならず，幅広い有権者にアピールする必要がある．さらに，対象となる有権者を限定したアピールは従来は効果的であったが，労働組合の衰退にみられるような社会的・経済的変化のため，その効果を失いつつある．つまるところ，多くの民主主義国家において，政党の動員力が低下してきており，政党は，幅広い有権者にアピールするものの，その効果が不確実であるような政策の立案にますます頼るようになってきたのである (Dalton and Wattenberg 2000)．

　日本で長期にわたり政権の座にあった自民党は，まさにこれらのジレンマを体現していたといえよう．自民党は，農家・自営業者・医師など，高度に組織化された有権者の支持によって何十年も政権を維持した．1994年の選挙制度改革以前に衆議院選挙で採用されていた単記非移譲式投票制度のもとでは，選挙区では基本的に3から5の議席をめぐって同じ政党の候補者同士が競い合うため，政党内の結束は損なわれ，派閥主義と利益誘導が助長されてきた．実際，自民党議員は，日常的に他の自民党議員と同じ選挙区で競うため，政党名や党のイデオロギーによって互いの差別化を図ることができず，対象を限定したアピールに頼らざるをえなかった．そのため，自民党の政策決定システムのもとでは，各大臣や自民党政務調査会の部会に特定の政策，すなわち分配政策に関して拒否権が与えられていた．他方，分配政策以外については，エリート官僚

の裁量に委ねられる部分が大きかった．

しかし，1990年代初頭，組織化された有権者の減少とバブル崩壊により，この自民党の政策決定システムは苦境に立たされた．1994年の選挙制度改革と政治資金規制改革は，派閥主義をいっそう弱め，より包括的で首尾一貫した政策綱領の作成を促した．また活発化したメディアの報道とあいまって，首相の求心力が注目を浴びるようになった．政権に返り咲いた自民党は，首相を議長とする経済財政諮問会議の設置にみられるように，首相と内閣の地位を高める改革などを推進し (Shinoda 2005)，ますます幅広い有権者に目を向けることになった．

2005年の衆院選における小泉純一郎首相率いる自民党の圧勝によって，それらの改革の正しさが証明されたかのようにみえた．しかし，小泉の後に続いた3人の首相が有権者に不人気であり，1年ごとに交代したことは，自民党政治に暗い影を落とした．巨額の財政赤字を抱えたまま臨んだ2009年の衆院選では，財政規律の回復と政治主導への期待に訴えかけた民主党が自民党を破り，政権交代に至った．

日本の政府の債務残高は，対GDP比で100％をはるかに超え，OECD諸国のうち最悪である (OECD 2010a)．しかし，一般的な認識とは異なり，この財政赤字をもたらした主因は，政治家による放漫な支出ではない．実際，日本の一般政府の支出総額は，2007年には対GDP比36.01％であり，OECD諸国の中で低い (OECD 2010b)．社会保障支出を押し上げる作用のある高齢化の度合いを考慮すると，日本の政府支出規模は際立って小さいといえよう．さらに，自民党は政権の座にあった最後の10年間に，公共事業予算・農業予算を対GDP比で半減させ，防衛予算の伸びを抑制し，少子化に伴い文教予算を減らし，対外援助を削ることで，政府支出の抑制を図った．そして，恩顧主義的な支出から幅広い有権者にアピールする社会保障支出へと軸足を移し，2000年度に予算の35％を占めていた社会保障関係費は，2008年度には48％を占めるに至った．とはいえ，政府支出規模の増加を抑制するためには，社会保障支出も例外にはできず，自民党は年金の給付・医療保険の適用範囲・診療報酬の縮減によって，1人あたりの社会保障支出を抑制した (Noble 2010)．

つまり，自民党はただでさえ規模の小さかった政府支出のさらなる抑制を試

第 3 章　財政危機と政党戦略

図 3–1　一般会計税収，歳出総額及び公債発行額の推移

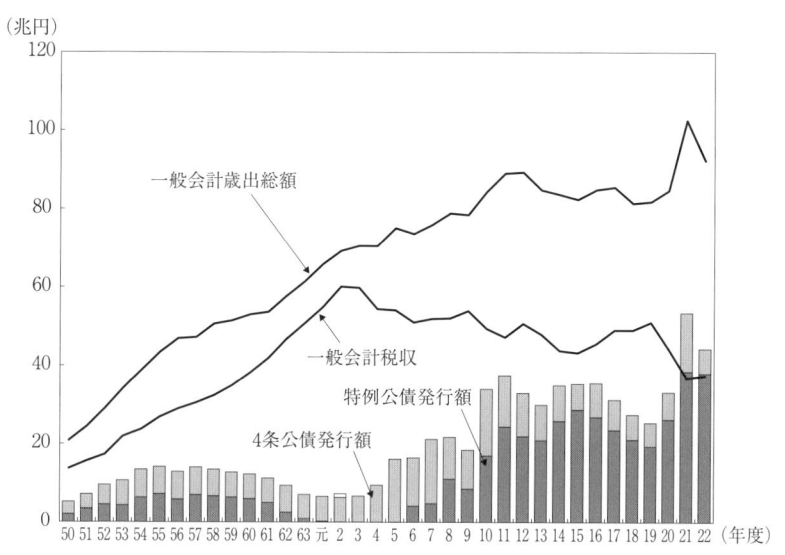

注 1：平成 20 年度までは決算，21 年度は第 2 次補正後予算，22 年度は政府案による．
注 2：平成 2 年度は，湾岸地域における平和回復活動を支援するための財源を調達するための臨時特別公債を約 1.0 兆円発行．
出典：財務省主計局「我が国の財政事情（22 年度予算政府案）」http://www.mof.go.jp/budget/budger_work flow/budget/fy2010/seifuan22/yosan004.pdf

みたのである．しかも，この政策シフトは，小泉後の弱い首相の下でも継続していた．すなわち，自民党はリーダーシップによる財政政策の方向転換に成功したにもかかわらず，2009 年衆院選で民主党の猛攻撃を受けて敗北したのである．なぜなら，自民党は政府支出を抑制することはできたが，図 3–1 に示すように，税収を確保することはできなかったからである．そのため，図 3–2 から見てとれるように，1990 年代後半から公債発行額は増加し，2000 年代には公債依存度は 40％ 前後で推移するようになった．これらは，財政政策の方向転換は必須だが，政党は景気を回復させないかぎり，政権の座にとどまることはできないことを示唆している．

　本章では，この弱い首相たちの下での財政再建政策の継続を説明するには，自民党政務調査会に着目するだけでなく，政策に通じた自民党のベテラン議員と，財務省・経産省などから出向していた官僚との連携に目を向ける必要があ

第 I 部 制約条件と政党戦略

図 3–2 公債発行額，公債依存度の推移

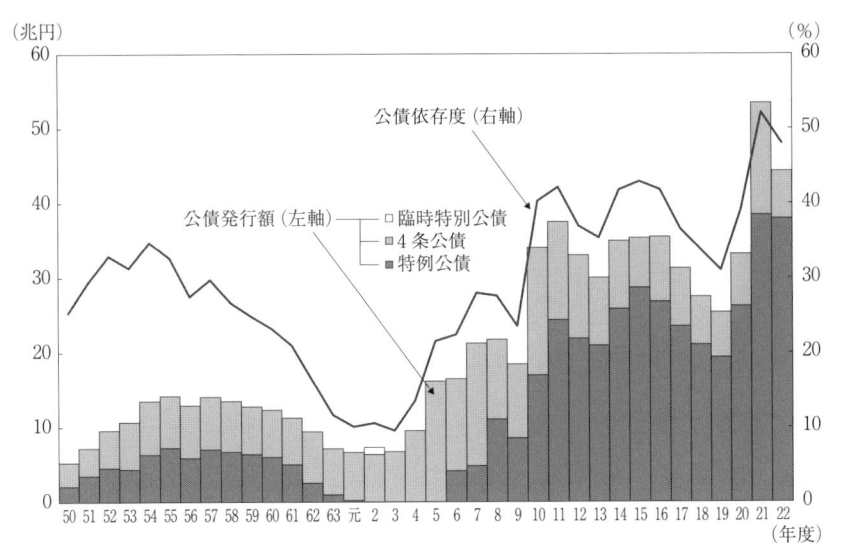

注：平成 20 年度までは決算，21 年度は第 2 次補正後予算，22 年度は政府案による．
出典：財務省主計局「我が国の財政事情（22 年度予算政府案）」http://www.mof.go.jp/budget/budger_workflow/budget/fy2010/seifuan22/yosan004.pdf

ると考える．次節では小泉首相から麻生太郎首相に至る 4 人の自民党首相の下での財政再建政策を概観したのち，本章での分析枠組みを先行研究を用いて説明する．第 3 節では消費税問題を事例に各アクターの行動を分析し，第 4 節の結論で本章を締めくくる．

2. 首相のリーダーシップと政官関係

(1) 小泉・竹中チームによる構造改革

1990 年代の選挙制度改革と政治資金規制改革は自民党の派閥を弱体化させ，首相の権限を強化し，自民党の結束を高める結果となった (Rosenbluth and Thies 2010; Köllner 2006)．特に小泉は，改革が生み出した制度を活用して，効果的な政治公約を打ち出し，従来は派閥に委ねられる部分が大きかった閣僚人事や衆議院解散などの決定をみずから行った．小泉は，メディアがこぞって取り上げるような断定調で巧みに語り，「抵抗勢力」と名づけた人々の反対を乗り越え

て構造改革を進めようとした．

そのための大きな武器となったのは，経済財政諮問会議だった．小泉は政策アジェンダとおおよその方向性を設定したのちに，慶應義塾大学教授だった竹中平蔵を経済財政政策担当相に起用し，経済政策に関する権限を委譲した．竹中は4人の「民間議員」と呼ばれる民間からの有識者と連携し，民間議員は連名で挑発的な「民間議員ペーパー」を提出することによって議題を決定した．竹中と民間議員は，通常は官僚に有利となる情報の非対称性を改めて透明化を図ることの重要性を強調し，渋る省庁に工程表や数値目標を示すよう促した（大田 2006，124–27）．

小泉首相と竹中経済財政担当相の下，経済財政諮問会議は以下の役割を果たした．

1. 公共事業費・医療費の大幅な削減と年金改革に対する官僚，利益団体，自民党の陣笠議員の抵抗を乗り越えて，予算と財政投融資の方向性を定めた．銀行に不良債権の処理を行わせた．
2. デフレ克服に向け，日銀に政府と歩調を合わせた金融政策をとらせた．
3. 天下りポストを失いたくない財務省の激しい抵抗にあいながらも，政府系金融機関を統合・民営化した．
4. 総務省と陣笠議員からの激しい抵抗にもかかわらず，郵政民営化を開始した．
5. 総務省と多くの地方自治体の反対を乗り越えつつ，地方自治体の税収を増やすことと引き換えに補助金を削減し，多くの小規模な地方自治体を合併させた．

(2) 小泉退陣後

しかし政府支出の抑制は構造改革だけでは説明ができない．なぜなら，小泉首相の後に続いた，より弱く，在任期間の短い安倍晋三，福田康夫，麻生の3人の首相の下でも，政府支出の抑制は続いたからである．特に福田と麻生は，2007年の参院選の結果，野党が参議院の主導権を握ったことに苦しめられたにもかかわらず，政府支出には歯止めをかけ続けたのである．

小泉の後を継いだ安倍は，イデオロギー的には最も小泉に近かったが，小泉のような徹底した改革者とはみなされず，また小泉のように有権者の関心事を把握する能力に欠けていた．安倍は元来保守主義者であり，平均的な自民党議員よりもはるかに右寄りの立場へと傾斜し，それを支持する有権者は少なかった (蒲島・大川 2006)．閣僚人事において慎重だった小泉とは対照的に，安倍は十分な身辺調査をせず，閣僚の失態や不祥事が相次いだ．安倍の下で何千万件もの年金記録が失われた問題が発覚したのは不運な巡りあわせといえるが，2005 年の郵政民営化法案で造反し，改革に後ろ向きな「古い」自民党の象徴とみなされるようになった「郵政造反組」を自民党に復党させたことは重大な誤りだった (清水 2009, 156–75)．

安倍の後を継いだ福田は，小泉や安倍ほど新自由主義的な改革に熱心ではなかった．福田は小泉政権で官房長官を務めた有能な「インサイダー」であり，消費者庁設置の決断にみられるように，安倍よりも有権者が今求めているものに敏感だったが，カリスマ性の欠如のため，自民党の陣笠議員からは福田の下で選挙が戦えるのかという疑問の声が上がった[1]．結局，福田は国政選挙を戦うことなく退陣し，自民党幹事長の麻生が後継に選ばれた．

麻生は，彼の選挙ポスターから文字どおり「改革」が消えたことが象徴するように[2]，郵政民営化と財政再建における「小泉構造改革」路線と決別した[3]．国民感情を逆なでするような発言や漢字の誤読などが続き，首相としての熱意と能力に関しての評価は低下していった．

小泉の後継者たちは，「改革疲れ」や，実際の因果関係はどうあれ，小泉内閣の下での規制緩和がもたらしたとされる企業の不祥事，小泉の政策によって経済的格差が急速に拡大したという一般的な認識への対応に苦慮した．さらに 2007 年の参院選での野党の勝利が，自民党の政策における主導権の足かせとなった．このような状況にもかかわらず，小泉の後継者たちは引き続き予算を抑制することができたうえ，福田による消費者庁の新設のような立法上の成果を上げることもあった．つまり「構造改革」による説明は正しいが，それだけ

---

[1] 『朝日新聞』2007 年 9 月 17 日，10 月 2 日．
[2] 『朝日新聞』2008 年 9 月 25 日．
[3] 『日本経済新聞』2008 年 8 月 6 日．

(3) 政官関係再考

戦後まもない時期の政治学者は，政策決定における官僚支配と日本の民主主義の限界に注目したが (辻 1969)，1980 年代初頭になると，肯定的な形で多元主義の主張がなされるようになっていく．官僚と政治家の双方が，政策過程において最も影響力をもつのは政治家だと認識していることが，調査により明らかになった (村松 1981)．佐藤・松崎 (1986) は自民党の大量の内部資料をもとに，自民党のシニオリティ・システム (年功序列制度) が確立され，政策に関して自民党幹部が積極的な役割を果たすことを示した．猪口・岩井 (1987) も同様に，政治的な資源配分における自民党議員の積極的な役割に光をあてた．日本の政策決定は，アメリカほど制約に縛られないわけではないが，民主的で多元主義的で政党政治に即したものになったとみられたのである．1990 年代以降，自民党が連立のパートナーに依存するようになったことで，官僚制でなく政党政治こそが日本政治のカギを握っているとの見方が強まった (樋渡・三浦 2002)．

1990 年代以降，プリンシパル (本人)・エージェント (代理人)・モデルが日本政治研究に導入される．政治家が官僚の行動に影響を与える手段として，スクリーニング[4]，直接的・間接的なモニタリング，執行過程・部局の予算・昇進のコントロールなど，多様な手段をとりうることが明らかにされてきたが (Miller 2005)，Ramseyer and Rosenbluth (1993) は，それらの手段の多くが日本でも用いられていることを実証した．McCubbins and Noble (1995) は，日本の予算が硬直的，漸増的ではなく，政治リーダーの目標や国会における自民党の勢力に応じて変動することを示した．増山 (2003) は，自民党リーダーが国会の議事運営を通じて政策決定を導くことを論じた．

プリンシパル・エージェントのアプローチは日本で受け入れられるとともに，海外ではより精緻化され，官僚が数，経験，専門的知識，継続性の点で優位に

---

[4] スクリーニングとは経済学において，情報の非対称性が存在する場合に，情報をもたない側が情報をもつ側にいくつか選択肢を示して，選ばせることで，情報を開示させようとすることである．政治家と官僚の関係においては，情報をもつ側が官僚であり，もたない側が政治家であり，政治家はスクリーニングによって，官僚のもつ情報を開示させようとする．

立っているという点のみならず，委任の形態・範囲の多様性や政治家・官僚それぞれのもつ資源の多様性が強調されるようになった．多くの論者が経済学の産業組織論と取引コストの理論を応用し，政治家は法律制定や官僚のモニタリングに資源を無限に費やすのではなく，立法府の委員会を通じて法律や規制を制定する内部コストと官僚への委任にともなう外部の取引コストを比較していると結論づけている．例えば，Epstein and O'Halloran (1999) は分割政府の場合よりも，そうでない場合において，政治家は委任をより行う傾向があるとしているし，Huber and Shipan (2002) は，委任の度合いは対立的や専門的といった法案の性質，裁判所や連邦制など他の選択肢の存在，政治家（特に閣僚）の力量と時間や委員会システムといった議会の機能に依存すると論じている．また，Alesina and Tabellini (2007) も政策決定が複雑または不確実な場合に委任の度合いが高くなり，特定の利益団体への資源配分と関連する場合に委任の度合いが低くなると予測した．

さらに，近年，官僚が現場の重要な情報と専門性をもつ単なるエージェントではなく，非常に大きな政治的資源を動員することのできるアクターであることが，政治学者によって強調されるようになった．政府機関はしばしば，政策過程に関わる利益団体や専門家との接点に位置する（Carpenter 2001）．アメリカのレーガン大統領が環境保護庁を支配するために行使しようとした人事権が，環境保護庁の支持者のネットワークによって阻止されたのは，その顕著な例である（Wood and Waterman 1994）．スウェーデンなど社会民主主義の国々では，公的部門の労働組合が，政権党の重要な支持基盤となっている．表立って行動するだけでなく，官僚は政治家にとって不都合な情報をメディアにリークすることにより，政治家の信用を失墜させるという手段もとりうる（牧原 2003）．さらに官僚は，政治的な対抗勢力に対して，税・規制に関する査察や起訴など，国家の強制力を用いることも可能である．

1990 年代末の大規模な財政出動にもかかわらず経済が停滞し続けた日本に関しても，同様の見方が急速に広まった．政治学者の間では，官僚を制御する首相の能力だけでなく，各省と結びついて予算を求め構造変化に抵抗する自民党内の多元的な勢力を制御する首相の能力も，ますます疑問視されるようになった（飯尾 2007; 中島 2007）．官僚はしばしば，異なる選好をもつ複数のプリンシ

第 3 章　財政危機と政党戦略

パルに直面する．2009 年と 2010 年の国政選挙に際しては，自民党政権を批判する民主党，自民党内の保守派，ジャーナリストが，こぞって日本の政治の弱さを非難し，政治的リーダーシップの強化を訴えた．高橋 (2008) と中川 (2008, 33–35, 56–64) は，官僚が，そのプリンシパルであるはずの政治家に一部の情報を渡さず外部にリークするなどして，政治家のイメージや出世を左右することができ，官僚の利益に同調しないとみられる記者などに対しては，税務調査などの権力を発動していると非難した．また検察の政治的な独立性にさえも，疑念がもたれるようになった (佐藤 2010)[5]．

　これらの疑念が生じることは，驚くにはあたらない．なぜなら政治家から官僚への委任は，政治的な真空状態の中で行われるわけではなく，究極のプリンシパルである有権者から議員，政党，内閣，そして官僚へと続く複雑な連鎖の一部を成すからである．官僚が，有権者，利益団体，政治家の支援者との間に強力なパイプを築くならば，官僚は政治家にとって，もはや単なるエージェントではなく競合するプリンシパルなのである．政治家は，立法と予算をコントロールするとはいえ，有権者の選好に絶えず目を光らせなければならないため，官僚は，有権者に影響を及ぼすことを通じてみずからの選好を政策に反映させうる．

　要するに，選挙民主主義の下で，政治家が権限を完全に放棄するほどの官僚への委任を行うとは考えられない．政治的状況の変化が政策結果の変化につながるという証拠は多数存在する一方，政治家がしばしば大雑把な委任を望み，場合によっては財務省をはじめとする官僚によるコントロールを故意に生み出すことを示唆する理論や証拠もある．また政治的な正統性と立法のコントロールにおいて，政治家が絶対的に有利であるという見方は，誇張されたものである．官僚が活用しうる資源は，継続性，専門性，ヒエラルキー的なコントロールにとどまらず，正統性，経済・社会集団とのつながり，そしてときには選挙における動員の能力にまで及ぶ．これらの資源を考慮することによって，自民党リーダーたちが一部の官僚との連携を通じて，弱い首相の下でいかに政府支出を抑制できたかを説明することが可能である．

---

5) より楽観的な見方については Johnson (2002) を参照．

第 I 部　制約条件と政党戦略

3. 首相を超えて——自民党の政策通有力議員と官僚の連携

(1) 問題の背景

　日本においてもその他の国においても，政策決定をめぐる争いが「政治家対官僚」の構図となることはほとんどない（Aberbach, Putnam, and Rockman 1981）．通常は，互いに連携する政治家・官僚・利益団体の集合体が，別の政治家・官僚・利益団体の集合体と争うのである．劇場型といわれた小泉政権期の政策決定過程でさえ，首相と多元的な「抵抗勢力」との争いに終始したわけではなかった．政策決定過程においては一般に，政策の方向性と支出プログラムのバランスをめぐる争いがみられる．1980年代に佐藤・松崎（1986, 50-51, 97）は，主要ポストを歴任する自民党の有力議員は単なる族議員とは異なり，複数の政策分野に通じ，複数の政策分野にまたがって影響力を発揮する立場にあることを指摘した．有力議員は利己的な欲求を抑え，若手の議員を教育し，複数の政策分野にまたがる利害調整を行うことを通じて，みずからの地位を誇示し，今後首相などのポストに就任するのにふさわしいことを示そうとした．1990年代の構造改革以降は，みずから派閥を率いることのない有力議員がいっそう重要な役割を果たすようになった．

　小泉の首相就任後，自民党リーダーたちの間では，政府支出を抑制する必要性についてはおおよその合意をみた．そこで，膨れ上がった財政赤字を埋め合わせるための増税の是非と方法が，経済政策をめぐる最大の争点となったのである．消費税導入を提案したときにも，消費税法案を成立させたときにも，消費税率を引き上げたときにも，自民党は支持の急落を経験していたため，経済が振るわない中で増税の提案は先延ばしになった．産業界は，大企業が周辺のアジア諸国に比べて高い税率に直面しているとして，国内の投資促進のため法人課税の引き下げを最優先させるべきと主張した．結果として小泉首相は，在任中には消費税率の引き上げを行わないことを明言した．

　日本の課税ベースは他の主要国よりも狭いにもかかわらず，政策担当者は，農家・自営業者や中堅所得者層からの税収を増やすことに熱心ではなかった（Steinmo 2010）．政府税制調査会会長の石弘光は，法人全体の3分の2にあた

る欠損法人にも課税すべく，付加価値や資本金など「外形標準」に基づく課税の導入を提案した．経済財政諮問会議は原則的に反対ではなかったが，産業界の抵抗は強かった．2004 年にようやく導入された外形標準課税は資本金 1 億円超の法人のみを対象とするものにとどまり，経済財政諮問会議の関心はふたたび法人課税の引き下げに向けられた（大田 2006，180–87）．2003 年度に小泉首相たちが法人税と所得税について小規模な「政策減税」を実現させたのち，租税政策にはめだった変化がない（大田 2006，193）．小泉は，社会保険料や患者の自己負担を引き上げ，企業から家計へと負担の一部を転嫁することができたが，政府の税収を引き上げたわけではなかった．

(2) 減　税　派

反増税の主張は小泉政権の下で大勢を占めており，小泉の後継者たちの下でも有力な主張だった．経済財政諮問会議の民間議員は，ケインズ主義経済学者の吉川洋がそのメンバーに含まれていたことから分かるように，必ずしも新自由主義に同調するわけではなかった．しかし，まずは政府支出を削減し，可能な範囲で民営化を行うという点では合意していた（大田 2006，255）．民間議員が 2005 年に提示した「歳出・歳入一体改革」の枠組みには，小さな政府・活力・透明性という三つの基本原理が含まれており（経済財政諮問会議 2005），竹中経済財政担当相は，小さな政府をめざすことをくりかえし明言した（Takenaka 2008，211，225–32）．政策担当者は財政赤字に対処するために，経済成長の加速，社会保障支出を含む政府支出の削減，そしておそらく多少のインフレを期待した（大田 2006，123–65）．

安倍首相，尾身幸次・額賀福志郎両財務相，甘利明経産相は，法人税や所得税の減税財源としての小幅な消費税率引き上げには前向きだった．これに対し，中川秀直幹事長らは，歳出の無駄をなくす前に国民に増税を求めることは政治的に不可能と強調し，事実上あらゆる増税に反対した（中川 2006，2008）．

(3) 財政タカ派

対照的に，財務省とその諮問機関，多くの経済学者，柳沢伯夫・谷垣禎一・与謝野馨各金融担当相などの自民党リーダーたちは，「健全な」あるいは「プ

ルーデント(慎重・堅実)な」財政政策として消費税増税の必要性を主張した.この自民党内の財政タカ派には,官僚と同じく,東京大学法学部出身者が多かった.谷垣以外に派閥の領袖はおらず,大部分は選挙・資金力の面では強くなかったものの,自民党内で特に有力な議員の一角を占めていた.

　財政タカ派は,可能なかぎり早い「基礎的財政収支(プライマリーバランス)」の均衡(税収などの歳入と,債務の元利払いを除く歳出との均衡)をめざした.彼らは,増税を行う前に公共事業などの無駄な政府支出を削減すべきという経済的・政治的主張をとる一方で,社会保障支出の削減については,政治的に非現実的であり規範的にも望ましくないと信じていた(与謝野 2008, 150-52).彼らは,安定的に巨額の税収を上げられるからという現実的な理由で消費税増税を支持したのである.消費税は逆進的で低所得者に不利だが,消費税を財源とする支出は一般に低所得者に有利である(Kato 2003).財政タカ派は,経済成長率と利子率について現実的な想定をおくべきだとし,故意にインフレを引き起こして債務を減らすのは「悪魔的手法」だと厳しく非難した(与謝野の表現,清水 2009, 93).

(4) 政府支出拡大派

　減税派と財政タカ派は租税政策をめぐって激しく対立したが,政府支出削減が重要であるという点では意見が一致していた.当然ながら,多くの政治家・官僚・利益団体は,みずからに利益のあるプログラムの削減に抵抗した.1990年代末に大規模な財政出動を伴う景気刺激策が失敗に終わったのち,自民党リーダーたちが拡張的な財政政策を主張することはほとんどなくなったが,陣笠議員からの予算要求は常に強く,選挙が迫ると自民党リーダーたちの中からも政府支出拡大を求める声が上がることがあった.ただしその多くは個別的な予算要求であり,経済財政諮問会議でそのような意見が表明されることはほとんどなかった[6].古賀誠や保利耕輔といった政府支出拡大を主張する議員は,政権党や内閣による政策決定にあたって中心的な役割を果たすことはめったになく,確固たるイデオロギーを打ち出そうとすることも,メディアでの継続的なキャ

---

　6)『朝日新聞』2007 年 11 月 15 日.

ンペーンの展開を図ることもなかった．彼らの影響力は限定的で，歳出削減を止めることはできなかった．

(5) 徐々に優勢となった財政タカ派

小泉政権期の半ばを過ぎると，財政タカ派が徐々に優勢となった．安倍内閣はイデオロギー的に保守であり，減税志向をもっていたにもかかわらず，大田弘子経済財政担当相は上げ潮路線を否定し，安倍首相も上げ潮路線について「私の記憶によれば，この言葉を使ったことは一回もない」と国会で答弁した (清水 2009, 196, 198)．安倍と大田は，規制緩和さらには消費者保護を通じた生産性の向上をめざしており，減税そのものを避けるというよりも，財政政策が生産性に与える影響に注目していた．

福田首相は基本的に，慎重な財政運営と社会保障の堅持を志向した．ただし福田は，財政タカ派としてふるまう政治的立場にはなかった．自民党の脆弱な基盤，連立政権，参議院における野党の優位という状況下で，派閥・政策集団の均衡に配慮し，経済財政諮問会議だけでなく複数の諮問会議を頼みとした．

麻生首相は，小泉構造改革にきわめて消極的で均衡財政重視を疑問視する姿勢を明確にしていたが，奇妙にも与謝野と連携し，いずれは財政赤字を減らすことを約束した．麻生内閣が倒れ，谷垣総裁の下で野党自民党はついに，2010年の参院選の公約に消費税率の10％への引き上げを盛り込んだ．ただちに民主党はこの提案を模倣したため，政策担当者と主要な政党の間では，消費税増税がコンセンサスとなった．

小泉内閣の終盤から安倍・福田・麻生内閣を通じて，首相がくりかえし財政タカ派の与謝野を重用したことは，特筆に値する．与謝野は出自に恵まれ，有力な後援者に支えられ，官界や経済界に幅広い人脈をもっていたにもかかわらず，選挙区で強力な地盤を築くことができず，派閥を率いることもなく，衆院選で3度の落選を経験している．

与謝野は小泉構造改革を時宜に適ったものとして支持したが，与謝野によるとそれは永遠の真理ではなかった．与謝野は「市場原理主義」を厳しく批判し，「市場現実主義」とヒューマニズムの上に立つ民主主義を主張した (与謝野 2008, 70)．与謝野自身は，内閣官房長官や幹事長を務めた梶山静六から，官僚に利用

されることなく官僚を使いこなす方法を学び，官僚からのブリーフィングをあまり受けなかったという（与謝野 2008, 26, 32-38）．官僚は基本的に高い志と使命感をもつものとみなし（与謝野 2008, 139），天下りや官僚の不祥事に言及することはほとんどなかった．上げ潮派の主張に対して詳細な論駁を加え，財政再建のための消費税増税というシンプルな政策提案を説得的に示したのである（与謝野 2008, 149-71）．

与謝野は，小泉から麻生までの全内閣を通じて，重要ポストを歴任した．2004年には小泉首相によって自民党政調会長に任命され，改革の本丸と位置づけられた郵政民営化に向けて自民党を導く役割を与えられた．2005年の「郵政選挙」での小泉首相の圧勝を受けて，経済財政担当相となり，小泉内閣最後の骨太方針の取りまとめにあたった．与謝野は竹中・大田の考えに反して，自民党の反対を乗り越えようとするよりも，自民党と協調するよう主張した．最終的に骨太方針は，増税と名目経済成長率引き上げの両方を含む玉虫色の決着となった（清水 2009, 93-97）．それは主に歳出削減により，2011年度までに国と地方の基礎的財政収支の黒字化をめざすものだった（経済財政諮問会議 2006, 15-19, 47-48）．

安倍首相と福田首相はいずれも，当初は与謝野にまったく関心を払わなかったが，政権末期には人気と権威の回復を模索し，与謝野をそれぞれ重要ポストである官房長官，経済財政担当相に任命した．かつて慎重な財政運営への疑念を公言していた麻生首相は，経済財政担当相の与謝野を留任させた．その後麻生は，与謝野に財務相と金融担当相をも兼務させたため，与謝野が経済政策全般を取り仕切った．皮肉なことに，当時は世界金融危機が日本経済にのしかかり，財政再建を主張してきた与謝野自身が大規模な景気刺激策を取りまとめる役回りとなった．与謝野は「私は自民党では財政規律派に分類されてきたが，一時，宗派を替えることにした．財政規律は重要だが，危機には危機らしい政策対応が必要だ」と述べている（清水 2009, 45）．このように，与謝野は現実的・戦略的に主張を後退させたとはいえ，代々の首相がこの政策通のベテラン議員に依存したことと，陣笠議員がこの財政タカ派のリーダーを止める力がなかったことは明らかだった．

新たに成立した民主党政権さえもが，与謝野に頼ったことは注目に値する．

自民党の小泉首相の後継者たちの場合と同様，経済の弱体化と巨額の財政赤字は，民主党の鳩山・菅両内閣への支持を急落させた．自民党離党後に新党「たちあがれ日本」に参加し，その後離党した与謝野を，菅首相は経済財政担当相に任命した．ただちに与謝野は，税と社会保障の一体改革について議論する「社会保障改革に関する集中検討会議」のメンバーに，柳沢など古くからの同志を起用し，消費税をはじめとする増税によって危機的な財政に対応することを打ち出した[7]．

（6）官僚スタッフ

「首相とそれに抵抗する陣笠議員の対決」の図式を超えて，政府支出を抑制するうえで自民党の政策通の有力議員が重要な役割を担ったとするならば，エリート官僚もまた，構造改革推進派からくりかえし非難されながらも，予算改革の調整・実行においてきわめて重要な役割を担った．小泉は首相就任当初，道路公団や政府系金融機関の民営化などの構造改革に対する財務省の消極的態度を嘆いた（経済財政諮問会議 2002, 25）．竹中経済財政担当相は，官僚は過去の政策の誤りを認めたくないがために，政策の継続に固執するのだと非難した（Takenaka 2008, 40, 124–26）．大田経済財政担当相と経済財政諮問会議の民間議員の奥田碩（トヨタ自動車会長）は，官僚は用心深く妥協的で，大胆なイニシアティブをとるよりもいつも利害調整を行おうとし，工程表や数値目標を設定しようとしない，と官僚を酷評した（大田 2006, 83–94）．小泉と竹中は，政策の細部を官僚に委ねることなく，細部をコントロールすることこそが重要であるとたびたび強調した（大田 2006, 88; Takenaka 2008, 88, 162）．

このように官僚に対して根深い疑念と敵意をもちながらも，大田経済財政担当相は，財務省設置法第4条が予算作成などの所掌事務を規定する一方，経済財政諮問会議にまったく触れていないことを認識し，経済財政諮問会議と財務省の関係について，対立的なこともあれば協力的なこともあったと冷静に振り返っている（大田 2006, 13, 92）．財務省を辞め，竹中経済財政担当相の重要な協力者となった高橋洋一は，政治的リーダーシップを発揮するうえで内閣官房

---

[7] 『朝日新聞』2011 年 1 月 25 日，2 月 1 日．

副長官補をコントロールすることが肝であり，内閣官房副長官補のうち財務省出身者が最も重要であると指摘した（高橋・須田 2010, 47–48）．官僚に信頼をおく与謝野に至っては，官僚を最大限活用することができれば，我々は少々働いてあとは遊んでいればよいとまで述べている（与謝野 2008, 139–42）．

　省庁から官邸に出向していたスタッフのうち中心的な立場にあったのは，財務省と経産省の出身者だった．内閣総理大臣秘書官（首相秘書官）の五つのポストのうち，一つは政務担当秘書官のポストであり，残る四つの事務担当秘書官のポストは，財務省・経産省・外務省・警察庁という主要な省庁の指定席で，このうち財務省と経産省の影響力が圧倒的に大きい．小泉首相の秘書官は，1人を除いて全員が5年5ヶ月の任期を全うした（飯島 2006, 334）．首相と経済財政諮問会議によって予算の方向性が示されたとはいえ，予算要求を制限する概算要求基準の枠組みや個別の査定はなお，財務省によって担われていた（大田 2006, 110）．首相秘書官よりもやや年次が下の特命チームは，首相秘書官とは異なる省庁から採用されたが，出身省庁の重要政策課題に取り組むだけでなく，首相に忠誠を尽くすことを期待された（飯島 2006, 28–32）．

　官僚スタッフが重要であり続けた一因として，1990年代以降，以下の四つの仕組みを取り入れながらも，その成果が芳しくなかったことが挙げられる．第一に，副大臣ポストが新設されたにもかかわらず（Takenaka 2002），それはもっぱら訓練段階のポストにとどまり，相変わらず派閥による人選が行われたため[8]，大きな変化をもたらさなかった．ただし副大臣の影響力が徐々に増す兆候もみられた．第二に，首相によっては（特に安倍），内閣総理大臣補佐官に頼ろうとしたが，彼らは法律上独自の権限をもたず，大臣としばしば衝突することとなった（清水 2009, 134–39）[9]．第三に，大学や民間企業からの任期付き任用によるスタッフは一定の役割を果たしたとはいえ，キャリア半ばでの登用が困難であることが明らかになり，また民間から飛び込んだ人は孤立し，官僚からの情報がしばしば遮断された[10]．最初こそ大いに関心を集めたが，経済財政諮問会議の民間からの任期付き任用によるスタッフは減っていった（大田 2006,

---

　8)　『朝日新聞』2006年9月28日を参照．
　9)　『朝日新聞』2006年9月29日．
　10)　『WEDGE』2007年12月号: 10–12.

260–62).第四に,比較的役立ったのが 2001 年に法制化された特命担当大臣である.特命担当大臣は法的な権限をもち,国会に対して責任を負い,新たな政策課題に柔軟に対応することができた.小泉首相が竹中を郵政民営化担当相に任命したのは,その一例である.もっとも特命担当大臣は自前のスタッフをもたず,関係省庁と衝突することもしばしばだった(大田 2006, 16).

支出政策の立案にあたり,経済財政諮問会議は官僚スタッフに頼るところが大きかった.200 人程度のスタッフの多くは,マクロ経済に精通した旧経済企画庁の出身者だった.内閣府の 7 人の政策統括官のうち,3 人が経済財政諮問会議を担当した.経済財政諮問会議の民間議員は,官僚が出身省庁に情報を漏らすことを警戒したため,2002 年に議題設定を支える特命チームが設置された.当初のスタッフは,旧経済企画庁出身者と民間出身者だけだったが,やがて省庁からの出向者が加えられた.竹中経済財政担当相でさえ,日本には独立した立場にある専門家がほとんどいないことを認め,反官僚の「竹中チーム」は,「志ある官僚」に依存することとなった(Takenaka 2008, 139).一般的に,民間議員による提案が骨太方針に組み込まれる段階になると,経済財政諮問会議は官僚の全面的な協力を取りつける必要がある(大田 2006, 150–52).小泉首相が「各論(歳出削減の規模や内容)が出てくれば,そのつもりで財務省お願いしますよ.財務省が,事務局と思ってやってください.この経済財政諮問会議の」と述べたとおりである(経済財政諮問会議 2001, 16).

政府支出を抑制するうえで,小泉内閣が官僚スタッフに依存していたことは,経済財政諮問会議の外ではより顕著だった.財務省のエリート官僚のうち,竹島一彦は小泉内閣を外側から支え,坂篤郎は内側から支えた(清水 2009, 148).予算の専門家であり,2009 年には財務事務次官にまで上りつめた丹呉泰健もまた,小泉首相の下で重要な役割を果たした(飯島 2006, 28–31).30 年以上にわたって小泉の秘書を務めた飯島勲は,次のように記している.

骨太方針であそこまでラディカルに小泉改革の具体像を書き込むことができたのは,民間人である竹中大臣を支え党との戦いの前面に立った竹島副長官補と,各省の抵抗を抑え込んだ坂統括官以下の参事官チームの力によるものといっても過言ではない.ここにも私の言う,「官僚を使いこなす」ことの

実例がある (飯島 2006, 60).

　自民党政権終盤の首相のうち，特に安倍は官僚を信用せず，官僚を出身省庁から切り離そうとした．安倍は官邸スタッフの人選を省庁に委ねるかわりに公募を実施し，80人以上の官僚が応募した[11]．その合格者には，出身省庁と連絡をとらせず，出身省庁とは畑違いの任務にあたらせた (清水 2009, 150)．しかし最終的には，安倍も，財務省から出向していた坂の調整力と，経産官僚と経産省OBの自民党議員に大いに依存することとなった (清水 2009, 136, 148, 185)．
　福田首相もまた，財務省の坂に依存し，官僚寄りとみなされた．公明党との連立に制約され，野党に主導権を握られた参議院で何とか審議の道筋をつけることを望んだ福田および彼を司令塔とする経済財政諮問会議は，予算の優先順位を設定する権限の多くを財務省に委譲したため，「財務省復権」との非難を浴びることとなった[12]．

4. 結　　論

　日本の財政状況はたしかに深刻だが，通説に反して，この状況は政治の失敗によるものではなく，労働力の減少をもたらす少子高齢化や1997年と2008年の2度にわたる金融危機によって，政治的選択肢が限られたことによるものである．日本の巨額の財政赤字と累積債務は，政府支出の膨張よりも，もっぱら税収の悲惨なまでの落ち込みによって引き起こされたのである．陣笠議員や利益団体からの圧力にもかかわらず，過去10年間の政治リーダーたちは，政府支出規模をかなりの程度抑制し，公共事業をはじめとするばらまき的な支出から，社会保障プログラムなどへの支出へと重点を移してきた．
　この政策的帰結を認識しながらも，従来からの見解は，選挙制度改革，政治資金規制改革，内閣機能の強化が，小泉首相に象徴されるような政治的リーダーシップの強化につながったことに注目してきた．たしかに構造改革は重要だが，小泉後の弱い首相たちの下でも政府支出の抑制が続いたということは，「改革を

---

11) 『朝日新聞』2006年9月27日．
12) 『朝日新聞』2008年7月29日．

めざす首相と浪費する陣笠議員の対決」だけでは説明がつかない．政府支出の抑制に向けて，上げ潮派の中川や財政タカ派の与謝野など，政策通として知られる有力な自民党のベテラン議員と，財務省・経産省から官邸への出向者をはじめとする「官房型官僚」が結びついたのである (牧原 2003；中島 2007, 127–29)．もちろん，経済が停滞したり選挙が近づいたりするたびに，個別的な歳出を中心に歳出拡大圧力が噴出し，ベテラン議員もそのような要求を行うことがあった．有力な自民党リーダーたちと財務省の見解は常に一致していたわけではなく，小泉と財政タカ派でさえも財務省・経産省の官僚と衝突することがあった．それでも，政策全般に熱意をもって取り組み続けているとされる政治家たちは，政府支出を抑制するうえで，財務省・経産省からの出向者たちに頼ることができたのである．

　税収面においては，弱い首相たちは事実上小泉首相よりも増税に前向きであり，長い闘争の末に財政タカ派が減税派に勝利した．消費税増税の議論は，弱いリーダーシップや拒否権プレイヤーゆえに阻まれたのではなく，有権者によって阻まれたのである．大多数の日本人が「高福祉高負担」を求めているにもかかわらず，その最大の受益者となるはずの低所得者や女性は，みずからの消費税負担が増えても受益が減るのではないかと怖れているようである (Takegawa 2010)．

　日本における事態の展開は多くの点で，ブレア政権期のイギリスと類似している．ブレア首相は力強く人気のあるリーダーだったが，実際にはその権力は，ブラウンを大臣とする財務省をはじめ，いくつもの省庁に散らばった「コア・エグゼクティブ」を通じて行使された (Rhodes and Dunleavy 1995)．「ブラウンとブレアのライバル関係は，単に個人的なものや議会政治をめぐるものにとどまらなかった．それは誰が政府組織の中枢を支配するかをめぐるものであり，財務省が勝利した」のである (Fawcett and Rhodes 2007, 102)．首相と財務相の権力の高まりは，国内政治状況の変化 (テレビ報道の発達・労働組合の衰退・社会階層の重要性の低下) およびイギリスの国際的立場の変化 (EU の誕生・国際的な首脳会議の開催頻度の高まり) を反映していた．同様の傾向は，日本を含め，議院内閣制をとる大多数の国でみられる (Poguntke and Webb 2005)．

　ブレア首相退陣後，あるいは金融危機後のイギリスのように，日本も巨額の

財政赤字に直面している．日本では，少子高齢化，労働人口の減少，デフレ圧力の下，急速な経済悪化の恐れが常にあるため，人々は不満を抱きやすく，イギリスやアメリカ以上に増税に抵抗を示すことになる．ただし，イギリスやアメリカとは異なり資本輸出国である日本は，少なくとも現時点では，改革を求める外的な圧力をほとんど受けていない．一方で日本の深刻な財政赤字がいつ財政危機を引き起こすか分からないために，圧力をかけられないという面もある．日本では，両院の同日選挙が（例えばオーストラリアのように）制度上予定されていないため，2007年以降見られる，ねじれ国会による膠着状態に陥る可能性が高い．幸い，民主主義システムの有権者に対する応答性はきわめて高くなりうることが，近年の研究によって示唆されている（Kitschelt et al. 2010; Soroka and Wlezien 2009）．日本の有権者は，それが日本にもあてはまることを期待するしかない．もしそれがあてはまるならば，有力なベテラン議員と，財務省・経産省のエリート官僚が，首相のイニシアティブを補うきわめて重要な役割を果たすであろう．

参 考 文 献

飯尾潤．2007．『日本の統治構造：官僚内閣制から議院内閣制へ』中央公論新社．
飯島勲．2006．『小泉官邸秘録』日本経済新聞社．
猪口孝・岩井奉信．1987．『「族議員」の研究：自民党政権を牛耳る主役たち』日本経済新聞社．
大田弘子．2006．『経済財政諮問会議の戦い』東洋経済新報社．
蒲島郁夫・大川千寿．2006．「安倍晋三の研究」『世界』11月号：70–79．
経済財政諮問会議．2001．「議事録（平成13年第11回）」6月21日．http://www5.cao.go.jp/keizai-shimon/minutes/2001/0621/minutes-s.pdf
――．2002．「議事録（平成14年第26回）」9月9日．http://www5.cao.go.jp/keizai-shimon/minutes/2002/0909/minutes_s.pdf
――．2005．「歳出・歳入一体改革に向けて」2月15日．http://www5.cao.go.jp/keizai-shimon/minutes/2005/0215/item1.pdf
――．2006．「経済財政改革に関する基本方針2006」7月7日．http://www5.cao.go.jp/keizai-shimon/minutes/2006/0707/item1.pdf
佐藤誠三郎・松崎哲久．1986．『自民党政権』中央公論社．
佐藤優．2010．「石川議員が僕に語ったこと」『中央公論』3月号：112–23．

清水真人．2009．『首相の蹉跌：ポスト小泉　権力の黄昏』日本経済新聞出版社．
髙橋洋一．2008．『さらば財務省！　官僚すべてを敵にした男の告白』講談社．
髙橋洋一・須田慎一郎．2010．『偽りの政権交代：財務省に乗っ取られた日本の悲劇』講談社．
辻清明．1969．『新版日本官僚制の研究』東京大学出版会．
中川秀直．2006．『上げ潮の時代：GDP 1000 兆円計画』講談社．
―――．2008．『官僚国家の崩壊』講談社．
中島誠．2007．『立法学：序論・立法過程論』新版，法律文化社．
樋渡展洋・三浦まり編．2002．『流動期の日本政治：「失われた十年」の政治学的検証』東京大学出版会．
牧原出．2003．『内閣政治と「大蔵省支配」：政治主導の条件』中央公論新社．
増山幹高．2003．『議会制度と日本政治：議事運営の計量政治学』木鐸社．
村松岐夫．1981．『戦後日本の官僚制』東洋経済新報社．
与謝野馨．2008．『堂々たる政治』新潮社．

Aberbach, Joel D., Robert D. Putnam, and Bert A. Rockman. 1981. *Bureaucrats and Politicians in Western Democracies*. Cambridge: Harvard University Press.

Alesina, Alberto, and Guido Tabellini. 2007. "Bureaucrats or Politicians? Part I: A Single Policy Task." *American Economic Review* 97(1): 169–79.

Carpenter, Daniel P. 2001. *The Forging of Bureaucratic Autonomy: Reputations, Networks, and Policy Innovation in Executive Agencies, 1862–1928*. Princeton: Princeton University Press.

Dalton, Russell J., and Martin P. Wattenberg, eds. 2000. *Parties without Partisans*. New York: Oxford University Press.

Epstein, David, and Sharyn O'Halloran. 1999. *Delegating Powers: A Transaction Cost Politics Approach to Policy Making under Separate Powers*. Cambridge: Cambridge University Press.

Fawcett, Paul, and R. A. W. Rhodes. 2007. "Central Government." In *Blair's Britain, 1997–2007*, ed. Anthony Seldon. Cambridge: Cambridge University Press, 79–103.

Huber, John D., and Charles R. Shipan. 2002. *Deliberate Discretion? The Institutional Foundations of Bureaucratic Autonomy*. Cambridge: Cambridge University Press.

Johnson, David T. 2002. *The Japanese Way of Justice: Prosecuting Crime in Japan*. New York: Oxford University Press.

Kato, Junko. 2003. *Regressive Taxation and the Welfare State: Path Dependence and Policy Diffusion*. Cambridge: Cambridge University Press.

Kitschelt, Herbert, Kirk A. Hawkins, Juan Pablo Luna, Guillermo Rosas, and

Elizabeth J. Zechmeister. 2010. *Latin American Party Systems*. Cambridge: Cambridge University Press.

Köllner, Patrick. 2006. "The Liberal Democratic Party at 50: Sources of Dominance and Changes in the Koizumi Era." *Social Science Japan Journal* 9(2): 243–57.

McCubbins, Mathew D., and Gregory W. Noble. 1995. "Perceptions and Realities of Japanese Budgeting." In *Structure and Policy in Japan and the United States*, ed. Peter Cowhey and Mathew D. McCubbins. Cambridge: Cambridge University Press, 81–117.

Miller, Gary J. 2005. "The Political Evolution of Principal-Agent Models." *Annual Review of Political Science* 8: 203–25.

Noble, Gregory W. 2010. "The Decline of Particularism in Japanese Politics." *Journal of East Asian Studies* 10(2): 239–73.

OECD. 2010a. "Annex Table 33, General Government Net Financial Liabilities." http://www.oecd.org/dataoecd/5/51/2483816.xls

———. 2010b. "Total Expenditure of General Government, Percentage of GDP." In *National Accounts at a Glance – 2009 edition*. http://stats.oecd.org/index.aspx?r=897009

Poguntke, Thomas, and Paul Webb, eds. 2005. *The Presidentialization of Politics: A Comparative Study of Modern Democracies*. Oxford: Oxford University Press.

Ramseyer, J. Mark, and Frances McCall Rosenbluth. 1993. *Japan's Political Marketplace*. Cambridge: Harvard University Press.（加藤寛監訳『日本政治の経済学：政権政党の合理的選択』弘文堂，1995）

Rhodes, R. A. W., and Patrick Dunleavy, eds. 1995. *Prime Minister, Cabinet and Core Executive*. London: Macmillan.

Rosenbluth, Frances McCall, and Michael F. Thies. 2010. *Japan Transformed: Political Change and Economic Restructuring*. Princeton: Princeton University Press.

Shinoda, Tomohito. 2005. "Japan's Cabinet Secretariat and Its Emergence as Core Executive." *Asian Survey* 45(5): 800–821.

Soroka, Stuart N., and Christopher Wlezien. 2009. *Degrees of Democracy: Politics, Public Opinion, and Policy*. Cambridge: Cambridge University Press.

Steinmo, Sven. 2010. *The Evolution of Modern States: Sweden, Japan, and the United States*. New York: Cambridge University Press.

Takegawa, Shogo. 2010. "Liberal Preferences and Conservative Policies: The Puzzling Size of Japan's Welfare State." *Social Science Japan Journal* 13(1): 53–67.

Takenaka, Harukata. 2002. "Introducing Junior Ministers and Reforming the Diet in Japan." *Asian Survey* 42(6): 928–39.

Takenaka, Heizo. 2008. *The Structural Reforms of the Koizumi Cabinet: An Insider's Account of the Economic Revival of Japan*, translated by Jillian Yorke. Tokyo: Nikkei Publishing.（竹中平蔵『構造改革の真実：竹中平蔵大臣日誌』日本経済新聞社, 2006 の英語版）

Wood, B. Dan, and Richard W. Waterman. 1994. *Bureaucratic Dynamics: The Role of Bureaucracy in a Democracy*. Boulder: Westview Press.

第 II 部

構造改革と政党対立

第4章
格差問題と政党対立*

イヴ・ティベルギアン
(松田なつ訳)

1. はじめに

　自民党は1996年以降2000年代中盤に至るまで，日本の政治経済の構造改革に着手していた．この改革は多くの企業においてコーポレート・ガバナンスを変え，企業再編を促し，労働市場の二重構造化を加速させ，企業財務に新たなダイナミックスを作り出し，そして郵政事業の民営化をもたらした．当初，この構造改革は不利益を被った人々を救済する補償措置を伴っていたが，この改革を引き継いだ小泉純一郎首相は公共事業や独立法人を通じた伝統的な補償措置を廃止しただけでなく，地方分権化も急速に進めた．

　現状維持から離脱し，自らの支持者層を直接狙い撃ちにするともいえるこの改革において，自民党執行部は大きな政治的ギャンブルに打って出たといえよう．すなわち，たとえ改革の途上において農村部で従来からの支持者に離反する者があったとしても，経済改革の成功によって都市部の無党派層の支持を獲得できるのではないかと考えたのである．構造改革の推進と支持者層の計画的な転換は同時並行的に行われたのである．

　しかし，この政治的ギャンブルは失敗に終わり，自民党は経済政策に対する支持票ないしは都市部無党派票を十分に獲得することはできなかった．2007年と2009年の両選挙で，農村部の一部の有権者の間では自民党離れが起こり，都市部有権者も自民党に賛成票を投じることはなかったのである．もちろん，

---

* 本稿執筆にあたって，村上剛氏(ブリティッシュ・コロンビア大学大学院政治学部博士課程)の助力を得た．記して感謝したい．小論は，ブリティッシュ・コロンビア大学ハンプトン研究助成金による日本における経済格差についての研究プロジェクトの一部である．また小論は，トロントでの米国政治学会年次大会(2009年9月4日)，カリフォルニア大学ロサンジェルス校での研究会(同9月13日)において報告された草稿に基づいている．

2007年と2009年の反自民党旋風は複数の要因によって引き起こされたものであり，政治的ギャンブルの失敗のみならず，自民党内部の分裂，自民党政権の汚職に対する倦怠感，安倍晋三，福田康夫，麻生太郎の各首相の脆弱な指導力，2005年以後，自民党にとってかわりうる選択肢として民主党が浮上したことなど，これら全ての要素が働いた．同時に，世論調査によれば，国民は全体的に構造改革の過程に不満を抱いていたといえる．中位投票者，とくに都市部の中位投票者は新たな経済成長の機会と経済活動の自由度の増加を是としたにもかかわらず，彼らは構造改革の主な副作用に不満を示した．その最も典型的なものが不平等，いわゆる格差問題である．データそのものにも論争が存在するが，多くの研究によれば1995年から2010年の間にジニ係数で測定される不平等度は大幅に上昇している．

OECDデータによれば，OECD諸国の中で日本は不平等度の最も急速な上昇を経験している．1980年から今日までに，日本の不平等度は，スウェーデンやデンマークを含む不平等度が最も低い国のグループからOECD諸国平均を上回る水準にまで上昇した．研究や用いる指標によって多少異なるが，日本は今やフランスとドイツをやや上回るかあるいはイギリスと同じ水準の不平等に達している．主要な経済学的研究はまた，この上昇の主な要因は1990年代後半以降の労働市場の二重構造化，とりわけパート労働者と派遣労働者の増加の急速な進行によるものだと指摘している．この傾向は1997年，1999年，2004年に橋本，小渕，小泉各内閣がそれぞれ実施した労働市場の規制緩和，及びより幅広い政策改革によって裏打ちされた企業再編の大きな流れと強く結びついている (Tiberghien 2007を参照)．さらに，有権者は格差に対して非常に敏感であり，2000年代にはさらに敏感になった．したがって，有権者は現実を拡大解釈し，結果として，格差問題を選挙での主要な争点に押し上げてしまったのかもしれない．

本章は，構造改革，格差の拡大，世論，政権交代の間の繋がりをひもとくことを企図し，とりわけ以下の主要な疑問に焦点をあてる．

・橋本，小渕内閣時代に始まり，小泉内閣によって決定的に推し進められた構造改革戦略はなぜ政治的に失敗したのか？

・不平等は2007年以後の政界再編の過程と,どのような形で関係しているのか?

本章は,格差の拡大は1996年以降の構造改革の副作用のひとつとして把握することができ,有権者もそのように認識していると主張する.それは驚くほど強い世論の反響をもたらし,政党支持の変動に重要な役割を果たした.少なくとも現在与えられている情報および条件下においては,10年に及ぶ構造改革の政策的帰結と平均的有権者の選好のミスマッチが生じていたといえよう.

2. 構造改革の副産物としての格差と労働市場の二重構造

(1) 調整型市場経済における構造改革の帰結

資本主義システムの類型論のひとつとして,先進国経済システムを自由市場経済 (liberal market economies, LME) と調整型市場経済 (coordinated market economies, CME) の二つのカテゴリーに分類する「資本主義の多様性」アプローチがある (Hall and Soskice 2001). 日本やドイツのような調整型市場システムは,企業の資金調達,職業訓練,コーポレート・ガバナンス,企業の福祉ニーズをまとめる相互に関連した制度の網の目を発展させてきた.1990年代半ばまでに,金融のグローバル化,急速な技術革新,及びグローバル競争の激化という新たな文脈の中で,調整型市場経済の制度メカニズムについて,その是非が議論の対象となってきた.1996年以降の日本の構造改革過程は,かつては安定し比較的自律的だった調整型市場経済が,急速に変化するグローバルな環境に対応して制度改革を実行する重要な事例として見ることができる.

政策決定者たちは構造改革の進展に伴う初期の機能的ジレンマ,すなわち調整型市場経済の競争力の根幹を成す主要な制度の網の目を断ち切ることなく,グローバルな環境への適応性をいかに改善するかに焦点をあてていた.しかし,調整型市場経済の構造改革の過程において,とりわけ補償措置を伴わない形で,産業構造を柔軟にし,企業の自己資本利益率の増大を図るために改革を実施した場合,格差が拡大するだけでなく他の社会的影響をももたらしうる.改革が格差の拡大という対価を伴うのであれば,どの時点において,改革を進めるた

めに必要な正統性が揺らいでしまうのであろうか．

　平等と労働の安定性が重要なのは，これら二つの要素がとりわけ日本のような調整型市場経済において経済制度を維持する政治的コンセンサスの中核をなしているからである．本章は一つの前提として，平等は「社会契約」（すなわち戦後政治の基礎的な社会的コンセンサスを形作る一連の非公式・公式な規範）の重要な要素であると考える．したがって，既存の政治秩序の社会的基盤が不平等に非常に敏感なシステムでは，急速に不平等が高まった場合には強い社会的反動をうみ，選挙での提携関係を組み替えるような，新たな政治的機会を作り出すことになる．要するに不平等が重要な政治変数であり，政策決定者がその高まりを予測できないようなシステムにおいて急速に不平等が高まった場合，一次元の政策空間（改革するか否か）が，二次元の政策空間（改革するか否か，および補償するか否か）に変化する可能性を有する．この結果，政党支持と政治システムを急速に変化させる条件が創り出されるのである．

　構造改革のまっただ中で，調整型市場経済システムの政策決定課題に格差の問題を持ち込むことには，二つの政治的な意味がある．まず第一に，それは政治的対応と政策革新を要求する国民の声を生み出し，政治的起業家が行動する機会を提供する．この新しい状況は現状維持と改革の間の「第三の道」，すなわち格差を縮小しながらの変革を模索する政治的議論に繋がる．議論は単なる自由主義的改革派と保守派の二者対立から，自由主義的改革派，保守派，第三の道を標榜する社会民主主義者の間の三者鼎立へと変化する．この隔たりをうめるために政党が新しい綱領の基盤を築くことにつながるか，あるいは新党の結成につながる可能性もある．

　第二に，政策選択肢の複雑化である．改革・非改革の次元に補償次元（非補償，個別的補償，普遍的補償）という二つ目の次元が加わることで，六つの政策空間が創出される．少なくとも政策決定のレベルでは，政党はより多くの選択肢を抱えることになる．

(2) 小泉政権後の政策選択肢

　格差が重要な政治的変数になる改革の前と改革の後で政策選択肢を比較することで，興味深い示唆が得られる．表4-1は1996年から2006年までの政治

第 4 章　格差問題と政党対立

表 4-1　構造改革をめぐる自民党の初期政策選択肢

		補償措置	
		あり	なし
構造改革	あり	慎重な構造変化 （小渕政権）	自由主義的構造変化 （橋本・小泉政権）
	なし	従来型の補償 （亀井静香）	現状維持

図 4-1　2007 年以後の政策三角形と 3K

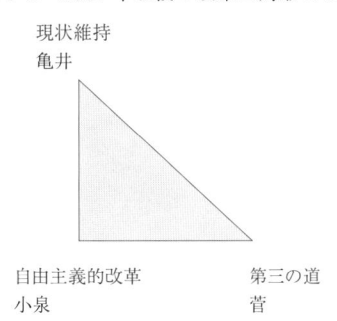

```
現状維持
亀井



                         
自由主義的改革         第三の道
小泉                  菅
```

表 4-2　不平等の文脈での政策選択肢（2009-2010 年）

		補償措置		
		個別的	普遍的	なし
構造改革	あり	抑制的自由主義改革 （小沢一郎）	第三の道 （前原誠司・急速な改革） （菅直人・漸進的な改革）	自由主義改革 （渡辺喜美・みんなの党）
	なし	従来型の補償 （亀井静香）	社会民主主義 （福島瑞穂）	現状維持（麻生太郎, 自民党 2010?）

的改革について，自民党に当初与えられた政策選択肢をまとめたものである．最重要の軸は改革の有無であり，二義的に伝統的な補償措置の有無があげられる．小渕内閣と小泉内閣が異なる政策選択を行ったことは興味深い．両者は労働，金融，コーポレート・ガバナンスの改革をかなりの程度進めたが，小渕恵三首相は改革の社会的影響を和らげるために伝統的な補償措置が必要だと考えていたのに対し，小泉首相はそのような措置を取り除く改革を進めた．2000年代後半までに格差と改革の社会的影響を重要な次元として，この二次元の政策論議が図4-1の示す三角形へと変化した．第三の道は，菅内閣が2010年参院選で提示したが，事実上そうした政策課題は2009年総選挙において鳩山由紀夫民主党代表が目指していたものにすでに表れていた．

従って，表4-2に示すように，政策選択肢は2009年から2010年の間に劇的に変化し，異なる有権者をターゲットにする新しい政策空間を作り出した．2009年の衆院選で民主党は中位投票者が求めていると考えられる政策空間を目指したが，これはより普遍的な補償を伴う改革であった．

要するに，格差は構造改革の望ましくない外部性として浮上してきたのである．それは政党システムの変容と自民党による政治腐敗に対する有権者の倦怠感と相まって，自民党政権に対する有権者の反発を強める効果を持っていた．それゆえ，2009年は有権者が自民党とその安定的なネットワーク・ガバナンスを拒絶し，民主党とともに，終身雇用などの日本型システムの中核的強みを取り戻し，補償措置を伴う改革を進める社会民主主義的なアジェンダに取り組み始めた年となったのである．

日本は2009年から2010年にかけて，伝統的な既得権益を守ろうとする人々，グローバル化した新たなアクター，そして平均的投票者の三者が，グローバル経済の中で競争力と公平の両立を可能にする新たな安定的政治経済システムを求めて綱引きを繰り広げるかなり不安定な状態にあったといえよう．

(3) 不平等と労働市場の二重構造

世界銀行は，1993年に発表した報告書の中で，日本と高成長アジア諸国において教育，貯蓄，労働市場，金融市場といった領域への政府の介入がどのように高い成長率と高い平等率につながっているかについて論じている (World Bank

1993).不平等指標の一つであるジニ係数を 1993 年の時点で国際的に比較すると,日本型システムについての伝統的な見方が正しいことが分かる.1993 年時点での不平等について,最も緻密で体系的な調査の一つは,国毎の家計調査に基づき,日本のジニ係数 (24.3) がアジアのみならず,世界で最も低いことを明らかにしている (Milanovic and Yitzhaki 2002).日本は,デンマーク (24.6),ベルギー (24.6),スウェーデン (24.9),ノルウェー (24.7) とともに最も平等度の高い国の一つであった.大陸欧州諸国とカナダは 30 前後 (ドイツが 29.4,フランスが 32.6,カナダが 31) であり,米国の数値はこれを上回った (39.4).1990 年から 1997 年のバブル崩壊と徐々に深刻化する経済危機の最中でさえ,システムの構成要素間と組織内での内部補助のシステムが持続することによって,日本は社会的な混乱や不平等の高まりを経験しなかったのである.しかし一方で,システムの外におかれた人々は内部補助のシステムによって効率性が損なわれていることを非難した.

それでは,日本でどれだけ不平等が拡大しているのか,またそれはいつ頃から生じているのだろうか.膨大な量の相反する実証研究が存在するが[1],OECDによる 2006 年調査は,日本の生産年齢人口において所得の不平等と相対的な貧困は OECD 平均まで上昇しており (OECD 2006, 97),さらに生産年齢人口の市場所得に基づいたジニ係数は 1980 年代半ばの 30.9 から 90 年代半ばには 33.8 にまで上昇していると指摘した.この傾向は 90 年代後半になって加速し,2000 年までのわずか 5 年ほどの期間に 36.2 にまで急上昇した (OECD 2006, 99).この急上昇は OECD 平均の安定した状況 (1980 年代半ばの 35.2,90 年代半ばの 39.3,2000 年頃の 39.3) と一線を画している.全人口では,ジニ係数は 1980 年代半ばの 31.7 から 90 年代半ばには 36.9 に上昇し,2000 年には 41.0 にまで上昇した.これらの数字から判断すると,日本は OECD の中位グループに位置し,北欧諸国や大陸欧州諸国よりは不平等だが,カナダ,スペイン,米国,多くの東ヨーロッパ諸国よりは平等ということになる.

OECD 調査は,税金と社会保険料を考慮した可処分所得についての総ジニ係数を分析すると数値は若干低い値となるものの,依然として上昇傾向であるこ

---

[1] 日本の不平等に関する優れた研究として橘木 (1998, 2006),Tachibanaki (2004, 2005) を参照.

とを示している．ジニ係数は1980年代半ばの27.8から1990年代半ばの29.5にまで上昇し，1995年から2000年にかけては，5年間という短い期間で同じ程度の上昇率を示し31.4に達した．1995年から2000年にかけてのこの上昇は他のOECD諸国と比較してとりわけ興味深い．スウェーデン以外のOECD諸国では，同時期に同様の上昇を経験した国はないのである．OECDのさらなる国際比較データによると，日本は1985年から1995年には緩やかな上昇を示したが，1995年以降は他の国に比べ不平等度が急激に上昇しているのである (Burniaux et al. 1998; Foerster and d'Ercole 2005)．加えてOECD調査によれば，絶対的貧困のもとで暮らしている人々の割合は1980年代半ばから2000年の間に5%上昇しており，このような上昇を示している国はOECD諸国の中で日本だけである．日本の不平等に関するもう一つの体系的な研究であるOta (2005) は，失業者をデータに含めるとより大きなギャップが見られることから，所得がその重要な鍵となっていることを明らかにした．

この日本における不平等の高まり，とりわけ1995年以降の急激な上昇をもたらしたものは何であろうか．経済学者は複数の要因が同時に絡まりながら進行したことを強調するが，原動力となっているのは，企業のリストラと労働市場の二重構造化の進行である．

Tachibanaki (2006) は七つの要因を特定している．例えば，日本経済の脆弱性と失業の増加によって，企業は人件費の削減を行わざるを得なかったが，これは不平等な形になった．換言すれば，経済のパイが縮小する中で，日本経済の柔軟な制度が格差を生み出したといえよう．また，技術革新は小規模で革新的な企業に新たな機会をもたらすことになったが，これらの機会は非常に不平等であり，伝統的な中小企業と先端技術を持つ中小企業との間に格差を生じさせている．さらに人口動態も重要な要因である．高齢化社会は，賃金の高い中高年労働者の割合が増加し，若年労働者の割合が減少するという結果につながる．その他の要因としては，過去20年の間に税制の再分配機能が弱体化したことがある．つまり，全体的な不平等の高まりは相互に関連のない人口動態，経済，財政的な要因が合わさったことによるものである．

(4) 所得の二極化と非正規労働者の増大

OECD だけでなく，厚生労働省の近年のデータも，所得の不平等が，全体的な不平等増大の傾向を押し上げていることを示している．厚生労働省のデータによると，非正規労働者の割合は 1995 年までは 20% 近くで安定的に推移していたが，1998 年に 23%，1999 年に 25% と，徐々に増加している．その後，1999 年から 2006 年の間に 25% から 33% へと大幅に増加している[2]．この傾向は 2006 年から 2010 年の間では安定しており，33.5% 程度で推移している．

2008 年 12 月に公表された OECD のワーキングペーパーも非正規労働者の増加のインパクトに注目している (Jones 2008)．この報告書は，2006 年のデータで，非正規労働者の時給ベースでの所得は平均して正規労働者の 40% 程にとどまっていることを示し (Jones 2008, 11)，非正規労働者の増加と格差の拡大に強い関連性があることを明らかにしている．さらに，パート労働者の増加と賃金の伸び率には強い負の相関関係があることを指摘している (Jones 2008, 15)．

2010 年 8 月 3 日に公表された平成 22 年版『労働経済白書』は，労働市場の二重構造化と不平等の高まりを強調している (厚生労働省 2010, 特に「概要版」13-14)．労働者の 30% 以上が非正規であるという事実に注目し，非正規労働者は賃金分布の低層に位置しているため，非正規労働者の増加は賃金と賃金の公平性に強い負の影響を持っていることを示している．また，この大きな変化は 1997 年から 2002 年の間に，大企業内で最も顕著であったとしている (厚生労働省 2010,「概要版」13)．2002 年から 2008 年にかけて，正規労働者の減少は止まったが，非正規労働者の数はそれよりも早い速度で増加していた．

この非正規労働者の増加傾向は，経済状況と新しい法制度の双方によってもたらされたものである．構造改革の一環として法的・政治的に重要な二つの手段が 1999 年と 2004 年にとられた．1999 年 12 月に小渕内閣は労働者派遣法を改正し，非正規労働者の派遣可能業種が拡大された (特に Tiberghien 2007 を参照)．さらに，2004 年には小泉内閣が労働者派遣法を再改正し，非正規労働者の製造業への派遣が可能になった．OECD と厚生労働省は双方とも，これらの法改正が非正規労働者の増加をもたらした大きな要因であるとしている．

---

[2] "Historical Data 9: Employee by Type of Employment." http://www.stat.go.jp/english/data/roudou/lngindex.htm.

3. 格差に関する世論の反応

(1) 格差拡大の認識

日本の世論はこの不平等の高まりにどのような反応を示しているのであろうか．総じて，日本人の多く（約 70％）は不平等の高まりに敏感に反応しており，格差拡大に対する認識はここ数年で上昇していることが各種の世論調査で示されている．

不平等についての日本の世論を分析するために，ここでは複数の調査を検討する．まず，図 4-2 が示すように，国際社会調査プログラム（International Social Survey Program, ISSP）では，「所得格差は大きすぎる」と答えた回答者の割合は 1999 年の調査での 64％ から急上昇し，2009 年の調査では 74％ と非常に高くなっている（原 2010, 62）．

新聞社による二つの調査でも同様の傾向が確認される．2009 年 3 月 17 日と 2010 年 3 月 24 日の『朝日新聞』に掲載された格差についての世論調査結果は，それぞれ回答者の 62％，61％ が「所得格差は日本社会において行き過ぎている」と考えていることを示している．2009 年調査では，「所得格差は個人の能力と努力によって決まっている」と回答した人は 38％ にとどまり，55％ の回答者が他の要因で所得格差が進行していると回答している．2006 年 1 月 6 日の『毎日新聞』に掲載された同様の調査では，64％ の回答者が日本は「格差社会」になったと答え[3]，71％ の人が将来さらにこの状況は悪化していくと答えている．

(2) 格差拡大に対する政府の責任

2006 年 8 月 29 日の『朝日新聞』によれば，「不平等が進行している」と答えた 73％ の回答者に，不平等の高まりは小泉政権下の政策と関係があるか聞いたところ，このうち 62％ が「はい」と答えている．

図 4-3 に示すように，ISSP 調査では，格差の縮小は政府の責任かどうか聞

---

[3] 毎日世論調査の質問文は次の通り．「日本は，親の所得など家庭環境によって，子供が将来つける職業や所得が決まる『格差社会』になりつつあるとの指摘があります．日本は格差社会になりつつあると思いますか．」

第 4 章　格差問題と政党対立

図 4–2　「日本の所得格差は大きすぎる」と考える人の割合

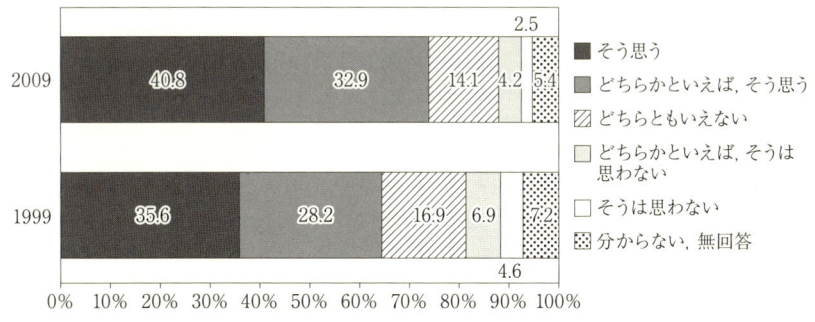

2009: そう思う 40.8 / どちらかといえば、そう思う 32.9 / どちらともいえない 14.1 / どちらかといえば、そうは思わない 4.2 / そうは思わない 2.5 / 分からない、無回答 5.4

1999: そう思う 35.6 / どちらかといえば、そう思う 28.2 / どちらともいえない 16.9 / どちらかといえば、そうは思わない 6.9 / そうは思わない 4.6 / 分からない、無回答 7.2

出典：ISSP，設問 7a．

図 4–3　「所得の格差を縮めるのは，政府の責任である」と考える人の割合

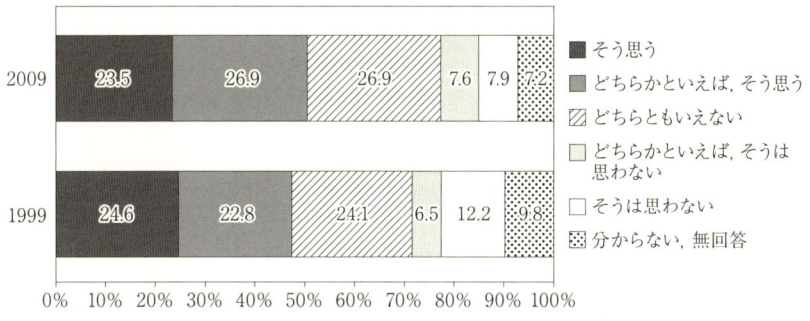

2009: そう思う 23.5 / どちらかといえば、そう思う 26.9 / どちらともいえない 26.9 / どちらかといえば、そうは思わない 7.6 / そうは思わない 7.9 / 分からない、無回答 7.2

1999: そう思う 24.6 / どちらかといえば、そう思う 22.8 / どちらともいえない 24.1 / どちらかといえば、そうは思わない 6.5 / そうは思わない 12.2 / 分からない、無回答 9.8

出典：ISSP，設問 7b．

いたところ，「そう思う」あるいは「どちらかといえば，そう思う」と回答した人の割合は 1999 年の 47% から 2009 年の 50% へと増加した一方，「そうは思わない」あるいは「どちらかといえば，そうは思わない」と回答した人の割合は 1999 年の 19% から 16% へと減少している．つまり，1999 年からの 10 年間で，不平等の高まりと政府の政策を結びつけ，政府に格差の是正について重要な役割を果たすことを求める傾向が有権者の間で強まっていることがわかる．

一方，日本版総合的社会調査である JGSS[4] は，1999 年から 2008 年にわ

---

4)　日本版 General Social Surveys（JGSS）は，大阪商業大学 JGSS 研究センター（文部科学大臣認定日本版総合的社会調査共同研究拠点）が，東京大学社会科学研究所の協力を受けて実施している研究プロジェクトである．

たって[5]，「『政府は，裕福な家庭と貧しい家庭の収入の差を縮めるために，対策をとるべきだ』という意見に，あなたは賛成ですか，反対ですか．」という質問を毎年聞いている．図4-4に示すように，この調査結果は，政府が格差是正策をとることに肯定的な回答者は2002年には全体の48%であったのが，2008年には61%へと増加している．

　これらの調査結果は不平等の高まりと，それに対して政府が何かをすべきだという国民の期待の間に密接な繋がりがあることを裏付けているといえよう．

(3) 格差に対する意識と党派性

　JGSSデータは支持政党に関する質問を含んでおり，政府への期待と政党支持の関係についての検討が可能である．図4-5から分かるように，格差是正策への支持と党派性の関係はあまり強いものではないが，ある程度は存在する．格差対策を支持すると答えた人の割合が最も低かったのは，自民，公明両党の支持者で，2006年の時点で57%であった．これに対し，民主党支持者は65%の人が格差是正策を「支持する」と答え，社民党支持者の93%もの人が「支持する」と答えた[6]．注目すべきは，2000年から2006年の間に，自民党支持者と民主党支持者の格差是正策への支持のギャップは若干広がりを見せていることである．これは党派性による格差是正策への態度の違いが明確になりつつあることを示唆しているといえよう．格差問題は争点として浮上し，民主党指導部はこの新たな亀裂を利用するために党の再編へと向かった．

(4) 国政選挙における格差問題

　2007年参議院選挙において，前年11月の郵政造反議員の復党と相次ぐ閣僚の不祥事に対する安倍首相の対応に端を発する政権への反発と5000万件におよぶ不明データの存在が明らかとなった年金問題は有権者にとって重要な争点であった．この選挙について，参議院議員への意識調査や選挙の行われた7月に発行された新聞記事の検索キーワードで見る限り，年金問題は最も議論され

---

5) 2004年，2007年には調査は行われていないため，実質，8年間である．
6) 回答者全体では，格差是正策を「支持する」と答えたのは58%であることから，民主，社民両党の支持者に格差是正策を期待する人が多いといえよう．

第 4 章　格差問題と政党対立

図 4–4　格差是正策への支持

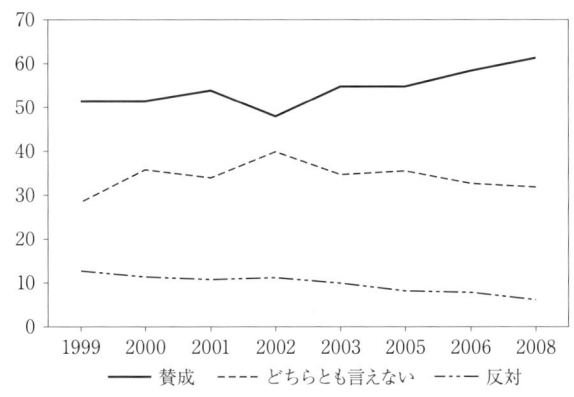

――― 賛成　　---- どちらとも言えない　　-・-・- 反対

注:「『政府は，裕福な家庭と貧しい家庭の収入の差を縮めるために，対策をとるべきだ』という意見に，あなたは賛成ですか，反対ですか.」という質問に対する回答の割合を示している．図中の「賛成」は質問に対して「賛成」あるいは「どちらかといえば賛成」と回答した割合を合算したものである．同様に，図中の「反対」は「反対」あるいは「どちらかといえば反対」と回答した割合を合算したものである．2004 年，2007 年は JGSS 調査が行われなかったため，データが存在しない．

図 4–5　政党支持と格差是正策への支持

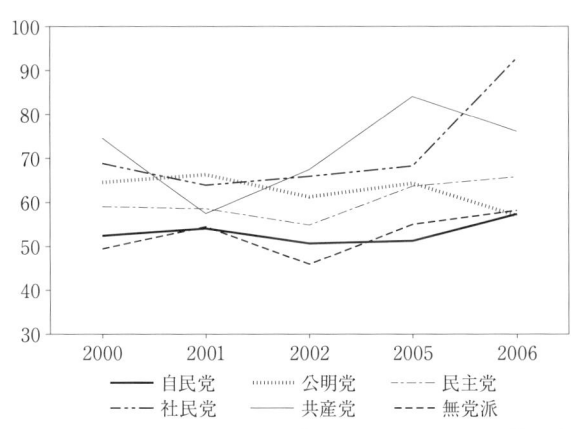

――― 自民党　　……… 公明党　　-・-・- 民主党
-・・-・・ 社民党　　――― 共産党　　---- 無党派

注: 2003 年調査では，面接調査の後の留置調査票を A 票と B 票の 2 種類用意し，対象者を半数ずつそれぞれの調査票に割り当てる方式をとっているため，省略した．2006 年以降，JGSS はこの方式をとっているが，2006 年は小泉首相が退陣した年であり，本章での議論に不可欠であるため，図に含めた．なお 2004 年は JGSS 調査自体行われていないため，データは存在しない．

た問題であり，他の争点を圧倒している (稲増・池田・小林 2008).

　しかしながら，2007年を通じて，格差の問題が有権者にとって争点として浮上しており，選挙戦スタートに関する『日本経済新聞』の社説は「野党は有権者の間に広がる所得格差の広がりと不安定な家計状況に対する不満と不安を利用している」[7]と述べ，社会的な不安が民主党と他の政党の支持率の上昇の背景にあると論じている．つまり，不平等が有権者の投票行動に与えた影響を分析するにはより詳細な調査が必要だが，不平等が2007年を通じて政治論争の背景にあったことは確かであろう．

　2009年8月30日の衆院選では，民主党はマニフェストで派遣労働者の雇用の安定や雇用における規制緩和の適正化を訴え，格差の原因の一つとされる労働市場の二重構造の是正に取り組む意思を見せた．鳩山民主党代表は，米国主導の市場原理主義や，地方を破壊した小泉改革に反対するといった文言を用い，この公約を援護した．鳩山は福祉システムの増大やさらなる富の再配分を含む新たなアプローチをとることを約束した (Dickie 2009)．一方で，自民党総裁であった麻生首相も，構造改革は行き過ぎており，いくつかの政策については元に戻す必要があると主張していた．選挙戦前の会見で，麻生は「この数年，改革に取り組んできたが，所得格差の拡大などひずみが問題になった．行き過ぎた市場原理主義から決別する」と述べている[8].

　毎日新聞社が8月に発表した調査によれば，自民党候補者のうち30%が郵政民営化を成功と見ているのに対し，59%の候補者が「判断できない」と回答していた[9]．構造改革全般については，11%の候補者が「評価する」と答えたのに対し，71%の候補者が「ある程度評価する」，14%が「評価しない」と答えた．民主党候補者はより否定的であり，98%の候補者が構造改革に否定的な評価を下していた．共同通信社の調査では2005年に自民党に投票した有権者の68%が2009年の政権交代を支持していたことが明らかになった[10]．自民党に

---

7) 「安倍政権10ヵ月の審判となる参院選 (社説)」『日本経済新聞』2007年7月12日．
8) 「首相会見の要旨: 不満，謙虚に受け止める．民主はカネ配るだけ．」『日本経済新聞』2009年8月1日．
9) 「衆院選: 候補者アンケート分析」『毎日新聞』2009年8月20日．
10) "68 of 100 who Voted LDP in '05 Have Seen Enough." *Japan Times* (*Kyodo News*), August 8, 2009.

対する不満として，所得格差の拡大と派遣労働者の増加が最も多く，48% の人が所得の低さあるいは不安定な雇用のため，暮らし向きが悪いと答えた．

　2009 年総選挙では，二種類の格差が投票結果に影響を及ぼしたといえよう．一つは都市部での雇用不安であり，いま一つは小泉改革後に拡大する都市・農村格差である．自民党の牙城だった山形，群馬，福島，岩手，山梨，新潟などの県で自民党が議席を失ったことに対して，選挙の翌日の『日本経済新聞』は「自民党の支持層の多くが民主党に流れた要因の一つには，小泉内閣からの歳出削減路線や米国発の金融危機で地域経済が冷え込み，格差が広がったことが挙げられる．これまで自民党の長期政権を支えてきた組織や団体でも，自民党離れが進んだ可能性がある．」と分析している[11]．

　政権交代後初の国政選挙である 2010 年 7 月の参院選では，選挙翌日の『読売新聞』に発表された出口調査によると[12]，有権者にとって最優先の二つの争点は景気や雇用（32%），年金など社会保障（26%）であって，両者とも不平等と密接に結びついている．また，これらの争点が消費税問題（15%）よりも優先順位が高かったことを示している．読売の調査とは異なり，複数の回答が許される読売新聞・早稲田大学の選挙共同調査では 15% の回答者が「所得格差のような不平等」が投票の決め手だったと回答した．この数字は行政改革（19%），少子化（23%）よりは低いものの，教育改革（10%），地球温暖化と環境問題（13%）より高い[13]．以上要するに，2010 年の選挙でも，不平等は最も重要とはいかないまでも，重要な問題だったのである．

4. 結　　　論——過渡期の不安定性

　橋本，小渕，小泉ら自民党の改革派と言われる政治家は，都市部で低下する無党派層の支持を集めるために，これまで自民党を支持してきた保守派の票を失うリスクを冒しつつ，都市部中間層をターゲットとした改革を進めた．この

---

[11]　「変化期待，民主へ一気，都市部も地方も圧倒　新人 143 人当選，政界，顔ぶれ一変．」『日本経済新聞』2009 年 8 月 31 日．

[12]　読売調査の質問文は次のとおり．「参議院選挙で，投票する候補者や政党を決めるとき，最も重視したい政策や争点を次の 6 つの中から，1 つだけ選んで下さい．」

[13]　『読売新聞』2010 年 7 月 27 日．

戦略によって2005年の衆院選では，地方の支持を維持しつつ，数十年ぶりに都市部でも幅広い支持を得ることで大勝をおさめた．しかし，小泉退陣後，2009年までに状況は変化し，伝統的な地方支持者は小泉構造改革がもたらしたコストに対して非難を浴びせる一方，都市部の有権者は大規模な社会的コストを伴いながらも行ってきた構造改革を途中で止めた自民党から離れていった．そのため，小泉の後任首相である安倍，福田，麻生はいずれも小泉構造改革を覆すでもなく，進めるでもない過渡的な経済政策を選択したのである．

日本における格差は1990年代半ばから今日の間に急激に拡大したが，これは部分的に労働市場の二重構造化と保護の行き届かない非正規労働者の急増という要素によって生じている．有権者による格差認識は一定の水準に達し，2000年代初頭から急激に高まっている．有権者の多くは，党派的な形で分断されてはいないものの，政府による是正措置を期待している．

民主党はこの格差問題という新たな争点を利用し，自由主義的改革志向から，労働市場の安定，社会保障の充実へと路線変更した．同時に，民主党は伝統的な改革のイメージを維持し，亀井静香が代表を務める国民新党などとの連立を通じて，反小泉の自民党保守派をとりこむことにも成功した．しかしながら，自民党の構造改革とこの構造改革がもたらした弊害を抑制しようとする民主党の努力は複雑かつ不安定な経済状況を作り出した．現時点では，一連の改革は新しい一貫した日本の政治経済モデルの導出には至っていない．日本は長期の移行過程の中でいまだ新しい均衡点を手探りする段階にあるといえよう．今後，民主党はどのように経済の回復及び伝統的な日本型システムの改革の継続と格差の縮小及び社会保障の充実とを両立させることができるのであろうか．

参 考 文 献

稲増一憲・池田謙一・小林哲郎．2008．「テキストデータから捉える2007年参院争点」『選挙研究』24(1)：40-47．
厚生労働省．2010．『平成22年版労働経済の分析』．http://www.mhlw.go.jp/toukei_hakusho/hakusho/
橘木俊詔．1998．『日本の経済格差：所得と資産から考える』岩波書店．
――．2006．『格差社会：何が問題なのか』岩波書店．

原美和子．2010．「浸透する格差意識：ISSP 国際比較調査（社会的不平等）から」『放送研究と調査』5 月号：56–73．
Burniaux, Jean-Marc, Thai-Thanh Dang, Douglas Fore, Michael Foerster, Marco Mira d'Ercole, and Howard Oxley. 1998. "Income Distribution and Poverty in Selected OECD Countries." OECD Economics Department Working Papers 189.
Dickie, Mure. 2009. "DPJ Chief Hits at 'US-Led' Globalism." *Financial Times*, August 10.
Foerster, Michael, and Marco Mira d'Ercole. 2005. "Income Distribution and Poverty in OECD Countries in the Second Half of the 1990s." OECD Social Employment and Migration Working Papers 22.
Hall, Peter A., and David W. Soskice. 2001. *Varieties of Capitalism: The Institutional Foundations of Comparative Advantage*. Oxford, New York: Oxford University Press.（遠山弘徳・安孫子誠男・山田鋭夫・宇仁宏幸・藤田菜々子訳『資本主義の多様性：比較優位の制度的基礎』ナカニシヤ出版，2007）
Jones, Randall S. 2008. "Reforming the Labour Market in Japan to Cope with Increasing Dualism and Population Ageing." OECD Economics Department Working Papers 652.
Milanovic, Branko, and Shlomo Yitzhaki. 2002. "Decomposing World Income Distribution: Does the World Have a Middle Class?" *Review of Income and Wealth* 48(2): 155–78.
OECD. 2006. *OECD Economic Surveys: Japan*. Paris: OECD.
Ota, Kiyoshi. 2005. "Rise in Earnings Inequality in Japan: A Sign of Bipolarization?" Economic and Social Research Institute of Japan Workshop Paper.
Tachibanaki, Toshiaki, ed. 2004. *The Economics of Social Security in Japan*. Cheltenham; Northhampton: Edward Elgar.
———. 2005. *Confronting Income Inequality in Japan: A Comparative Analysis of Causes, Consequences, and Reform*. Cambridge, Mass.: MIT Press.
———. 2006. "Inequality and Poverty in Japan." *Japanese Economic Review* 57(1): 1–26.
Tiberghien, Yves. 2007. *Entrepreneurial States: Reforming Corporate Governance in France, Japan, and Korea*. Ithaca: Cornell University Press.
World Bank. 1993. *The East Asian Miracle*. Oxford: Oxford University Press.（白鳥正喜監訳『東アジアの奇跡：経済成長と政府の役割』東洋経済新報社，1994）

第5章
郵政問題と政党対立

パトリシア・L. マクラクラン
(松田なつ訳)

1. はじめに

　民主党連立政権は2010年10月13日，郵政民営化計画を抜本的に見直す法案を衆議院に再提出した．このような動きの背景には，現連立政権だけではなく，中曽根康弘や橋本龍太郎，小泉純一郎といった歴代の首相をはじめとした市場志向型改革を目指す改革派が主流を成す自由民主党の中でも，反自由主義的風潮が広がっていたことがある．郵政改革の進展と停滞が実際のところ新自由主義に対する賛否両勢力の間で揺れ動く政治のパワーバランスを反映しているとするなら，連立政権が推し進める郵政「脱民営化」は，このパワーバランスが小泉首相がかつて「抵抗勢力」と呼んだ反新自由主義側に傾きつつあることを示唆しているといえよう．日本で新自由主義は衰退しつつあるのか，それとも何か別の出来事が起こっているのであろうか．

　これらの問いに答えるために，本章では小泉内閣による2005年郵政民営化法案の内容と実際，またこれに対する国民および民主党連立政権の反応を考察する．本章は連立政権による改革法案が，郵便局と新自由主義改革の未来にとってどのような意味を持つのか，可能な解釈を二通り検討する．一つは，郵政改革に関する2009年以降の政権の立ち位置が，いわば「正常への回帰」を意味しているという解釈である．もう一つは，そのような立ち位置が，有権者の間で増加傾向にあるポピュリズム的感情に対して，制度的な反応を返しているに過ぎないという解釈である．本章はこの二つの解釈がそれぞれ一理あると認めるが，新たに第三の解釈をも示す．すなわち，少なくとも短期・中期で見た場合，日本の政治経済を一定の方向に誘導する制度的誘因に一定の力があることを認めつつ，利益団体や，戦略的にふるまえる立場にあるリーダーがもつ，決定的

に異なる経路へと国政を導く能力を強調する解釈である．

2. 2005年郵政民営化法案と郵政問題

(1) 郵政民営化の影響

2007年10月1日，日本郵政公社は解体され，郵政事業の主たる業務は政府所有の親会社である日本郵政によって統括される「日本郵便」「ゆうちょ銀行」「かんぽ生命」「郵便局」の四つの株式会社に分割された．この結果，事業に対する政府の介入が大幅に縮小された．担当部署は内閣府に直属し，省庁の上に立つ形で民営化過程を監視し，事業が民間の競争相手の利益を不当に侵害することを防ぐとともに，総務省が業務に対して持っていた権限を大幅に縮小した．

郵政民営化は国家財政にも多大な影響を及ぼすものである．民営化時点で，ゆうちょ銀行は188兆円の預貯金，かんぽ生命は113兆円の保険証券契約，合計で約300兆円の金融資産を誇っていた[1]．過去数十年にわたって，郵便貯金や簡易生命保険（簡保）の保険料は，自動的に財務省（旧大蔵省）が管轄する莫大な財政投融資へと振り向けられ，この財投資金は，政府が設定する政策優先順位によって，産業，インフラ，公共事業その他の事業への融資およびプロジェクトへの融資として配分されていた[2]．2001年に郵便貯金と簡保資金を用いて独立した投融資主体を発足させたのは，政府が金融仲介機能に非効率な形で介入する仕組みを縮小するための第一歩であった．しかし，実際にはその後も郵便局の収益の多くが財政投融資および他の政府関連機関債の購入に回された．民営化によって本来であれば，ゆうちょ銀行とかんぽ生命が競争市場を通じて各々がより収益性の高い投資を追求することで，財政投融資の役割は更に縮小するものと考えられていた．郵便局の金融事業と財政投融資との間に横たわる断絶を埋めるために，小泉首相と竹中平蔵経済財政政策担当相は，財政投融資計画の実施において中核を担っていた数多くの政府財政機関を縮小した．このような展開は，橋本内閣（1996–98年）以来推進されてきた財政投融資の漸進的変化とともに，財投機関を効率化し，会計過程を合理化し，その透明性を高

---

1) *Japan Times* 2007年10月2日．
2) 財政投融資について詳しくは，Cargill and Yoshino (2003) を参照．

め，財政投融資全体の予算削減および公共事業への予算投入の割合の縮小に大きく貢献した (Noble 2005, 115)．

2005年の郵政民営化法案には民営化が及ぼす経済的・社会的・政治的影響を緩和する目的での政治的な妥協が多く含まれていた[3]．実際，郵便貯金および簡保の保険料の実に80%あまりは未だに財政投融資およびその他の国債へと流入している．しかしながら，郵政民営化が強調する方針は明確であり，新自由主義的な経済原則を推進するということである．郵便部門において「市場に出来ることは市場に」やらせることで，民営化は表面上は郵便局の金融業務と民間の競争相手が，等しい条件で競争する土台を提供した．小泉首相ならびに多くのエコノミストも，こうすることで国の経済が活性化されると信じていた．郵便局と民間企業との間で競争が激化することで，郵便貯金および簡保の膨張は抑制され，国民がそれぞれ別の形で収入を蓄え，投資する新たな誘引を獲得し，その間，民間金融機関の間で競争が激化するため，郵便貯金と簡保はより高い収益性を生み出す投資機会を求める動機に直面し，これがさらに海外からの投資を惹き付け[4]，また安定的な経済成長と長期で見た政府財政収支の改善に寄与すると考えられたのである．

財政面でみると，ゆうちょ銀行及びかんぽ生命が稼ぎ頭になる形で，2008会計年度において日本郵政グループは前年度に比べて純利益が2772億円から4227億円へと増加した．また純資産も前年度の8兆3114億円から8兆7461億円へと増加した．しかし，郵便事業の純利益が2007年度の694億円から2008年度の298億円へと下落したことから見て取れるように (Japan Post Group 2009)，消費者が電子メールや携帯電話など代替通信手段をより頻繁に利用するようになる中で，郵便事業そのものが長期的な下落傾向のさなかにある．かんぽ生命も事業の純利益自体は2008年度には383億円であり前年度の76億円から大きく増加しているが，簡保への需要そのものが下落傾向にある．例えば，2001年度から2006年度の間において，新たな加入契約は519万口からわずか238万口まで落ち込んだ (Japan Post 2007, 14)．ゆうちょ銀行の純利益は2007年度の1521億円から2008年度には2293億円まで増加しているが，預

---

3) ここでの「妥協」についての更なる考察は，Maclachlan (2009, 2011) を参照．
4) *Japan Times* 2007年3月29日，10月2日．

金高は明らかに縮小している．1999年度下半期の260兆円（全家計貯蓄の3分の1にあたる）をピークに，総預金残高は2006年度には191兆円，2007年度には181兆円，そして2008年度には178兆円まで下落している（吉野2008, 57; Japan Post Group 2009, 24）．

日本郵政グループの好調な業績が消費者側の需要増大に起因しているのでないならば，これはどのように説明することができるのであろうか．まず，同グループが慎重な投資を行うことで，まずまずの利益率を上げていることが一つの要因として指摘できる．更に重要な点として，投資信託，変額年金，投資顧問業務を含め，革新的な新製品を導入し，サービスを充実させることで事業を活性化したことがあげられる．しかしながら，他民間企業との間で激化する競争に直面しなければならないだけでなく，同グループ全体の基幹事業すなわち普通預金，簡保，集配サービスなど郵便制度の需要そのものの減退を十分に穴埋めできる能力を備えているとは考えにくい．最後に，積極的に経費節減に努めたことが純利益の増加につながっている点も考慮すべきである[5]．しかし，改革が進行し経費削減の余地が無くなった時点で，事業の収益水準は，消費者による郵便サービスに対する需要の長期的下落傾向を如実に反映するであろうと予想される．

民営化によって差し当たって無駄の少ない効率的で収益性の高い郵便局が出来上がりつつあるように見える一方で，民営化は経済学者が多年にわたって指摘してきた郵便制度そのものに対する需要の長期的減退を解決するものではない．小泉首相，竹中経済財政担当相や，他の経済学者，改革派の政治家は，このような需要の減退を，経済が成熟した時代では当然に起こる事態だと受け止めていた．他方，このような需要の減退は地域インフラストラクチャーへの投資のために必要な公的資金供給力の減少につながり，郵便局が歴史的に培ってきた，様々な社会サービスを提供する役割を損ないかねないとの見方もある．

(2) 郵政民営化への逆風

郵便サービスに対する消費者需要の長期的減退は今後も継続する傾向にある

---

[5] 金融監督庁での吉野直行教授とのインタビュー（2009年6月9日）に基づく．

と見られるが，民営化に伴う他の問題点には，郵便局そのものが新たな企業経営環境に順応するに従って解決される兆しにあるものもある．しかしながら，2008 年後半に差し掛かる頃には，郵政民営化に対して懐疑的な国民が増加していることが明らかであった．共同通信社の世論調査では，回答者全体の 60% 以上，また自民党支持と回答した人の 46% が，小泉内閣の郵政民営化を見直すべきだと考えていた[6]．一方で，自民党幹部も小泉元首相のやり方を公然と疑問視したり，民営化プロセスに干渉することで，郵政民営化実行をうたった 2005 年選挙公約を反故にした．日本郵政が保有する 70 ヶ所にのぼる宿泊施設「かんぽの宿」の売却について鳩山邦夫総務相が異議を唱えたことはその一例である．日本郵政は 2005 年の郵政民営化法によって，かんぽの宿の売却を義務づけられていたにもかかわらず，鳩山総務相は，これを貴重な国家資産を売りに出し，いかにもウォール街的なある種「汚い商売」に手を染めているとして，日本郵政を糾弾した[7]．一方，売却の支持者は，売却価格は郵政側の負債と資産の現実的な評価を反映するものに過ぎず，民間企業の取引に政府が不当に介入したものであると反論した[8]．さらに，麻生太郎首相は 2009 年初頭，自らが小泉内閣の総務相を務めていた時期に民営化に対して強い懸念を抱いていたことを認める発言をし，自民党内を当惑させた．後に麻生は，最終的には民営化という結論にたどり着いたのだとして，自らの発言を微妙に修正しているが[9]，実際には日本郵政グループの企業構造の「見直し」を含め，初期段階から民営化のやり直しを要請していた．

郵政民営化に対する最も痛烈な批判は，特定郵便局長，その支援を受ける国民新党，そしてより穏やかな形ではあるが民主党からなされた．堅牢な組織力を誇り，非常に保守的な特定郵便局長の一団は，ほぼ半世紀にわたって自民党の忠実な支援者であり続け，国営郵便制度の維持をはじめとする保護政策の約束への見返りに選挙時には 100 万票近くを集めてきた．両者の提携関係は経済学者や改革路線の政治家による長年にわたる批判にも持ちこたえていたが，

---

[6] *Japan Times* 2009 年 3 月 18 日．
[7] 郵政民営化に関与した政府関係者とのインタビュー (2009 年 6 月 2 日)．
[8] 同上．
[9] *Japan Times* 2009 年 2 月 10 日．

第 II 部 構造改革と政党対立

2001 年に小泉が自民党総裁・首相の座に就くと即座に解体されてしまった．2005 年夏，衆議院解散にあたって，郵政民営化法案の採決で造反した議員に対して自民党公認がなされなかったことが決定打となった．その後，特定郵便局長は郵政造反議員を支持し，造反議員の多くは国民新党に身を寄せることになった．その後の選挙では，特定郵便局長は造反議員と，郵政民営化に関して態度を同じくする民主党政治家を支援した．特定郵便局長の多くは郵政民営化の現実を受け止める必要性を認識していたものの，そのほとんどが小泉改革の見直しを推進する運動に積極的に取り組んでいた．

特定郵便局長と彼らを支援する政治家たちは，郵政民営化に対する反論を目的に，ただちに郵便局の社会的・文化的美徳を挙げて賛美した．九州のある特定郵便局長はインタビューにおいて，商業銀行が利潤を追求するのに対し，郵便貯金制度は顧客に奉仕し，公益を追求するための事業に投資する目的で公的資金を蓄積してきたことを強調した[10]．また，特定郵便局長は市民であると同時に（実業家ではなく）公僕である自らの役割，地元の福祉，教育および文化的事業に献身的に貢献することで公的責任を全うする地域の活動的な成員として誇りを持っていたのである．

小泉首相主導の構造改革に伴う伝統的価値の喪失を嘆いているのは特定郵便局長だけではない．2007 年初頭，中曽根元総理大臣は，自身が新自由主義的改革派であったにもかかわらず，小泉改革の余波で「何かが失われつつある」と書いている．

　　今，日本は劇場型政治の後で低迷し，従来の日本社会の底流にあった何か静かな，重量感のある協同的共感，思いやり，理想を追う雰囲気が消失し，子供やホームレスへのいじめ，若者の拝金主義，官庁の汚職が横行し，地方においても知事の腐敗行為が現出してきている．これは今までの米国式の利益社会型の風潮のしからしめるところであろう．安倍政権は，これまでの米国式利益社会から日本的共同社会への転換を図り，正に今，日本人は恥の文化を認識し，道義や品格を重んじ，武士道における公への献身的奉仕の精神

---

10) 北九州市内での特定郵便局長とのインタビュー（2006 年 7 月 10 日）に基づく．

第 5 章　郵政問題と政党対立

を復活する社会を志していくべきである[11]．

　新自由主義改革とその申し子である郵政民営化に対して，日本人が根っから懐疑的だったとするなら，2008 年の世界金融危機の到来にあたり，更に懐疑的になったといえる．2008 年から 2009 年にかけて，自由市場の価値への過剰な固執という市場原理主義の悪影響に対して多くの評論家が批判を繰り広げた．その傾向を加速させたのは，『Voice』2009 年 9 月号に掲載された，当時民主党代表であった鳩山由紀夫の寄稿であった．

　　至上の価値であるはずの「自由」，その「自由の経済的形式」である資本主義が原理的に追求されていくとき，人間は目的ではなく手段におとしめられ，その尊厳を失う．金融危機後の世界で，われわれはこのことに改めて気が付いた．道義と節度を喪失した金融資本主義，市場至上主義にいかにして歯止めをかけ，国民経済と国民生活を守っていくか．それが今われわれに突きつけられている課題である．……
　　この時にあたって……，再び「友愛の旗印」を掲げて立とうと決意した．……現時点においては，「友愛」は，グローバル化する現代資本主義の行き過ぎを正し，伝統の中で培われてきた国民経済との調整を目指す理念と言えよう．それは，市場至上主義から国民の生活や安全を守る政策に転換し，共生の経済社会を建設することを意味する．

　鳩山は，グローバル経済が伝統的な経済活動や地域社会を破壊しており，社会的な安全網（セーフティネット）の拡大が急務であると結論づけている（鳩山 2009）．
　鳩山がここで賞賛する経済・社会原理は日本にとって決して真新しいものではない．しかしながら，1990 年代初頭より政治リーダーによる根本的な「変化」，特に新自由主義的な変化を期待するという風潮にあった中で，これから総理大臣をめざす人物が声をあげたということに，非常に大きな意味があった（例えば，Samuels 2003）．より実践的なレベルでは，このような原理は，構造改革，

---

11)　『読売新聞』2007 年 1 月 7 日．

特に小泉構造改革により引き起こされたとされる社会悪を是正するという公約が織り込まれた 2009 年選挙での民主党マニフェストに見受けられる．農家への支援から郵政民営化の行き過ぎの是正まで，さまざまな公約が組み込まれたマニフェストは，長年にわたる断続的な新自由主義的実験により取り残された国民に直接的に語りかけるものであった．後述するように，小泉の改革運動によりお払い箱になったとされる利益団体に語りかけるものでもあったのは偶然ではない．

3. 新自由主義改革の終焉？

(1) 鳩山政権の郵政改革

2009 年 8 月 30 日の衆議院選挙において，民主党は自民党に歴史的な圧勝をおさめ，国民新党および社会民主党と連立政権を発足させた．亀井静香の金融・郵政改革担当相就任は，新政権が郵政改革の公約を実行に移す用意があるという意思表示となった．郵政造反議員の筆頭であった亀井は，国民新党の代表でもあり，郵政民営化に反対することそれ自体が同党の存立基盤であった．

2009 年 12 月に連立政権は政府保有の日本郵政株と日本郵政が保有するゆうちょ銀行およびかんぽ生命株の売却を事実上凍結する郵政株売却凍結法案を可決・成立させた．それを受け，亀井は以下の郵政改革プラン作成に着手した．1) 日本郵便，郵便局および日本郵政の合併，2) 合併後に新会社の発行済株式の 3 分の 1 以上を政府が保有し，郵便局を現行水準で維持することの義務化，3) 金融業務を行う二つの事業会社株式の 3 分の 1 以上を合併後の新会社が保有すること，4) 金融業務事業会社が郵便貯金および保険業務においてユニバーサル・サービスを提供することの義務化，5) 通常郵便貯金口座の限度額を一人当たり 1000 万円から 2000 万円へ引き上げること，6) 簡保口座の最高支払額を 1300 万円から 2500 万円へ引き上げること，7) 最大 10 万人のパート従業員を正規職員として雇用すること[12]．

2010 年 5 月に衆議院で可決された郵政改革法案は，亀井本人の政治信条，す

---

[12] 橋本 (2010, 15-17) ならびに 2 名の日本郵政役員とのインタビュー (2010 年 7 月 9 日) に基づく．

第5章　郵政問題と政党対立

なわち恵まれない人々を救済する使命感と，新自由主義的な「弱肉強食」状況に対する嫌悪感を反映している[13]．例えば，郵便預金および保険証券の最高額を引き上げることで，郵便事業の長期的な衰退に歯止めをかけ，郵便貯金および簡保のユニバーサル・サービス提供や，郵便局の維持に必要な資金源を増やし，政府主導で中小企業や過疎化地域を救済する投資を行う．数万人の新規雇用は地方での雇用状況改善につながる．窓口会社と業務会社が日本郵政傘下に統合されることで，業務会社の分割に伴うロジスティックス上の課題が多くは解決され，また合併会社が低迷する郵便配達業務を梃子入れし，郵便局ネットワークの一体性を強化する．最後に，郵便事業における政府の存在を強く示すことで，郵便事業は伝統的な公益事業活動の継続を支える．要するに，鳩山内閣による改革プランは，国民を市場圧力から保護するために郵便局が公益事業者に戻ることを約束するものであり，官民のバランスの再調整の兆しとみることができる．それは亀井によれば，2008年の金融危機を受け，国際的な信頼性を取り戻しつつある混合経済への回帰であった[14]．

　鳩山政権の郵政改革プランは幾通りかの解釈ができる．亀井や郵便局長，郵便局員にとって，改革は小泉政権期の異常状態から脱却し，政治・経済の正常な状態に復帰することを意味していた．この見解によれば，小泉の影響力は有権者の支持を集めるカリスマ性に依拠した「一過性の現象」であったということになる[15]．小泉内閣の政策はまた，アメリカ的な経済原則に基づいており，むき出しの市場圧力への長年の不信感や，開発国家の名残，あるいは郵便局が利潤追求よりも経済・社会的安定を優先する特殊なビジネスモデルを取ってきた経緯と相容れないものであった（猪瀬 2005，159）[16]．この見解では，民主党連立政権による郵政改革は，小泉内閣の非日本的な政策の行き過ぎを食い止めるために必要とされた解毒剤であった．

---

13) 亀井はホームページで，市場原理主義によってもたらされた「弱肉強食」に別れを告げる，と宣言している．http://www.kamei-shizuka.net/（2010年5月アクセス）
14) 『朝日新聞』2009年8月29日．
15) 自民党内においても，小泉の退陣によって政治が「正常」へ回帰するという見解が支配的であった．荒井広幸衆議院議員とのインタビュー（2003年3月26日）および Christensen (2006, 502)．
16) 郵便局長に対して行ったインタビューでも同様の見解がしばしば示された．

しかしながら，この解釈は二つの弱点を持つ．第一に，民主党議員の多くは長い間，郵政民営化に対して小泉と同様に非常に積極的であった点が見過ごされている．例えば，小泉が1990年代後半に主宰した超党派の郵政民営化研究会には17名の議員が参加していたが，小泉を含めて2名の自民党議員に対して，10名が民主党議員であった．第二に，2005年の段階で，多くの民主党議員は小泉の民営化法案が不徹底だと考えていた．実際，民主党は党全体としても，小泉政権が提示したものよりも更に踏み込んだ形で郵便貯金および保険事業の規模を縮小する方策を主張していたのである．またこの解釈は，ごく一部の政治家および利益団体の利害関係を反映しており，同時期の日本政治における選挙の誘因を無視している．

一方 Rosenbluth and Thies (2010) は，民主党政権による郵政改革プランを，有権者全体に広がりを見せるポピュリズム的感情への反応として解釈する視点を提供している．1994年以降の衆議院選挙制度は，中位投票者の選好にアピールするような包括的な政策の差異に基づいて選挙運動を行う強い誘因を政治家に与える一方，政治経済においては新自由主義的政策に偏る傾向があるとしている．小泉が政府の規模を縮小し消費者利益に資するような政策を訴えて選挙戦を戦った点では，この説明は妥当である．しかしながら，彼らも認めているように，「中位投票者の利害に訴求することは，別の見方をすれば中位投票者の短期的な感情へポピュリスト的に迎合することでもある」(Rosenbluth and Thies 2010, 120)．この視点から見ると，民主党連立政権は郵政改革に取り組むことで，新自由主義的な改革から取り残されたり，2008年金融危機の余波に苦しむ層を取り込もうとしたと説明することもできる．しかし，この説明にもいくらかの疑問がある．連立政権の郵政改革に対するスタンスがポピュリズムに呼応したものであるならば，なぜ2010年半ばに実施された世論調査で多数が政府の郵政改革法案に反対意見を示し，反郵政民営化の権化である国民新党への支持が皆無であったのか[17]．他の何かが作用していると考えられる．そしてその「何か」とは，最も根本的な意味での政治，すなわち戦略的にふるまう立場にある政治家と利益団体の間での取引と関係しているといえよう．

---

17) 共同通信社が2010年春に行った調査では，1024の回答者の中で郵政民営化に反対する意見は38.8%にとどまり，50.8%は賛成であった（*The Japan Times* 2010年4月15日）．

(2) 小泉，鳩山両内閣の比較

小泉内閣と鳩山内閣が郵政問題に臨んだ政治過程と政策の違いを理解するためには，両政府の下での制度，利益団体，リーダーシップと，これらの相互作用を比較することが非常に有用である．

小泉首相はそれまでとは全く異なる，偶然の産物ともいえる制度的な文脈の中で行動していたと言える．既に指摘されているように，2001年4月の自民党総裁選での小泉の勝利は，予備選挙の規定が改められたため，派閥が得票を操作する力を減じ，一般党員の声が反映されやすくなり，一部の利益団体からの支持に依存するのではなく幅広い有権者にアピールする候補者の影響力が高まったことによりもたらされた（例えば Lin 2009）．小泉が2005年8月，参議院で郵政民営化法案が否決されると，衆議院の解散・総選挙に打って出て，その選挙を実質的に郵政民営化に対する国民投票として転化させることを可能にしたのは，1994年の衆議院選挙制度改革である．なぜなら，新たに導入された小選挙区比例代表並立制は政策的立場に基づいて自らを差別化することを促し，さらには党内における政策決定の中央集権化をもたらしたからである．

一方，小泉が郵政民営化を包括的に計画することができた事実は，1998年の中央省庁等改革基本法とそれに伴う内閣法改正によって設立された新たな政府諸制度の効果を明瞭に示している．この改正の結果，内閣府の創設，首相付きの個人スタッフの増加，特命担当大臣の設置，経済財政諮問会議のように省庁の上に立つ形での諮問委員会の新たな設置（Mulgan 2002, 178-79）などによって，政策決定過程での官僚および既得権者に対する首相の影響力が強化された[18]．また，Estévez-Abe（2006）が示すように，これらの新しい政府諸制度によって自民党内の政策立案の慣習――その最たる例は内閣の承認を待つ法案が管轄の政務調査会部会および総務会での了解を得なければならないという事前審査の慣習――を迂回することが可能になった．小泉はそれらの慣習を無視することによって，郵便局長関係諸団体のような利益団体が拒否権を行使できるような機会を縮小した．

小泉が公式および非公式の制度を巧みに操ったことによって，特定郵便局長

---

[18] この改正に関しては，Noble（2001），Mulgan（2002），Estévez-Abe（2006），飯島（2006）を参照．

の政治的影響力と，自民党に対する選挙支援が減退することになった．若き日の田中角栄が1950年代に特定郵便局長や他の大規模な利益団体を自民党の集票マシーンとして引き寄せ，特定郵便局長は自民党候補者のために，特に参議院選挙において組織的に票を集めてきた．その見返りに自民党執行部は，郵便事業と特定郵便局制度を急進的改革から守ってきた (Maclachlan 2011)．しかしながら，2000年代初頭に差し掛かる頃には，特定郵便局長勢力と自民党との互恵的関係は，特定郵便局長の世代交代と1994年選挙制度改革による恩顧主義の弱体化，また自民党内からの新自由主義的改革を求める要求の高まりを受けて明確に衰退傾向にあった．加えて，特定郵便局長は2001年参院選で元郵政省職員候補の選挙違反事件への関与が報道されてからは，正統性の危機に直面していた．郵政民営化推進勢力に対して，反対勢力ははるかに良く組織されていたが，特定郵便局長と彼らの自民党内支援者は以前に比べて政治的な影響力を低下させており，小泉が党内において郵政族の拒否権を取り除いてからは，その影響力はさらに弱まった．小泉が2005年選挙期間中にいわゆる郵政造反議員に対して党公認を拒否した後，全特はそれまで残っていた自民党との関係を断ち切り，その票は造反議員もしくは郵政問題で意を同じくする他の政党に向かうことになった．特定郵便局長の中には，小泉の退陣後は自民党の新自由主義原理は軟化すると予測する者も少数とはいえ存在したが，全特はいまだに自民党勢力の側には回帰していない．

　より強力な政府諸制度の導入および主要利益団体の政治的衰退は，こうした傾向を巧みに扱う小泉のような人物がいなければ，政治的に重要な結果にはつながらなかったであろう．小泉はリスクを回避することなく，自らの重要課題において，自分の思い通りにならない場合に破壊的手段の脅しをかける傾向が従来からあった．1997年，橋本政権の厚生相であった小泉が，自民党執行部が郵政民営化の一括法案に取り組まない場合は，閣僚の座を辞することによって倒閣すると党を威嚇したのは，その顕著な例である．小泉は首相在任中，郵政民営化を推進する中で，反対勢力が孤立していくのを楽しんでさえいたようであった．新しい選挙制度と政府諸制度がこのような取り組みを実効あるものにしたといえよう．

　小泉による2005年以前の郵政民営化計画に対する自民党内の猛烈な反対，

第 5 章 郵政問題と政党対立

　2007 年に安倍晋三首相が郵政造反議員 11 人の自民党への復党を認めたこと，麻生首相が郵政民営化に対して消極的対応を取ったこと，これらはいかに多くの保守系議員が小泉の目玉政策に対して懐疑的であったかを示す事例の一部である．しかしながら，2005 年の時点で有権者によって民営化の更なる推進を託された与党である自民党には，小泉内閣期の法律を大幅に変更する自由はなかった．一方で民主党は，そのような制約には直面してはいなかった．それどころか，郵政民営化に対する賛成，反対両勢力の再編成を，戦略的にふるまえる立場にあった 2 人の政治家，すなわち民主党の小沢一郎代表と国民新党の亀井静香金融・郵政改革担当相が巧みに利用することで，民主党は利益を享受したのである．

　2006 年，特定郵便局長が自民党に対して失望しているとの認識から，小沢は選挙で郵便局長関係諸団体の支持を確実に取り付ける目的から，自民党の郵政民営化スタンスから距離をおくように民主党内を説得した[19]．全国特定郵便局長会（全特）および大樹（退職した郵便局長とその配偶者による政治連盟）は自らの組織再編と国民新党との新たな選挙同盟を押し進めることに必死に取り組んでいたが，個々の特定郵便局長の多くは，自民党が郵政改革に同調することで郵便局長関係諸団体と和解することを望んでいた．小沢はこのシナリオが実現することを断固として阻止した．この段階で民主党は，2007 年 10 月に日本郵政グループ労働組合に統合される予定であった日本郵政公社労働組合と全日本郵政労働組合の支持政党であり，小沢は民主党を支持するよう特定郵便局長を説得することに選挙での利益を見いだしていた．結局，全特は特定郵便局長だけでなく普通郵便局長と簡易郵便局長の加入も認めたことから，会員数は 1 万 9000 人を超えた．また，大樹には 10 万人以上の会員がいた[20]．全特や大樹同様に，事実上ほぼ全員が郵政民営化に反対していた 22 万 9000 人の労働組合員[21] を加えることで，郵便局長は選挙における強大な集票組織を形成することになった．2007 年参議院選挙で過半数を確保するために，民主党，国民新党，

---

19) *Japan Times* 2010 年 4 月 15 日．
20) 『朝日新聞』2005 年 8 月 17 日．ただし，大樹は公式の会員リストを持たないため，会員数の実際の規模を特定することはできない．新聞の中には 10 万人と推測するものもあれば，23 万人とするものもある．
21) http://www.jprouso.or.jp/en/brochure.pdf を参照．

社民党の共同会派を組織しようと先頭に立ったのは小沢であった．小沢は共同会派結成の見返りとして，郵便局長を意識して，国民新党に郵政民営化法を覆すのに協力することを約束した[22]．郵政民営化凍結法案[23]を国会に提出するために，国民新党と密接に提携しただけでなく，2008年に小沢は国民新党所属の参議院議員9人に対し，次回の参議院選挙で民主党に加わるように働きかけた．小沢は，国民の唯一の選択肢となるべく，二つの党は一つになるべきだと説いた[24]．また，小沢は郵便局長関係諸団体および日本郵政グループ労働組合の幹部と定期的に会い，これらの団体と選挙時に連携を図る関係を確固たるものとした．2009年7月21日に衆議院が解散すると，郵便局長とその配偶者，および退職者は国民新党と民主党の選挙運動に一斉動員され[25]，ビラ配りや集会への参加，候補者の選挙事務所での電話係や街頭での演説，有権者への両党支持の説得などを行った．郵便局長らの推薦候補者は数名が落選したものの，民主党の集票マシーンの重要な歯車を担ったのである．

　民主党がひとたび政権を手中にするや，小沢は亀井をパートナーとみなした．小泉が目立った活躍をするまで，小沢同様，亀井は「郵政一家」の一員であるかのように振る舞ったことはなかったし，特定郵便局長に選挙での支援を組織的に働きかけるようなこともなかった．亀井を反郵政民営化へとかき立てたものは，小泉に対する敵意であった．2001年の自民党総裁選において，小泉は郵政民営化へのスタンスを軟化させ，また内閣および党の重要な取り決めについて常に亀井に相談するという条件のもとで，亀井が立候補を辞退するという土壇場の協定を結んだ．しかし，小泉はこの協定を破り，亀井は結果的に利用され，面目をつぶされた形となった（大下 2010, 134）．亀井は抜け目ない政治家であり，郵政民営化批判の先頭に立ち，小泉が対立を際立たせる形でリーダーシップを発揮していることに不満を持つ多数の自民党員を味方に付けることで，すぐさま報復に取りかかった．また郵政民営化に対する亀井の批判には，アジアとの競争に苦闘する中小企業，過疎化や経済の衰退に悩む地方や高齢者など

---

22) *Daily Yomiuri* 2007年10月17日．
23) この法案は国会に提出されたものの，結局は可決されず，失敗に終わっている．
24) *Japan Times* 2007年9月17日．
25) 『朝日新聞』2009年8月27日．

第5章　郵政問題と政党対立

弱い立場におかれがちな市民への思いやりも反映されていた．実際，亀井は2001年の小泉との協定が構造改革を優位に立たせる道を拓く契機となったと考え，このような層の人々の窮状に対して如何に個人的な責任を感じているか好んで力説した．

2009年衆院選後，小沢は亀井に郵政改革を実行するための閣僚の座を約束した（大下 2010, 5, 299）．金融・郵政改革担当相に就任するや，亀井は郵政改革に着手した．2009年10月，日本郵政の西川善文社長に対して辞任するよう圧力をかけ[26]，代わりに小沢に近く，元大蔵事務次官である斎藤次郎を社長として任命した．斎藤社長の任命のみならず，他に3名の元官僚を日本郵政の副社長に任命したことは，官僚の権力を縮小するという選挙時点での政権公約から際立って乖離していたと言える．

内閣においてしばしば「圧倒的存在」として知られた亀井金融・郵政改革担当大臣は[27]，郵政改革の課題を遂行するにあたって，他の閣僚からの忠告や標準的な政策決定過程を無視した[28]．亀井の迅速かつ確固たる行動力の発揮は，彼の政治的な立場および官僚組織との関係によって可能になったといえよう．これまで述べてきたように，亀井は郵政改革を全面的に支持するごく小さな政党の代表にすぎなかったが，民主党が法案を参議院で通すためには，国民新党の同意が不可欠であった．亀井はまた郵便局長関係諸団体や労組からの圧倒的な支持も集めていた．さらに，国務大臣として，郵政改革の進行を遅らせかねない大規模な官僚組織に対処する必要もなかった．

亀井が達成した成果の程は，鳩山首相の脆弱なリーダーシップの裏返しでもあった．果敢な指導力を発揮するための新たな制度的機会を最大限に利用しながら，郵政民営化に関する政策立案を一手に引き受けていた小泉首相と異なり，亀井の構想に対して鳩山は受け身に対応していた．例えば，2010年3月に政府が郵政改革プランを作成することを亀井が公表した時，鳩山は完全に不意打

---

26) *Japan Times* 2009年10月29日．
27) 『週刊東洋経済』2010年5月1・8日合併特大号．
28) 民営化過程を所管した主要組織の一つに内閣官房に設置された郵政民営化推進室があったが，亀井は同室の助言および抗議にほとんど耳を傾けなかった．亀井はまた，仙谷由人内閣官房長官や菅直人財務相などの主要閣僚の懸念も無視していた．

ちを食い，最終的にはその内容についての深い懸念にもかかわらずプランを承認することにした[29]．そうしなければ直ちに閣内の分裂を露呈する結果になると予想されたからであった．

　鳩山の受動的なリーダーシップは，政府の決定過程の制度的環境のわずかな変化と，首相自身が小沢や亀井を御する能力あるいは意志の欠如の双方に帰するであろう．小泉は民営化の政策過程を主導するために，省庁の上に立つ経済財政諮問会議や内閣府内の民営化推進組織を活用していたのに対し，鳩山は経済財政諮問会議を廃止し，更に強大な権限を持つ国家戦略室が全般的に統括する政策過程に置き換えた．しかしながら，指導者としての資質の欠如，連立政権内で政策及び決定手続きについて合意を形成できなかったこと，あるいは小沢や国民新党からの圧力の結果として，鳩山は郵政改革について全面的に担当大臣である亀井に任せる形となった．

　鳩山内閣による郵政改革法案は有権者に広がる経済・社会的不安に訴えかける力がまったくなかったとはいえないものの，結局は連立政権および息を吹き返しつつある郵便局長関係諸団体と労組からの圧力という文脈の中で権力を握った政治家が戦略的に振る舞った結果である．多くの有権者は2005年の郵政民営化法案をこれを生み出した小泉の確固たる指導力を理由に支持していたが，2010年の郵政改革は，指導力の欠如と内閣の内部分裂を象徴する形となったため支持を得ることにはつながらなかったといえよう．

4. 結　　論

　2010年6月，郵政改革法案が衆議院を通過し，参議院もそれに続くかと見られていたころ，小沢・亀井同盟は音を立てて崩壊した．鳩山が党代表と首相の座から退いたとき，小沢も政治資金スキャンダルの最中にあり，民主党幹事長を辞任した．数日後，鳩山の後任である菅直人新首相が，参議院で2010年の選挙までに郵政改革法案を審議できるように国会会期を延長することを拒否した直後，亀井も内閣から去った．菅と亀井は地方を利するような財政改革を

---

29) *Japan Times* 2010年3月31日．

擁護するという点では意見を同じくしていたが，菅は郵政改革については否定的であった．「元気な日本を復活させる」をキャッチフレーズに掲げた2010年参院選での民主党マニフェストにおいて，郵政改革法案の速やかな成立は，10ある公約のリストの中で8番目に位置づけられたにすぎなかった．

2010年参院選での連立与党の敗北は支持層の変化をはっきりと反映している．「郵政一家」が2005年選挙で衰退してから部分的に復活するまでの道のりの中で，郵便局長関係諸団体は国民新党の長谷川憲正候補を「利益代表議員」とし，40万7000票を集めた．これは2004年参院選挙で同候補が集めた28万票を大きく上回るものであったが，国民新党自体の得票が全体の1.71%と低かっただけでなく，2007年の2.2%から落ち込み，議席を確保することは出来なかった[30]．明らかに，郵便局長関係諸団体にとって，国民新党（および民主党）を応援することが最善策だとは言え，無党派層をはじめとする一般有権者の支持はほとんど得られなかったのである．

この結果は，郵便局長は国民新党，民主党と永遠に堅く結ばれているわけではないことを如実に示している．むしろ反対に，日本の二大政党が政権交代を繰り返し，票の獲得競争を繰り広げていく中で，郵便局長は他の利益団体と同じように，その時々において彼らの利益にかなう政党でさえあれば，その都度支持政党を乗り換えることに躊躇しないであろう．小沢は民主党代表選挙を争っていた最中の2010年9月に，郵便局長に支援を求めていたことから，この点を確かに意識していたといえよう．菅も国民新党の自見庄三郎を亀井の後任として金融・郵政改革担当相に任命し，2010年10月半ばに郵政改革法案を国会へ再提出することに合意したことから，同様であったといえよう．しかし，連立与党が参議院で過半数を割っている以上，郵政改革法案の大幅な修正なしの早期成立は困難であろう．

現在も続く郵政民営化という物語の最新章は，各政党が1994年以降の選挙制度のもたらすインセンティブに適応し続け，なおかつ一方で郵便局長関係諸団体のような保守的利益団体が存在し続ける限り，古いタイプの政治的駆け引きが，日本を新自由主義的政治経済政策へと向かわせる制度的傾向から逸脱さ

---

30) *Daily Yomiuri* 2010年7月13日．

せる可能性が残りうることを示唆している．このような展開は驚くべきものではない．カール・ポランニーが1944年に示したように，市場は経済的であるとともに社会的な存在でもあり，市場がそれらの組み込まれた社会の枠組みを混乱させるような変化を強いられた場合，社会的利益は必ず抵抗するのである（Polanyi 2001）．詰まるところ，郵政民営化は，経済のみならず社会，金融および通信機能に奉仕する伝統的行政への攻撃として広く受け止められている．さらに郵政民営化は，そのような行政機関とかつて強く結ばれていた伝統的な利益団体を粉砕するに至った．民営化により損害を被ったものは改革を要求し続けるであろうし，長年にわたって存続してきた利益団体の利益表出メカニズムによってそれを行い続けるであろう．

参考文献

飯島勲．2006．『小泉官邸秘録』日本経済新聞社．
猪瀬直樹．2005．『決戦・郵政民営化』PHP研究所．
大下英治．2010．『亀井静香：天馬空を行く！』徳間書店．
亀井静香．2009．「私が郵政民営化をぶっ壊す」『文藝春秋』12月号：130–35．
橋本賢出．2010．「郵政事業の抜本的見直しに向けて：郵政改革関連3法案」参議院『立法と調査』305：3–24．
鳩山由紀夫．2009．「私の政治哲学」『Voice』9月号：132–51．
松原聡．1996．『現代の郵政事情』日本評論社．
吉田直行．2008．「郵便貯金の将来と財政投融資（特集 郵貯・郵便「民営化」1年）」『都市問題』99(1)：56–61．
Cargill, Thomas F., and Naoyuki Yoshino. 2003. *Postal Savings and Fiscal Investment in Japan: The Postal Savings System and the FILP*. Oxford: Oxford University Press.
Christensen, Ray. 2006. "An Analysis of the 2005 Japanese General Election: Will Koizumi's Political Reforms Endure?" *Asian Survey* 46(4) (July-August): 497–516.
Estévez-Abe, Margarita. 2006. "Japan's Shift toward a Westminster System: A Structural Analysis of the 2005 Lower House Election and Its Aftermath." *Asian Survey* 46(4) (July-August): 632–51.
Japan Post. 2006. *Postal Services in 2006*. Tokyo: Japan Post.
———. 2007. *Postal Services in 2007*. Tokyo: Japan Post.

第 5 章　郵政問題と政党対立

Japan Post Group. 2009. *Annual Report: 2009.* Tokyo: Japan Post Group.

Lin, Chao-Chi. 2009. "How Koizumi Won." In *Political Change in Japan: Electoral Behavior, Party Realignment, and the Koizumi Reforms*, ed. Steven R. Reed, Kenneth Mori McElwain, and Kay Shimizu. Palo Alto: The Walter H. Shorenstein Asia-Pacific Research Center, Stanford University, 109–31.

Maclachlan, Patricia L. 2004. "Post Office Politics in Modern Japan: The Postmasters, Iron Triangles, and the Limits of Reform." *Journal of Japanese Studies* 30(2) (Summer): 281–313.

——. 2006. "Storming the Castle: The Battle for Postal Reform in Japan." *Social Science Japan Journal* 9(1): 1–18.

——. 2009. "Two Steps Forward, One Step Back: Japanese Postal Privatization as a Window on Political and Policymaking Change." In *Political Change in Japan: Electoral Behavior, Party Realignment, and the Koizumi Reforms*, ed. Steven R. Reed, Kenneth Mori McElwain, and Kay Shimizu. Palo Alto: The Walter H. Shorenstein Asia-Pacific Research Center, Stanford University, 157–77.

——. 2011. *The People's Post Office: The History and Politics of the Japanese Postal System, 1871–2010.* Cambridge: Harvard University East Asia Center.

Mulgan, Aurelia George. 2002. *Japan's Failed Revolution: Koizumi and the Politics of Economic Reform.* Canberra: Asia Pacific Press, Asia Pacific School of Economics and Management.

Noble, Gregory W. 2001. "Political Leadership and Economic Policy in the Koizumi Cabinet." *Social Science Japan Newsletter* 22 (December): 24–28.

——. 2005. "Front Door, Back Door: The Reform of Postal Savings and Loans in Japan." *Japanese Economy* 33(1): 107–23.

Polanyi, Karl. 2001. *The Great Transformation: The Political and Economic Origins of Our Time.* Boston: Beacon Press.（野口建彦・栖原学訳『［新訳］大転換：市場社会の形成と崩壊』東洋経済新報社，2009）

Rosenbluth, Frances McCall, and Michael F. Thies. 2010. *Japan Transformed: Political Change and Economic Restructuring.* Princeton: Princeton University Press.

Samuels, Richard J. 2003. "Leadership and Political Change in Japan: The Case of the Second Rinchō." *Journal of Japanese Studies* 29(1): 1–31.

第 III 部

動員低迷と政権交代

第6章
地域経済変動と政権交代

清水薫／宮川幸三

1. はじめに

　周知のように，2009年8月に行われた第45回衆議院議員総選挙において，自民党は1955年以来継続した衆議院第一党の座を民主党に明け渡した．この大きな政治的変革を引き起こした要因は何であったのか，という質問に答えることが本研究の主たる目的である．

　2009年の選挙において，181議席を失った自民党の議席数は，わずか119議席にまで減少した．一方民主党は，新たに議席数を194増加させ，総議席数は308議席にまで到達した．自民党にとってこれほどの敗北は，結党以来の歴史的なものである．しかしながら，ここ20年間の選挙結果を見れば，そもそも自民党の得票数は減少傾向にあった．例えば1993年の衆議院議員選挙においても自民党が敗北し細川連立政権が誕生したことを考えれば，自民党得票数の減少傾向が既に約20年前に始まっていたことは明らかである．そこで本研究では，2009年の選挙結果だけを特別なものとして捉えることなく，自民党の敗北要因をより長期的かつ構造的な視点から分析することを目的として，2009年の選挙だけでなく過去数回分の選挙結果についても対象とした分析を行っている．

　2009年の自民党の大敗は，日本政治という観点のみならず，一般的な政治変革の姿としても極めて重要なものである．戦後数十年間にわたって第一党の座を守り続けてきた自民党は，近年の民主主義国家のもとで最も長期間にわたって政権を担ってきた政党の一つである．一般に政治学の理論では，「現職の議員は，知名度や外部からはアクセスできない知識や財源，政治的ネットワークなどの様々な側面において，圧倒的なアドバンテージを保有してい

る」と言われている[1]．その観点から言えば，2009年の選挙結果は，多くの現職議員を擁し長期にわたって政権を担当した政党が，大きく議席を減少させた希少な事例でもある．

　本研究では，特に自民党に対する支持率の低下に着目し，ここで述べたような問題意識のもとで，近年の投票行動の変化の基礎にある要因を明らかにする．具体的には，人口や経済にまつわる指標として，経済格差，財政移転，人口構成，産業構造といった要因を取り上げ，それらの指標と自民党の得票率の変化に関して相関分析を行っている．以下では，第2節において，近年の日本政治の変化に関する諸説を簡単に概観した上で，第3節では本研究において用いる選挙データおよび人口・経済データの詳細を説明し，分析結果を示す．第4節では，結果の考察を行った後，残された課題をまとめている．

2. 自民党支持率低下の要因

　近年の日本政治の大きな変化に関しては，それを説明する様々な学説が唱えられてきた．このうち1994年の小選挙区比例代表並立制の導入は，最もよく取りあげられる要因の一つである[2]．この新たな選挙制度の導入によって，政治家が所属政党への依存度を強めるなど，政治行動にいくつかの変化がもたらされるであろうと予想される[3]．

　また日本経済にまつわる諸問題も，政治変革を引き起こした要因としてしばしば取りあげられる．これは，バブル崩壊以降の長期にわたる日本経済の停滞が，自民党に対する投票行動変化の引き金になったというものである．このような考えに基づけば，2009年の選挙結果は，「民主党を支持した結果ではなく自民党を否決した結果である」といった解釈もなされよう．

　更に，変化の要因の一つとして小泉構造改革に対する反発があげられる場合もある．周知のように，小泉政権の行った改革の多くは，その後の政権によっ

---

1) このような日本政治における「現職効果」については，Hayama (1992) もしくはScheiner (2005) を参照のこと．
2) 例えば，本書第1章において，小選挙区比例代表並立制の導入が取りあげられている．
3) Reed, Scheiner, and Thies (2009) においても，このような予測がなされている．

て否定され，中には改革前の姿に逆戻りしたものもある．郵政民営化の見直しなどは，その顕著な事例の一つである．

一方で，多くのメディアやコメンテーターの間では，「格差社会」が最も重要なキーワードとなった．『朝日新聞』を含む主要な全国紙では，都市と地方の経済格差拡大に焦点を置いた特集が組まれ，ワーキングプアーやシングルマザー，子供の貧困[4]等の問題が取り上げられた．これらの記事の多くは，個人の貧困にまつわる逸話を紹介したものであり，格差あるいは貧困に関するマクロ的な統計データからの分析結果ではないが，大半が中流階級であるという従来の日本の一般的イメージが変化しつつあることは確かである．

テレビのコメンテーターや記者達が，選挙期間中や選挙後に選挙の予想や評価に関してコメントする際には，限られた共通のデータを使用することも多い．最も多く使用されるのは，内閣支持率や政党支持率に関する世論調査である．しかし，これらの世論調査では，なぜ有権者がその行動を変化させたのか，といった点について明らかにすることはできない．過去数年間の調査を振り返っても，内閣総理大臣がかわる度に内閣支持率の急激な上昇とその後の急落が観察されるが，このような急激な変動の理由について詳細な調査を行ったものは見られない．また同様に，多くの関心が寄せられているにもかかわらず，この十年間に見られる自民党支持率の低下についても，その理由を明確に示した世論調査はほとんど存在していない．従って，2009年の政権交代の背景に有権者のどのような意識の変化があったのか，といった点についても，現在のところ明確な答えを得ることはできていないのである．

3. データと実証分析

本節では分析に使用する選挙データおよび人口・経済関連データの詳細な内容について解説した上で，分析の結果を示す．

---

[4] OECD (2006) によれば，日本における子供の貧困率は2000年時点で約14%であり，この割合は先進国の中でも高いレベルである．なお子供の貧困率は，「家計所得が全国の家計所得の中央値の50%未満である家計における子供の割合」として定義されている．

(1) データ

選挙データ 本研究の目的は，自民党支持率が低下した要因を明らかにすることであるため，まず自民党支持率に関するデータを準備する必要がある．本研究では，衆議院議員選挙および都道府県議会議員選挙における投票データを通じて，自民党に対する支持の変化を明らかにする．自民党への支持率を表す指標としては，選挙区ごとの自民党議員の得票率（自民党議員の得票数／全得票数合計）を用いる．また自民党議員の得票率の二時点にわたる変化に着目することによって，自民党支持率の変化を分析する．2009年の自民党の敗北要因を明らかにするためには，2009年の選挙データだけでなく，それ以前からの長期にわたる自民党支持率の変化を明らかにすることができるようなデータセットを使用しなければならない．そこで本研究では，1996年・2000年・2003年・2005年・2009年の衆議院議員選挙の結果，および1999年・2003年の都道府県議会議員選挙の結果を用いている．なお実際の分析では，自民党の立候補者がいない選挙区や，候補者数が議席数と一致しているために投票が行われなかった選挙区を除いて分析を行っている．

人口・経済関連データ 本研究では，自民党支持率の低下を説明する要因として，人口や経済にまつわる様々な指標を考えている．

一つ目の要因として，地域の経済格差を取り上げる．前節でも述べたように，近年盛んに経済格差の拡大に関する議論が行われており，格差拡大に伴う人々の不満の増大が投票行動に影響を与えた可能性を考えることができる．また格差拡大の要因として，しばしば小泉政権の行った構造改革が取り上げられることもある．その意味では，経済格差の問題が，自民党の支持率低下の要因として強く影響していた可能性もある[5]．

表6-1は，「全国消費実態調査」において公表されている1世帯あたり年間収入・貯蓄現在高および年間収入・貯蓄現在高のジニ係数を二人以上の全世帯

---

5) 例えば大竹・竹中（2007）では，日米比較アンケート調査より，アメリカにおいて日本よりも大きな所得格差が観察されるにもかかわらず，日本の方が所得格差の拡大を認識・予想している人の割合が高いことなどが示されており，特に日本においては格差拡大に対して人々が敏感に反応することが実証的に明らかにされている．しかしながら，格差拡大に対する人々の不満の増大が投票行動に与えた影響を直接的に分析した先行研究はなく，その点は本研究が行った新たな試みの一つであるといえる．

第 6 章　地域経済変動と政権交代

表 6–1　年間収入および貯蓄現在高
（二人以上の世帯，1999 年・2004 年）

	1999 年	2004 年
1 世帯当たり年間収入（千円）	7,590	6,925
年間収入のジニ係数	0.301	0.308
1 世帯当たり貯蓄現在高（千円）	15,001	15,867
貯蓄現在高のジニ係数	0.542	0.556

出所：総務省統計局「全国消費実態調査」．

図 6–1　都道府県別貯蓄現在高のジニ係数（二人以上の世帯，1999 年・2004 年）

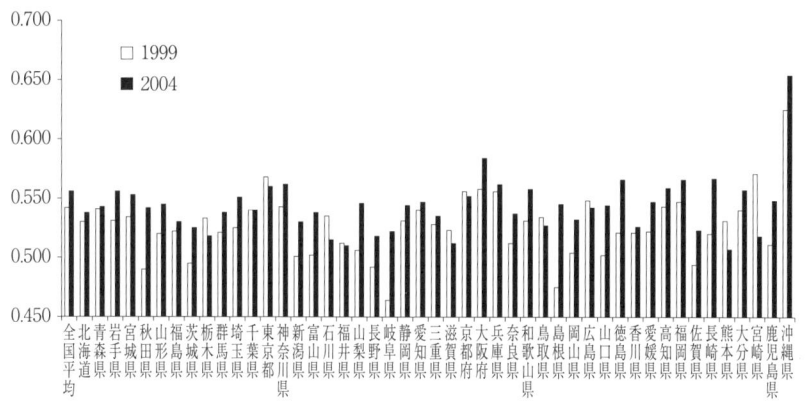

出所：総務省統計局「全国消費実態調査」．

について示したものである．これを見れば，年間収入は減少傾向にある一方で貯蓄現在高は増加しているが，格差の程度を表すジニ係数に関しては年間収入・貯蓄現在高ともに上昇しており，この時期の日本においては格差が拡大しつつあったことがわかる．また，年間収入のジニ係数に比較して貯蓄現在高のジニ係数の値は高く，貯蓄額において大きな格差が存在していたことがわかる．

さらに図 6–1 は，貯蓄現在高のジニ係数を都道府県別に示したものである．1999 年から 2004 年の期間には，47 都道府県中 36 もの道府県において貯蓄現在高の格差が拡大しており，格差の程度は地域によって大きく異なっている．このような地域ごとの格差レベルの違いは，各地域の少子高齢化の程度などとも密接に関係しており，各地域の経済・社会の実態を表す指標となっている．

二つ目の要因は，中央政府から地方への財政移転である．これまで，中央政

第 III 部　動員低迷と政権交代

図 6-2　都道府県別および市町村別の地方交付税額変化率

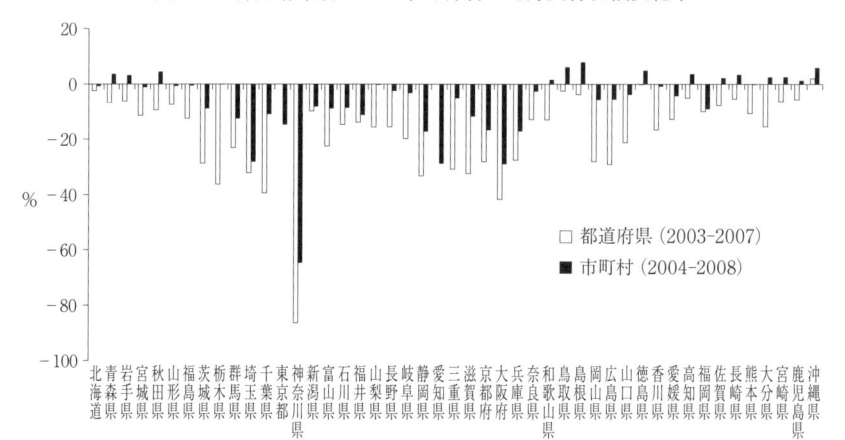

凡例：
□ 都道府県 (2003-2007)
■ 市町村 (2004-2008)

出所：総務省「都道府県別決算状況調べ」および「市町村別決算状況調べ」．

府から地方への財政移転は，地方経済を支える一つの大きな要因となっていた．しかしながら近年では，その金額が減少しつつあるのが現状である．図 6-2 は，地域別の地方交付税交付金の変化を表している．グラフ上の白い棒は，2003 年から 2007 年にかけての都道府県別の地方交付税額の変化率（単位：%）を描いたものであり，黒い棒は，2004 年および 2008 年の市町村別の地方交付税額を都道府県別に集計し，その変化を描いたものである[6]．

これを見れば，都道府県別・市町村別の両者において，多くの県で交付税額が減少していることは明らかである．特にバブル崩壊以降，財政移転額の減少は地域経済に大きな打撃を与えた．これによって，長年にわたる自民党政権への不満が高まった結果，投票行動に何らかの変化が生じたことは十分に考えられる．そこで本研究では，財政移転を反映した指標として，各地域における地方交付税，国庫支出金の大きさ，投資的経費[7]および自主財源の比率を取り上げ，これらの指標と各地域の自民党支持率との関係を分析する．

6)　なお，都道府県別の東京都および愛知県は，不交付団体であったため（ただし愛知県は 2007 年のみ不交付），変化率が 0 になっている．

7)　投資的経費とは，その経費の支出の効果が単年度また短期的に終わらず，固定的な資本の形成に向けられるもので，地方自治体の予算科目では，普通建設事業・災害復旧事業・失業対策事業を指す．

第6章　地域経済変動と政権交代

図 6–3　日本の全人口・65 歳以上人口比率・15 歳未満人口比率の推移

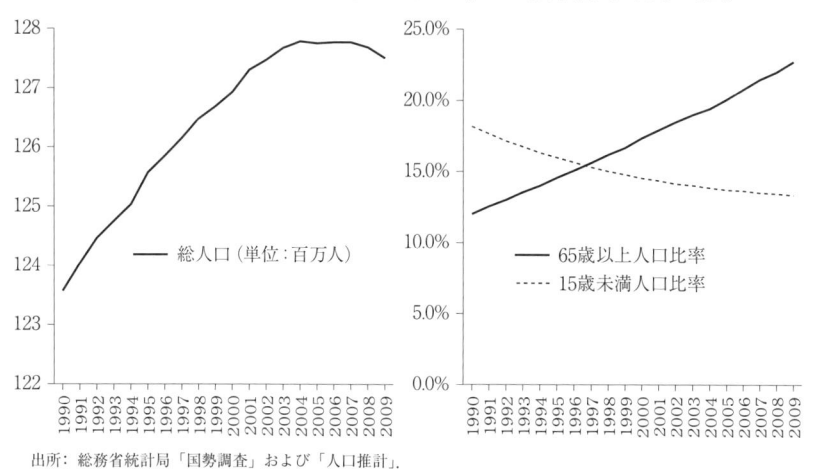

出所：総務省統計局「国勢調査」および「人口推計」．

　本研究で取り上げる第三の要因は，地域の人口に関する指標である．経済格差の問題と同様に，人口減少や少子高齢化は，近年の日本社会の問題点を指摘する際に必ず言及される要因の一つである．図6–3は，日本の全人口および65歳以上人口比率・15歳未満人口比率の推移を表したものである[8]．

　これを見れば，2000年代半ば以降は人口減少局面が始まっており，その背景では1990年以降一貫した少子高齢化の進展がみられている．このような人口減少に伴う地方の過疎化や少子高齢化は，地域的な経済状況を悪化させ，経済格差の拡大にも寄与しながら，地域住民の投票行動に大きな影響を及ぼしている可能性がある．特に，従来の自民党は，地方部における高齢者の支持率が高かったと言われており，少子高齢化の進展が選挙結果に影響を与えることは十分に考えられる．そこで本研究では，地域別の人口データや，65歳以上人口比率，人口集中地区人口比率といった指標と，自民党支持率の関係を分析することによって，現在でもなお少子高齢化が進む地域において自民党支持率が比較的高いのか，あるいはそのトレンドが変化したことによって2009年の政権交代が引き起こされたのか，といった点について検証を行う．

---

[8]　ただし，2006年から2009年の人口推計値については，2010年に行われた国勢調査の確定人口公表後に更新されるため，数値が変化する可能性がある．

四つ目の要因としては，地域の産業構造を取り上げる．周知のように，長年にわたる農業保護政策によって，農業従事者の自民党に対する支持率は高いと言われている．また，膨大な公共事業向けの財政支出によって，建設業は自民党の重要な支持基盤になっていた．このような実態を考えれば，各地域においていかなる産業構造が形成されているか，という点は，地域の選挙結果を左右する大きな要因となっている可能性がある．しかしながら，近年の農産物に関する貿易政策の変化や，無駄な公共事業に対する支出の抑制によって，農業部門や建設業部門の自民党支持のメカニズムに，何らかの変化が生じ，そのことが 2009 年の政権交代を招いた一つの要因になっていたといった仮説を立てることも可能である．

図 6-4 および図 6-5 は，全産業の GDP に占める農林水産業および建設業の GDP の割合（単位：％）を都道府県別に示したものである．白い棒は 2002 年の値を，黒い棒は 2007 年の値を示している．

これら二つの図よりまず明らかな点は，いくつかの県においてはその割合が上昇しているものの，農林水産業・建設業共にほとんどすべての県において割合が低下していることである．もしも，現在でもなお農業や建設業における自民党支持率が高ければ，図 6-4 および図 6-5 において農業や建設業のシェアが低い地域，あるいは減少幅の大きな地域において，自民党支持率が低下していた可能性がある．逆に，前述のような貿易政策の変化や公共工事の縮小によって，農業部門や建設業部門の投票行動に変化が生じていたならば，地域の産業構造は選挙結果に影響を与えていない可能性もある．そこで本研究では，地域別・産業別の就業者数と，自民党支持率およびその変化との関係を明らかにすることによって，ここで述べたような仮説を検証している．

ここで述べた説明変数として用いる経済・人口等のデータに関しては，都道府県を単位としたデータと選挙区を単位としたデータの両者を使用している．周知のように，衆議院議員選挙の選挙区は，各都道府県をいくつかの選挙区に分割した区域として設定されている．そのため，より詳細な分析を行うためには，市町村別の経済・人口データを選挙区ごとに集計し，それを用いて分析を行うことが理想的である．しかしながら，例えば経済格差指標等のいくつかの経済データに関しては，市町村別のデータを入手することができない．また，

第 6 章　地域経済変動と政権交代

図 6-4　都道府県別農林水産業の GDP シェア（農林水産業 GDP／全産業 GDP）

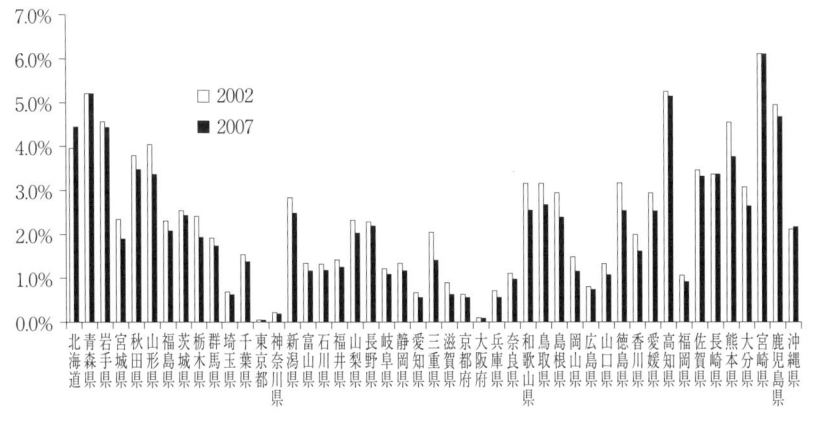

出所：内閣府「県民経済計算」．

図 6-5　都道府県別建設業の GDP シェア（建設業 GDP／全産業 GDP）

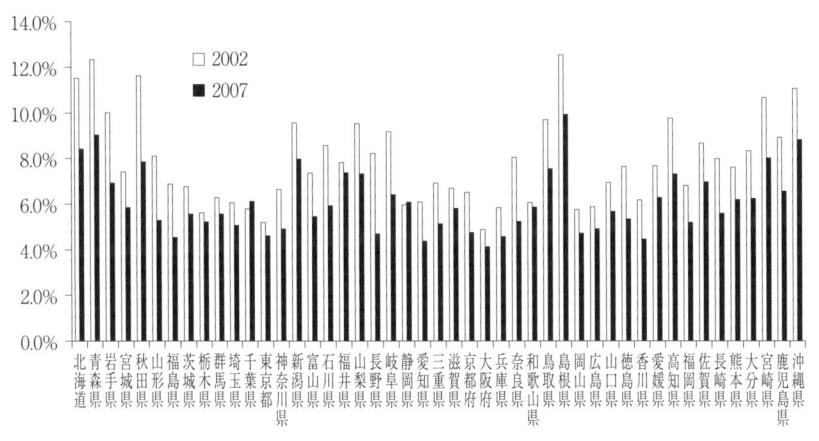

出所：内閣府「県民経済計算」．

市町村合併によって多くの選挙区が変更されたため，選挙データを時系列接続することが困難なケースも存在する．そのためいくつかの分析に関しては，同一都道府県内の選挙区ごとのデータを集計し，都道府県別の分析を行っている．次項では，ここで述べた四つの要因と，自民党支持率およびその変化との関係について相関分析を行っている．

（2）分析結果

表6-2は，都道府県別に集計した自民党得票率と，「全国消費実態調査」より得られる都道府県別のジニ係数の間の相関係数を表している．「全国消費実態調査」については，1999年および2004年のデータを使用し，選挙結果としては両年次に近い2000年・2005年（衆議院議員選挙）および1999年・2003年（都道府県議会議員選挙）の結果を用いている．

なお，いくつかの選挙区では，自民党候補者が存在しないケースや，候補者数が議席数と一致しており投票が行われていないケースもあり，それらの選挙区は本項の分析対象から除いている．また表中の「*」は，相関係数が有意水準0.05で有意であることを，「**」は，相関係数が有意水準0.01で有意であることを示している．

表6-2より明らかなことは，年間収入のジニ係数と自民党得票率の間には有意な相関が見られないものの，貯蓄現在高のジニ係数と自民党得票率の間には，今回分析を行ったすべての選挙結果について有意な負の相関が見られている点である．これは言い換えれば，貯蓄現在高で見た格差の大きな地域において，自民党得票率が低かったことを意味している．この結果は，高齢化が進展し所得が減少しつつある日本経済において，人々にとって貯蓄が極めて重要な意味をもっていることを示唆するものであり，格差問題を考える上でも興味深い結果である．

続いて表6-3は，自民党得票率と中央政府から地方への財政移転の間の相関を見たものである．例えば，「衆議院議員選挙」の「2005」の行の結果は，2005年の衆議院議員選挙における自民党得票率と，各地域の財政移転に関連する指標との相関係数を表している．財政面のデータは，すべて選挙年の前年のデータ（2005年選挙であれば2004年のデータ）を使用している．また，「2005-2009」および「1999-2003」の行は，それぞれ2005年から2009年にかけての自民党得票率の変化および1999年から2003年にかけての自民党得票率の変化と各変数との相関係数を見たものである．財政移転に関連するデータは，それぞれ2004年および1998年のものを使用している．地方交付税，国庫支出金および投資的経費については，各地域の総額を当該地域の人口で割った一人当たり金額を用いて分析を行っている．また自主財源額比率としては，各地

第 6 章　地域経済変動と政権交代

表 6-2　自民党得票率とジニ係数の相関関係（都道府県レベル分析）

	年	年間収入のジニ係数 （二人以上，全世帯）	貯蓄現在高のジニ係数 （二人以上，全世帯）	サンプルサイズ
衆議院議員選挙	2000	−0.140	−0.420**	47
	2005	−0.125	−0.376**	47
県議会議員選挙	1999	0.031	−0.541**	47
	2003	0.025	−0.331*	47

表 6-3　自民党得票率と財政移転関連指標の相関関係（選挙区レベル分析）

	年	地方交付税	国庫支出金	投資的経費	自主財源額比率	サンプルサイズ
衆議院議員選挙	2005	0.235**	0.057	0.252**	−0.189**	254
	2009	0.319**	0.014	0.139*	−0.322**	254
	2005–2009	0.219**	0.111	0.143*	−0.181**	254
県議会議員選挙	1999	0.215**	0.041	0.208**	−0.222**	405
	2003	0.310**	−0.108*	0.239**	−0.298**	405
	1999–2003	0.115*	−0.008	0.044	−0.123*	405

域の自主財源額を歳入決算総額で割った値を使用している[9]．

　分析の結果，ほぼすべての年次および選挙について，一人当たり地方交付税額や投資的経費額と自民党得票率およびその変化の間に有意な正の相関がみられ，一方で自主財源比率と自民党得票率およびその変化の間には有意な負の相関が見られた．この結果は，一般的に言われているような「中央から地方への財政移転が自民党支持票を集める原動力となっている」という説と整合的なものである．しかし，国庫支出金と自民党得票率の間には有意な相関がみられなかった．

　続く表 6-4a および 6-4b は，地域の各種人口要因と自民党得票率の間の相関係数を示したものである．このうち表 6-4a は，都道府県レベルの分析を行ったものであり，人口関連データとしては各時点の前年の「国勢調査」および「人口推計」の結果を使用している．一方表 6-4b は，選挙区レベルの分析を行っ

---

[9]　分析はすべて選挙区を単位として行っているが，市町村合併等の影響により 2 時点間のデータ比較が困難である選挙区についてはこれを除いている．また自民党候補者がいない選挙区や，投票が行われなかった選挙区についても分析から除いているため，サンプルサイズは実際の選挙区数よりも小さなものになっている．

表6-4 自民党得票率と人口関連指標の相関関係

(a) 都道府県レベル分析

	年	総人口	65歳以上人口比率	サンプルサイズ
衆議院議員選挙	1996	−0.505**	0.580**	47
	2000	−0.565**	0.575**	47
	2003	−0.502**	0.476**	47
	2005	−0.233	0.239	47
	2009	−0.434**	0.467**	47
県議会議員選挙	1999	−0.356*	0.384**	47
	2003	−0.277	0.160	47

(b) 選挙区レベル分析

	年	人口集中地区人口比率	65歳以上人口比率	サンプルサイズ
衆議院議員選挙	2005	−0.329**	0.254**	286
	2009	−0.485**	0.434**	286
	2005–2009	−0.218**	0.242**	286
県議会議員選挙	1999	−0.338**	0.283**	502
	2003	−0.448**	0.361**	502
	1999–2003	−0.112*	0.106*	502

たものであり，使用できるデータは5年おきに行われる「国勢調査」のみであるため，各選挙時点にもっとも近い時点の「国勢調査」を用いている．

表6-4bを見れば，すべての選挙において，65歳以上人口比率と自民党得票率および自民党得票率の変化の間に有意な正の相関があることがわかる．これらの結果は，自民党が敗北を喫した2009年の選挙においても，高齢者の自民党支持率が相対的に高いという現象が観察されることを意味している．一方で，人口集中地区人口比率と自民党得票率および自民党得票率の変化の間に有意な負の相関があり，都市部において自民党支持率が低いという一般的に言われている現象が，2009年においてもなお持続していたことを示している．また表6-4aと表6-4bを比較すれば，表6-4aの都道府県レベル分析では，2005年の衆議院議員選挙と2003年の都道府県議会議員選挙において，総人口や65歳以上人口比率との有意な相関が見られていない．このような結果がもたらされた一つの原因としては，同一都道府県内であっても選挙区によって人口集中や高齢化の程度に大きな違いがあるにもかかわらず，都道府県レベル分析において

第 6 章 地域経済変動と政権交代

表 6–5 自民党得票率と産業部門別就業者数比率の相関関係（選挙区レベル分析）

	年	第一次産業	第二次産業	第三次産業	農業	建設業	金融保険業	サンプルサイズ
衆議院議員選挙	2005	0.277**	0.112	−0.230**	0.287**	0.135*	−0.214**	286
	2009	0.418**	0.189**	−0.355**	0.400**	0.256**	−0.377**	286
	2005–2009	0.196**	0.106	−0.176**	0.160**	0.159**	−0.224**	286
県議会議員選挙	1999	0.232**	0.174**	−0.282**	0.237**	0.085	−0.320**	502
	2003	0.349**	0.164**	−0.335**	0.343**	0.204**	−0.386**	502
	1999–2003	0.130**	−0.039	−0.059	0.119**	0.105*	−0.076	502

はそれが集計されてしまっていた点をあげることができる．この観点から言えば，理想的には選挙区を単位とした分析が必要であることがわかる．

最後の要因として，自民党得票率と地域の産業構造との関係を表したものが表 6–5 である．表 6–5 では，「国勢調査」における産業部門別就業者数を全産業の就業者数合計で割ったものを当該産業部門の就業者数比率と定義し，それらの比率と自民党得票率の間の相関係数を計算している．ただし，「国勢調査」は 5 年おきに行われる調査であるため，各年次にもっとも近い調査時点の国勢調査データを用いている[10]．

これを見れば，第一次産業と自民党得票率および得票率変化の間には明らかな正の相関があり，第三次産業と自民党得票率については負の相関が見られることがわかる．この結果は，農林水産業部門の就業者の自民党支持率が高く，農林水産業の少ない都市型の産業構造を持つ地域においては自民党得票率が低い，という一般的に言われている投票のパターンが，2009 年においてもなお当てはまっていたことを示唆している．更に詳細な部門として，農業，建設業，金融保険業についても分析を行ったところ，やはり 2009 年においても農業および建設業の自民党支持率は高く，1990 年代から 2000 年代にかけて自民党によって構造改革を余儀なくされた金融保険業においては，自民党支持率が低いという結果が得られている．

---

10) ただし 2010 年に行われた国勢調査の産業等基本集計は 2012 年 4 月までに公表されることとなっており，本稿執筆時点においてデータを入手することができないため，2009 年の分析については 2005 年の国勢調査データを利用している．

4. 結　　論

　これまでの分析によって，いくつかの興味深い現象が明らかになった．

　一つは，やはり人々の生活を取り巻く経済的な要因が投票行動に関係しているという点である．近年の経済状態の悪化は，自民党支持率の下落に大きな影響を及ぼしていた可能性がある．

　一方で，従来より自民党の集票に大きな役割を果たしていた農業や建設業等の産業部門においては，他の産業に比較して 2009 年時点においてもなお自民党支持率との相関が高いという結果が得られた．この結果は，近年自民党の集票システムは機能していないという議論がなされる中で，現在でもなお旧来型の集票システムが残存している可能性を示すものである．言うまでもなく，我々の分析だけでは，「具体的に何らかの組織（例えば JA のような）が選挙において役割を果たしているのか，あるいは組織的な選挙システムは既に残っていないのか」といった問いに答えを出すことはできない．しかし，経済状態が悪化しつつあり，農林水産業や建設業が縮小を続ける現状のもとで，少なくとも旧来のような特定の地域や特定の産業部門に頼った自民党の選挙システムが機能しなくなりつつあることは確かであろう．

　もう一つ明らかになったことは，2009 年の政権交代が，投票行動の突然の変化によって引き起こされたものではない点である．本研究における分析の結果は，2009 年を含むここ 10 年来の衆議院議員選挙および都道府県議会議員選挙の両者において，人口や経済にまつわる構造的な要因と自民党支持率の間に相関が見られるというものであった．つまり，人口・経済の構造変化の影響を受けて，自民党支持率は徐々に低下傾向に向かっていたのである．

　例えば 2005 年の衆議院議員選挙が「小泉郵政選挙」などと呼ばれていたことからも明らかであるように，選挙においては時事的な問題に投票行動が左右されることも確かである．2009 年の選挙結果についても，戦後長らく続いた自民党政治の根幹を揺るがす大きな変化であったために，その変化が突発的に起こったものであると考える向きもある．しかし本研究の分析結果は，2009 年に行われた選挙の背景で，少なくとも 10 年以上にわたる社会構造の変化の影響

を受けて，自民党を取り巻く選挙の状況が変化していたことを示唆するものであった．

もしも 2009 年の政権交代が，上述のように長期にわたる構造変化の影響を受けてもたらされたものであるならば，少子化や失業問題，長期にわたるデフレなど，様々な構造的問題を抱える日本において，旧来型の自民党が再度大幅にその支持率を伸ばすことは困難であるかもしれない．その意味で，2009 年の衆議院議員選挙の結果は，自民党の超長期にわたる政治体制の終わりを告げる象徴的なものであったといえよう．

本章の最後に，本研究に残された今後の課題について述べておこう．課題の一つは，選挙データの整備である．前述のように，市町村合併の影響により，長期にわたって選挙区レベルのデータを接続するためには膨大な時間を要するため，本章における分析では 2005 年と 2009 年の衆議院議員選挙および 1999 年と 2003 年の都道府県議会議員選挙のデータのみを用いている．今後は，可能な限り長期にわたる選挙データの接続作業を進めてゆく予定である．

また選挙データについては，その個別内容について検討を加えることも必要である．本章では，すべての選挙区すべての時点の選挙結果について，同様の取り扱いのもとで分析を行った．しかし，例えば首相経験者や著名なベテラン議員が候補者であったり，選挙区特有の争点が存在するような場合に，当該選挙区において他の選挙区とは極端に異なる結果が得られているようなケースも存在する．より精度の高い分析を行うためには，このようなケースについて詳細を吟味したうえで，適切なデータを用いて分析を行う必要がある．

分析手法という観点からいえば，一つの課題は，選挙結果とそれに対応する経済・人口データの間にどの程度のタイムラグを設定するか，という点がある．本章においては，使用した経済・人口データの多くが毎年入手できるものではなく，数年おきにしか作成されていないものであったため，選挙時点にもっとも近い時点のデータを使用する等，タイムラグに関する理論的な考察を行わないままに分析を行っていた．しかし今後は，分析の前提となるモデルより理論的に適切なタイムラグを導出し，それに基づいて分析を行ってゆく必要がある．

また，言うまでもなく，経済や人口の要因は，それぞれが相互に関係しながら常に変化を続けているものである．したがって，本章で行ったような単純な

相関分析だけでなく，諸変数間の相互関係をも取り込んだ分析モデルを用いて分析を行ってゆくことも重要な課題の一つである．

参 考 文 献

大竹文雄・竹中慎二．2007．「所得格差に対する態度：日米比較」市村英彦・伊藤秀史・小川一夫・二神孝一編『現代経済学の潮流 2007』東洋経済新報社，67–99．

Hayama, Akira. 1992. "Incumbency Advantage in Japanese Elections." *Electoral Studies* 11(1): 46–57.

OECD. 2006. *OECD Economic Survey of Japan 2006*. Paris: OECD.

Reed, Steven R., Ethan Scheiner, and Michael F. Thies. 2009. "New Ballgame in Politics." *The Oriental Economist*, October: 8–9.

Scheiner, Ethan. 2005. "Pipelines of Pork: A Model of Local Opposition Party Failure." *Comparative Political Studies* 38: 799–823.

第7章
地域間格差と政権交代

山田恭平

1. はじめに

　本章の目的は，小泉政権下での構造改革，地方の経済的疲弊，そして2009年の政権交代を結びつける通説を検証するために，市町村単位（東京23区を含む）のデータを使った記述統計を提示することである．具体的には，一連の構造改革が地域間格差の拡大と地方の疲弊を招き，地域間格差の拡大が地方における自民党支持の侵食を誘発して，2009年の政権交代を引き起こしたとの通説的な議論がある．しかしこの議論が正当性を持つためには，以下の四つの点について確認する必要がある．第一に，小泉政権発足以降，地域間格差が拡大したことを確認する必要がある．第二に，もし近年の地域間格差拡大が事実だとするならば，これが地方での所得下落を伴っていたことを示すべきである．第三に，構造改革が地域間格差の拡大をもたらしたことを確認する必要がある．第四に，所得が下落した地域において，自民党の得票率が減少し，それによってもたらされた議席数の減少は，参院及び衆院で過半数を失うほど大きなものだったことが示されなければならない．

　ただし，上記の四つの点について包括的な答えを提供することは，本章の範囲を超えている．ここでは，市町村単位のデータを用いて，地域間の所得格差の長期的な傾向や，市町村の属性と所得の増減，選挙結果との関係など，今後の日本政治経済の実証的及び規範的研究に役立つであろう記述統計を提示する．また，このような基礎的な情報を提示することによって，構造改革・地域間格差・自民党への政治的反動に係る上記の問いに対する答えを検証する足がかりとしたい．

　分析によって得られた結論は以下の五点に集約される．(1)地域間格差は

2000年以降，拡大している．(2) 2000年以降，全国的に所得が下落しているが，その中でも小規模自治体のほうが所得の下落幅が大きい．(3) 近年の地域間格差の拡大は，公共事業や国から地方自治体への財政移転の削減等の財政改革によってもたらされた可能性がある．(4) 2000年・2003年の衆院選の選挙結果と2005年・2009年のそれを比較した場合，小規模自治体において与党系候補の得票率が下落する傾向にある．(5) 所得の下落幅が大きい市町村ほど与党系候補の得票率が減少する傾向にある．

次節では所得の地域間格差の推移を示した上で，財政改革と地域間格差の関連について議論する．第3節では地域間格差の拡大の政治的影響について検証する．第4節では結論を述べる．

2. 財政改革と地域間格差

(1) 地域間格差の推移

そもそも地域間格差は拡大しているのだろうか．ここでは市町村単位の所得データを用いて事実の確認を行う．本章の分析では，市町村単位の一人当たり課税対象所得を用いる(市町村税務研究会；日本マーケティング教育センター；JPS)．これは市町村の課税対象所得の総額を市町村の人口で割ったものである．分析の対象となる期間は1973年から2008年までである．1973年は市町村単位の所得データが入手できる一番古い年度であり，2008年は最新のデータである．すべての年度において，市町村の一人当たり所得は消費者物価指数を使用して，物価変動を調整してある．消費者物価指数は総務省統計局による小売物価統計調査によって算出されたものを使用しており(総務省統計局 複数年度)，基準年を2005年とする．本章では地域間格差の指標として，先行研究でも使用されている，変動係数を使用する(岳 1995; 林 2004)．ここでは変動係数が大きい場合を地域間の所得格差の高い状態，変動係数が小さい場合を格差の低い状態とする．なお，2003年度から2005年度末にかけて集中して行われた市町村合併による境界の変更に対処するために，すべての年度において市町村の境界は2009年8月30日現在のもので統一されている．これは第45回衆議院選挙が行われた日付であり，選挙結果を分析に取り入れるためにこの日付に設定した．

第 7 章　地域間格差と政権交代

図 7–1　変動係数・全国平均所得・一人当たり所得の中間値の推移

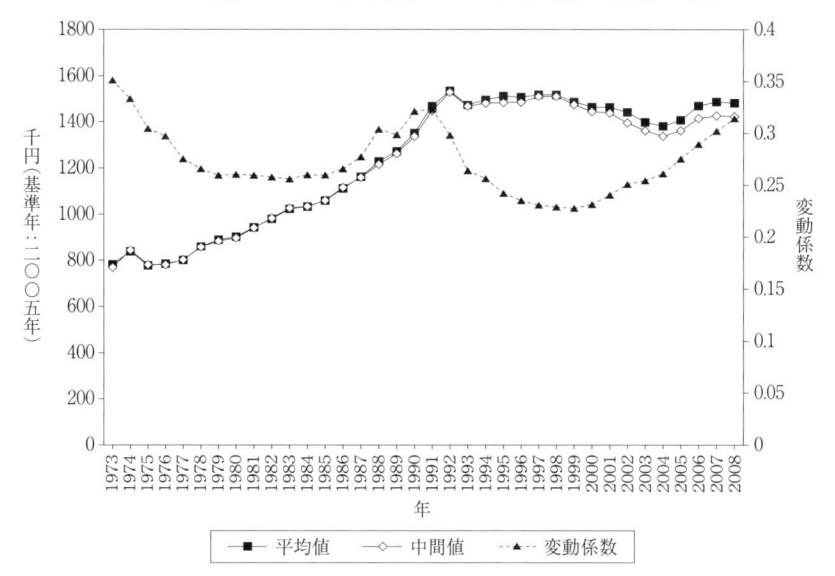

注：市町村単位の所得データより作成．「平均値」は日本全体の個人の課税所得を人口で割って算出．「中間値」は市町村の一人当たり所得の中間値．物価変動を調整するため，平均値及び中間値は 2005 年現在の物価で示されている．変動係数については，境界変更したデータを使用したものと当時の境界をそのまま使用したもの，いずれを使用しても格差の推移の状況に大きな違いは見られない．ここでは境界変更を行ったデータから算出されたデータのみを示す．なお，各年度の変動係数は該当年度の市町村の人口でウェイトづけをされている．すなわちウェイトづけされた変動係数は，人口でウェイトづけされた標準偏差を人口でウェイトづけされた平均値（加重平均）で割ることによって求められる．

図 7–1 は 1973 年から 2008 年までの毎年の市町村の一人当たり所得の変動係数，市町村の一人当たり所得の中間値，さらに全国の一人当たり所得を示したものである．図から見られるように，地域間格差は 1970 年代半ばから縮小し，1970 年代後半から 1980 年代中頃までは低い状態にあった．しかし 1980 年代後半から上昇に転じ 1990 年代初頭にピークを迎えた．バブル崩壊後，地域間格差は再度縮小し，その後 1990 年代を通じて低い状態にあったが，2000 年頃から再び上昇している．確かに 2000 年以降，地域間格差は拡大しているが，格差の拡大そのものは 1980 年代にも起こっている．また，2008 年の段階での地域間格差は 1970 年代半ばおよび 1980 年代後半のものと類似した水準にある．

では，2000 年以降の地域間格差の拡大は，それ以前の格差拡大と本質的に異

図 7-2　所得分布の箱ひげ図

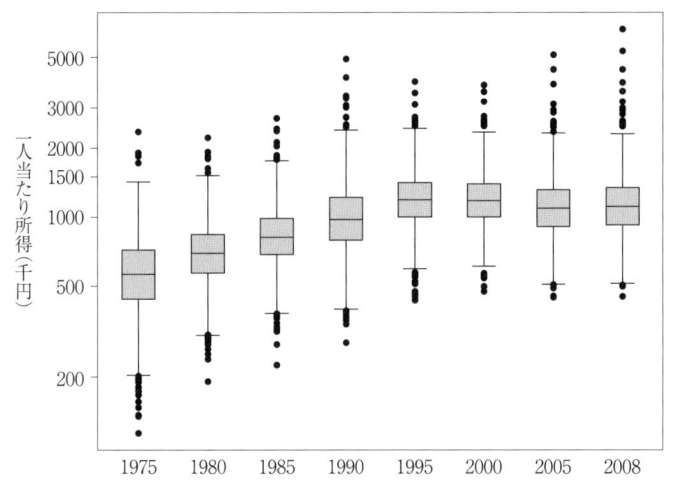

注：市町村単位の所得データより作成．図は 1975 年，1980 年，1985 年，1990 年，1995 年，2000 年，2005 年，2008 年の一人当たり所得（対数）の分布．縦軸のスケールは対数だが，ラベルには実際の所得（千円）を示してある．物価変動を調整するため，各年度の所得は 2005 年現在の価値で示してある．箱ひげ図は，データの分布を示す方法の一つである．中央の箱の真中の線はデータの中央値，箱の下辺は第 1 四分位の値，箱の上辺は第 3 四分位の値を示している．ここで，第 3 四分位の値から第 1 四分位の値の距離を，四分位範囲（interquartile range）とする．箱の上辺から垂直に伸びた縦線の先端にある横線は，第 3 四分位から 1.5×四分位範囲の距離に存在する値の中で最大のものを示している．同様に，箱の下辺から垂直に伸びた縦線の先端にある横線は，第 1 四分位から 1.5×四分位範囲の距離に存在する値の中で最小のものを示している．これらの横線のさらに上または下にある値は，外れ値として，点で示される．

なるのだろうか．図 7-1 で 1980 年代後半と 2000 年以降の地域間格差の拡大を比較すると，前者では全国の一人当たり所得や中間値が一貫して上昇していたのに対して，後者ではそのような傾向は見られない．全国の一人当たり所得と中間値は，1998 年から 2004 年まで下落を続けている．図 7-2 は，1975 年から 2005 年までの 5 年ごとと，2008 年の，市町村の一人当たり所得の分布の箱ひげ図を示している．図 7-1 では 1980 年代と 2000 年以降に地域間格差が拡大したことが確認されたが，図 7-2 からも 1980 年代・2000 年以降ともに所得の分布が拡大したことがわかる．しかし，1980 年代は第 1 四分位，中間値，第 3 四分位の一人当たり所得も上昇している．その一方で 2000 年以降は，中間値など，上記三つの値について 1980 年代のような推移が見られない．例え

ば2000年と2005年を比較すると，これら三つの値はいずれも下落している．格差の拡大が一部の地域において所得の下落を伴っているのか否かによってその政治的帰結が異なる可能性があることを考慮すると，1980年代と2000年代の違いは極めて重要であろう．

(2) 所得の増減と市町村の人口規模

では，2000年以降，所得が下落したのは地方だったのか．本章では便宜的に，人口規模の小さな市町村を「地方」とする．構造改革が地方の疲弊をもたらしたのならば，所得の伸びと市町村の人口規模に正の関係が見られるはずである．無論，そのような関係が観察されても政策と所得の下落についての因果関係が示されたことにはならないが，事実の確認は必要である．さらに，政治変動を考える上でも都市と地方の差異を考慮することは肝要であろう．長年，自民党は地方で高い得票率・議席率を獲得してきた反面，都市部では得票・議席ともに過半数を下回ってきた．支持基盤の分布が全国一律ではない中で地域間の所得やその成長率に大きな差異が発生する場合，それは選挙結果，さらには政治変動に無視できない何らかの影響を与えるはずである．また，集積の利益により大都市に企業や人が集中する傾向がある (Fujita and Thisse 1996) という都市経済学の知見に基づくと，人口規模の大きな自治体，特に大都市においてより高い所得の成長率が観察されることが予想される．

図7-3は市町村の人口規模と一人当たり所得の成長率の関係を示したものである．ここではデータの初年度の1973年から最終年の2008年に加えて，1973年〜1980年，1980年〜1990年，1990年〜2000年，2000年〜2008年の，合計五つの期間についての結果を示している．これらの期間は恣意的に選択された面もあるが，その一方で地域間格差の推移を見ると，およそ10年の周期で上昇または下降に転じている．格差が拡大または縮小を続けた時期に，どのような市町村で所得が伸びていたのかを知ることは意味のある作業であろう．

図7-3からはいくつかの傾向が見て取れる．まず1973年から2008年の期間では，人口規模の小さな自治体ほど一人当たり所得の成長率は高くなっている．1973年から1980年の期間でも人口規模と所得の成長率は負の関係にある．80年代は人口規模と所得の成長率に目立った関係は見られない一方で，90

第 III 部　動員低迷と政権交代

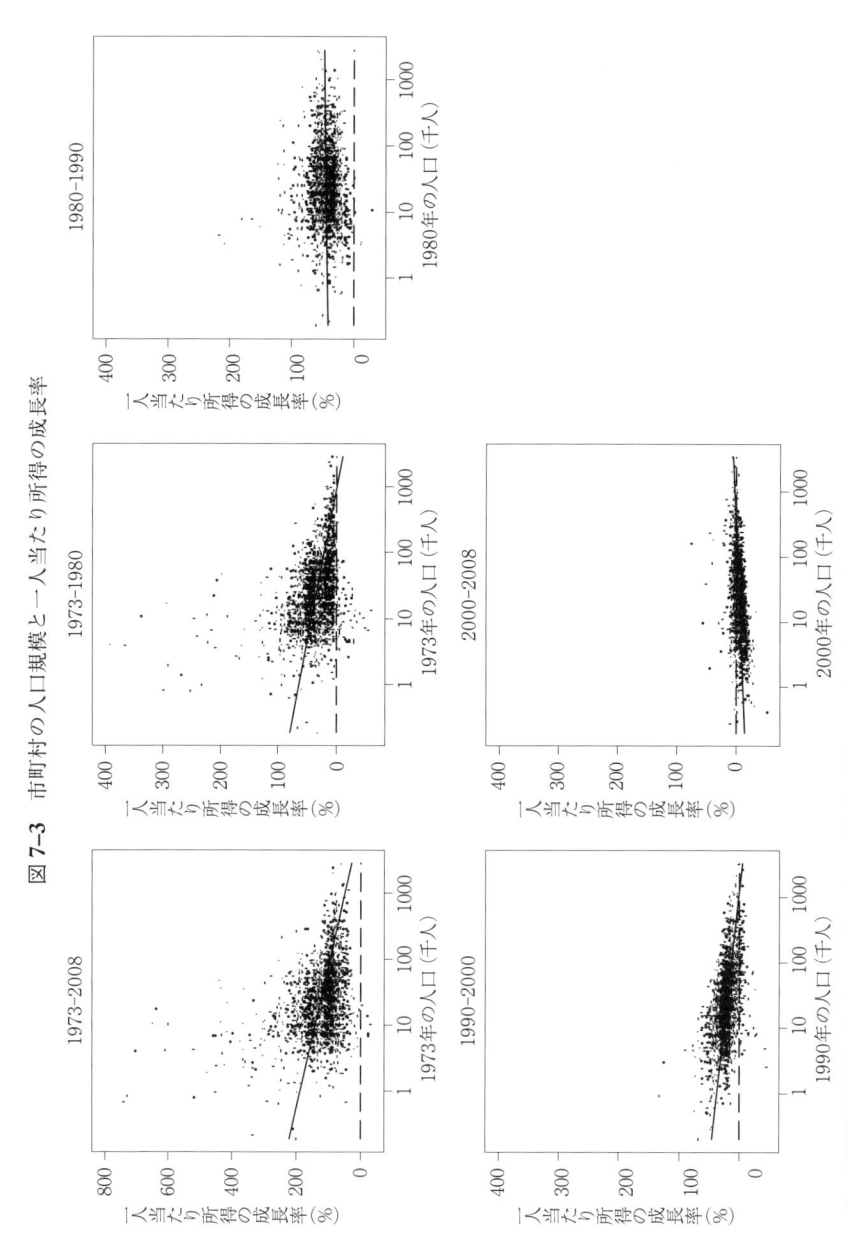

図 7-3　市町村の人口規模と一人当たり所得の成長率

注：分析単位は市町村。図の全てのパネルにおいて市町村の境界は 2009 年 8 月 30 日のものであり、サンプル数は 1798 である。物価変動を調整するため、各年度の所得は 2005 年現在の価値で示してある。横軸は市町村の人口（対数）。縦軸は一人当たり所得の成長率（％）である。横軸のスケールは対数だが、ラベルには実際の人口（千人）を示してある。点線は y = 0、実線は OLS 予測値。

年代は再び負の関係が観察される．2000年以降ではこれが逆転している．全国的に所得が伸び悩む中で，特に人口規模の小さな自治体で所得の下落幅が大きくなっている．2000年以降は，一人当たり所得の下落幅がより大きいという意味で，地方は経済的に低迷していることがわかる．

　また，長期的に見ると初期所得の低い市町村のほうが，一人当たり所得の成長率が高いことも指摘したい（図7-4）．これは図7-4の横軸および縦軸の分散が，時間とともに縮小していることからもわかる．新古典派の経済成長モデルによると，もともとの所得が低い地域は長期的に所得の成長率が高い傾向にある（Barro and Sala-i-Martin 1992；Barro et al. 1991；Sachs and Warner 1995）．実際に図7-4では，市町村の所得が収斂する傾向にあることが示されている．ただし，期間を区切った場合は，この関係は必ずしも一定ではない．例えば2000年以降については，初期所得の低い自治体ほど所得成長率が低くなっている．

(3) 財政改革と地域間格差

　これら地域間格差についての傾向は，政府の政策に影響されてきたのだろうか．図7-1で示されたように，本章が分析対象としている期間中，地域間格差の水準は一定ではなかった．近年，格差は拡大する傾向にあり，特に地方での所得下落が著しい．しかし直ちに，この時期の政府の施策が，都市と地方の所得の差を増幅させたと結論付けられるわけではない．構造改革が実施されていなくても，地域間格差は同程度またはより急激に拡大していたかもしれない．また，政策以外の要因も地域間格差に影響を与えると考えられる．

　例えば，高齢化は地域間の所得格差を拡大しうる．高齢者の所得はそれ以外の世代よりも低いと仮定すると，高齢者の比率が高まることによって地域の一人当たり所得が低下する．さらに，高齢化の比率は全国一律ではないので，高齢化は地域間格差に影響を与えると予想される．図7-5で示されているように，2000年から2005年の期間では，確かに高齢化率が高い自治体ほど所得の成長率が低かったが，1990年代は逆に高齢化率が高いところほど所得の成長率が高くなっている．また，過去数十年，地域間格差には上下があった一方で，日本の全人口に占める高齢者の割合は一貫して上昇を続けている．因果関係は示さ

第 III 部　動員低迷と政権交代

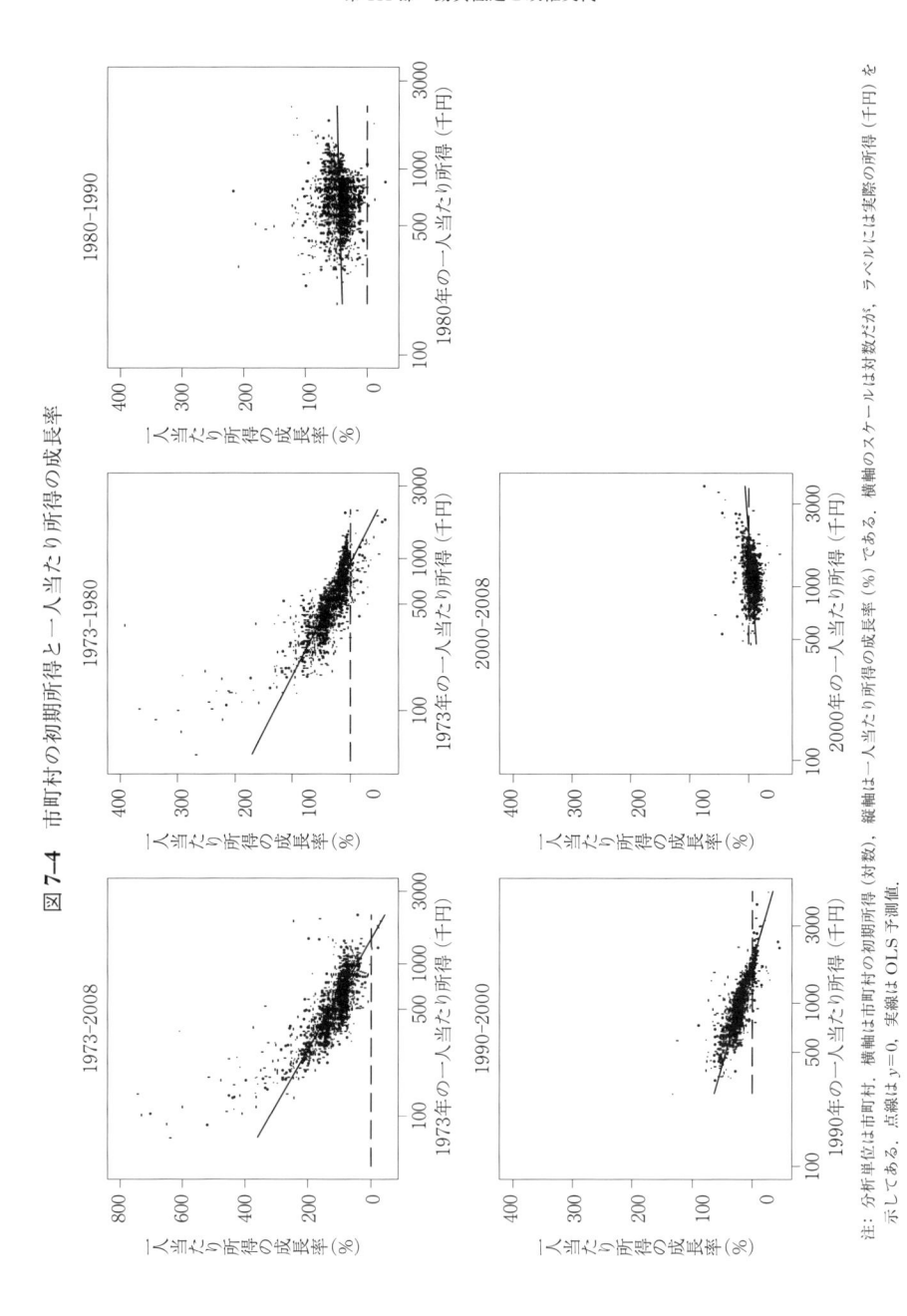

図 7-4　市町村の初期所得と一人当たり所得の成長率

注：分析単位は市町村。横軸は市町村の初期所得（対数）、縦軸は一人当たり所得の成長率（%）である。横軸のスケールは対数だが、ラベルには実際の所得（千円）を示してある。点線は $y=0$、実線は OLS 予測値。

第7章　地域間格差と政権交代

図 7-5　高齢化率と所得の成長率

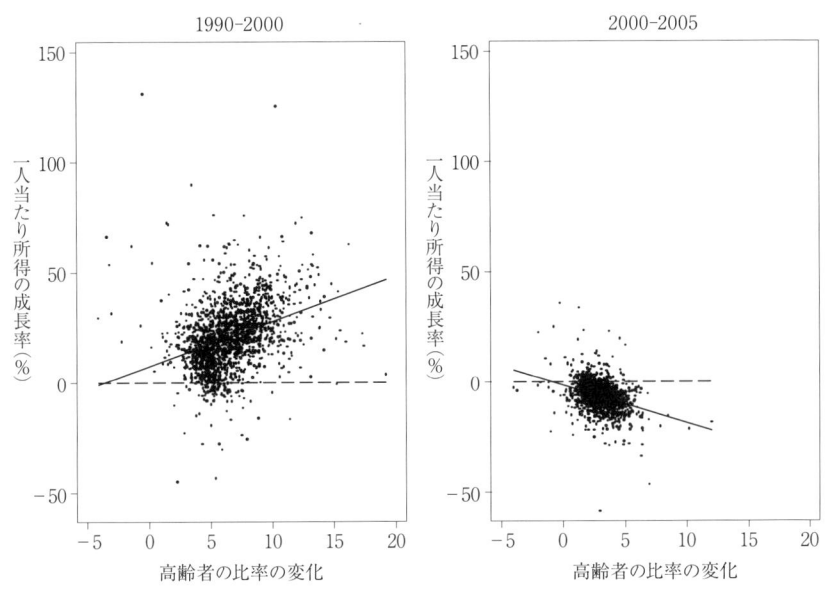

[図：左パネル 1990-2000、右パネル 2000-2005 の散布図。横軸：高齢者の比率の変化、縦軸：一人当たり所得の成長率（%）]

注：分析単位は市町村．横軸は市町村人口における高齢者の比率の変化（パーセンテージ・ポイント），縦軸は一人当たり所得の成長率（%）．65歳以上を高齢者とする．左のパネルは1990年から2000年までの変化，右のパネルは2000年から2005年への変化を示している．点線は $y=0$，実線はOLS予測値．

れていないが，ここで示されている結果は，少なくとも高齢化という一要因だけでは，地域の所得の増減を説明し切れない可能性が高いことを示唆している．

本来は格差の動向を説明するモデルを構築した上で格差の傾向に影響を与えている要因を特定し，その因果関係を推定する作業に取り組むべきであるが，これらの作業は本章の範囲を超えている．以下では近年の地域間格差が拡大したのと期を同じくして実施された，地方政府への財政移転と公共事業の削減といった財政改革に着目する．これらは，地方，特に税源が小さく目立った産業のない農村部の自治体において，重要な役割を果たしている（Scheiner 2006）．それゆえにその削減は，地方において所得の削減に直結すると推測される．

図7-6は地方交付税交付金，国庫支出金，地方自治体への財政移転の総額，国家予算における公共事業費の総額の推移を示している[1]．図から見られるよ

---

1) 地方自治体への財政移転は，地方交付税交付金と国庫支出金の総額を足したものとする．

図 7-6 地方交付税交付金・国庫支出金・国から地方自治体への財政移転・公共事業費の総額の推移

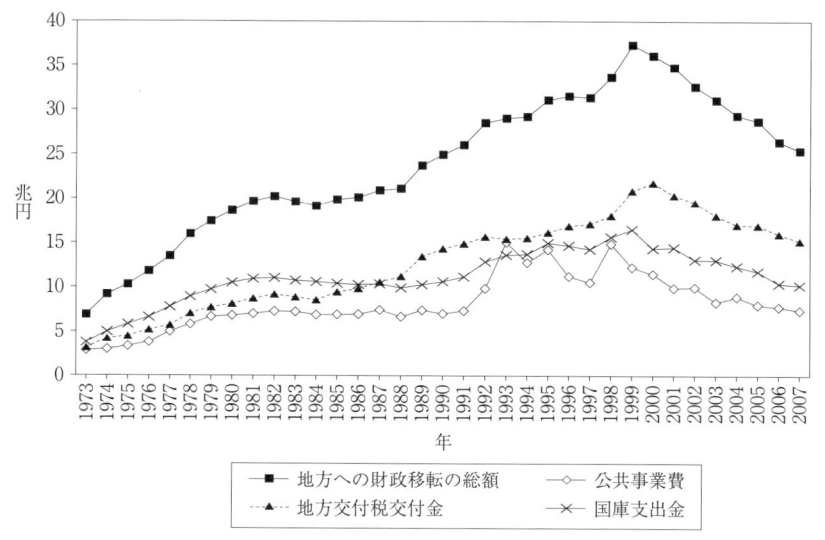

凡例：
- 地方への財政移転の総額
- 公共事業費
- 地方交付税交付金
- 国庫支出金

出典：地方財政調査研究会（複数年度）．
注：地方への財政支出の総額は，国から地方自治体に支払われた地方交付税交付金の総額と国庫支出金の総額を足したものである．

うに，いずれの値も1990年代終わりごろから下落傾向にある．また，2000年代前半以降の下落は，小泉純一郎政権のもとで行われた三位一体の改革の影響もある．三位一体の改革は，国と地方の財政関係において重要な地方交付税，国庫支出金，税源という三つの要素を改革する試みであり，財源を国から地方自治体に移すことと，国から地方自治体への財政移転を削減させることが目指された（Doi 2004; Mochida 2008）．ところで，図7-6で示された総額の減額は，国からの財政移転への依存度が比較的小さい大都市への削減のみによってもたらされたわけではない．地方自治体への財政移転の変化についての情報を見ると，むしろ人口規模が小さな市町村ほど，一人当たり額での財政移転の下落幅は大きかったようである（地方財政調査研究会 複数年度）．また，財政移転が激減したからこそ，小規模自治体が単独で存続するのが難しくなったとも考えられる．その結果，合併特例法による優遇措置の後押しもあり，2003年以降，市町村合併が大幅に進んだ（重森・関野・川瀬 2002; Horiuchi, Saito, and Yamada

第 7 章　地域間格差と政権交代

図 7-7　市町村の人口規模と国からの財政移転への依存度（2000 年）

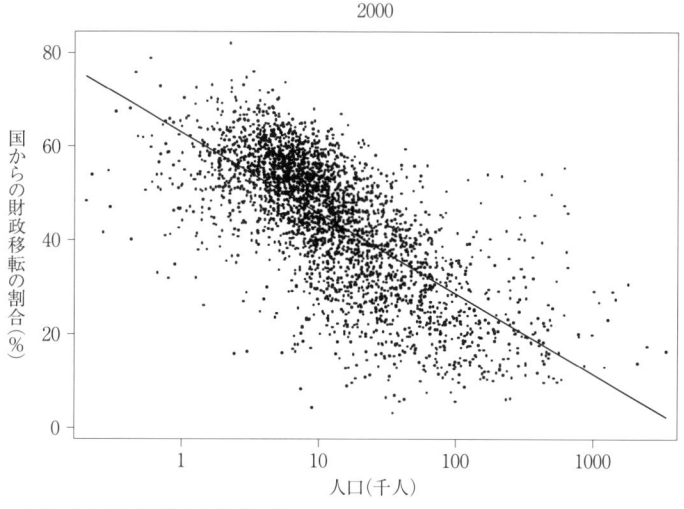

出典：地方財政調査研究会（複数年度）．
注：分析単位は市町村．横軸は市町村の人口（対数），縦軸は市町村の歳入における国からの財政移転の割合（％）．横軸のスケールは対数だが，ラベルには実際の人口（千人）を示してある．実線はOLS予測値．

2009）．

　上述したように，地方政府への財政移転や公共事業の削減は，地方の経済や所得に悪影響を与えると考えられる．第一に，小規模市町村は脆弱な税基盤を持ち，歳入を国からの財政移転に依存する傾向にある．図 7-7 で見られるように，2000 年度のデータによると，多くの小規模自治体では歳入に占める国からの財政移転の割合が 5 割を超えている．これらの財政移転の急激な削減は，ほぼ確実に歳入の削減につながるはずである．歳入は歳出と密接に関連しており，市町村による歳出が住民の所得に無視できない影響を与えると仮定すると，国からの財政移転の削減は，一人当たり所得に負の影響を与えると予想される．

　第二に，地方経済は公共事業に依存しているために，その削減によって所得が下落することが予想される．間接的な情報ではあるが，図 7-8 で示されるように，市町村規模が小さいほど，建設業従事者の割合が高くなっており，地方において公共事業への依存度が高いことがうかがえる．中里（1999），林（2004）によると，これまで日本の公共事業は社会資本整備による経済の生産性拡大と

図 7-8　市町村の人口規模と建設業従事者の割合（2000 年）

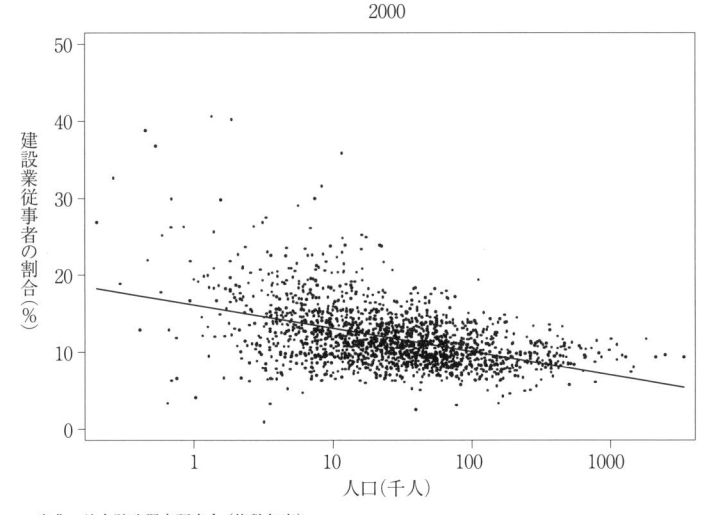

出典：地方財政調査研究会（複数年度）．
注：分析単位は市町村．横軸は市町村の人口（対数），縦軸は市町村の労働人口における建設業従事者の割合（％）．実線は OLS 予測値．

いうよりも，総需要の形成や地域間の所得移転の役割のほうが大きかった．また，地方における雇用を提供していた事実もある．地方において公共事業への依存度が高いということは，公共事業の削減率が全国一律であったとしても，少なくとも短期的には，地方経済への負の影響は大きいはずである．

ここで，図 7-1 と図 7-6 を比較すると，地方への財政移転と公共事業費が増加している期間は地域間格差が縮小する傾向にあり，反対に前者が減少している期間は後者が拡大する傾向にある．この結果は都道府県単位の所得データから算出した変動係数と公共投資における地方圏の割合との関係に類似している（林 2004）．また，図では示していないが，市町村単位の情報を見ると，例えば 1990 年以降では，市町村の一人当たりの普通建設事業費の変化と，一人当たり所得の成長率は，正の関係にある（地方財政調査研究会 複数年度）．すなわち，一人当たり普通建設事業費が減少した市町村ほど，所得が下落する傾向にある．

上記の結果は，地方自治体への財政移転や公共事業の削減といった政策が，近年の地域間格差の拡大を招いたかもしれないことを示唆している．ただし，

政策と言っても幅広い．例えば規制緩和等も，地域の所得に与える影響が全国一律ではないことが予想される．政策が特定の産業や企業に与える影響が一律でなく，また，産業や企業の立地の分布が全国一律でないならば，それらは地域間格差に影響を与えることが予想される．政策全般が地域の所得や地域間格差に与える影響についての検証は今後の課題としたい．

3. 地域間格差拡大の政治的影響

　構造改革など政府の施策が近年の地域間格差拡大を引き起こしたという因果関係の立証はできていないが，格差の動向は，地方政府への財政移転や公共事業の削減と何らかの関係があることを示す情報は提示した．また，政策と所得との因果関係にかかわらず，上記の情報から，2000年以降地域間格差が拡大していることと，地方において所得の下落幅が大きいことは明らかである．では地域間格差の拡大と地方の経済的停滞の政治的影響はどのようなものだったか．具体的には，これらは自民党が政権党の地位を失うことに影響を与えたのか．

　この問いを考える作業においては，業績評価投票を検討することから始めるのが有益であろう．業績評価投票の考え方に基づくと，経済的な懸念に基づく投票は，(1) 過去の業績を回顧するもので，(2) それは現職や政権党の業績に関するものであり，(3) さらに経済政策そのものではなく経済政策の結果に関するものであるとされる (Kiewiet and Rivers 1984, 370)．政治経済学の古典的な前提によると，有権者は複数の選択肢の中からもっとも自分自身の選好に近い政策を提示する候補者や政党に投票する (Downs 1957)．しかし有権者にとって，選挙ごとに情報を収集し，複数ある選択肢のそれぞれが実現された場合に有権者自身の効用がどのように変化するのかを予測し，これらの情報と予測に基づいて投票するのは費用のかかる作業である．そこで有権者は，選挙前に政権党の座にあった政党のもとで自身の生活水準が向上したか否かなど，より簡単に入手できる情報を活用すると考えられる (Kramer 1971)．このような考え方に沿うと，2000年以降，自民党の得票率は，所得の下落した小規模自治体において低下していることが予想される．

（1）市町村の人口規模と衆院選結果の変遷

図7-9と図7-10は，市町村の人口規模と，衆院選における自民党候補の得票率（得票数を投票者数で割ったもの）との関係を示している．自民党を中心とした連立政権の場合は，自民党と連立を組む政党の候補者の得票率も含める．図7-9は選挙制度改革前5回の選挙，図7-10は選挙制度改革後5回の選挙のものである．図7-9が示すように，中選挙区制時代，自民党は小規模自治体において高い得票率を得ていた．1994年の選挙制度改革によって一票の格差が大幅に是正され，都市部の議席が増加したが（Horiuchi and Saito 2003），図7-10で見られるように，自民党は選挙制度改革後も引き続き小規模自治体で高い得票率を獲得し続け，大都市での得票率は低いままだった．しかし2005年と2009年の衆院選は，それ以前とは大きく異なった傾向を示している．2005年の衆院選では，市町村の人口規模と自民党の得票率の関係が極めて弱くなっている．さらに2009年については，2003年やそれ以前と同様，人口規模と自民党の得票率は負の関係にあるものの，切片は小さくなっており，小規模の市町村における自民党の得票率は2003年以前よりも低い状態が続いている．

さらに，得票率の増減を直接見るために，図7-11では横軸に市町村の人口規模を，縦軸に2000年以降に行われた衆院選での与党系候補の小選挙区における得票率の変化をとってある．図で示されるように，2000年から2005年，2000年から2009年，2003年から2005年，そして2003年から2009年では，人口規模と得票率の変化に正の関係が見られる．

（2）所得の増減と自民党

自民党の地方での苦戦は，地域間格差が拡大して地方での所得が下落した時期と重なる．では所得の下落と自民党の得票率の下落は関連しているのだろうか．図7-12は一人当たり所得の変化と自民党の得票率の変化を示したものである．三つのパネルでは，2000年から2003年，2000年から2005年，2003年から2005年の変化を示している[2]．

図7-12によると，三つのパネルいずれにおいても所得の変化と得票率の変

---

[2] なお，2009年の所得のデータは本章執筆時点で公表されていないので，図7-12の分析では，2005年以前と2009年の所得の変化と得票率の変化を表す情報は示されていない．

第 7 章　地域間格差と政権交代

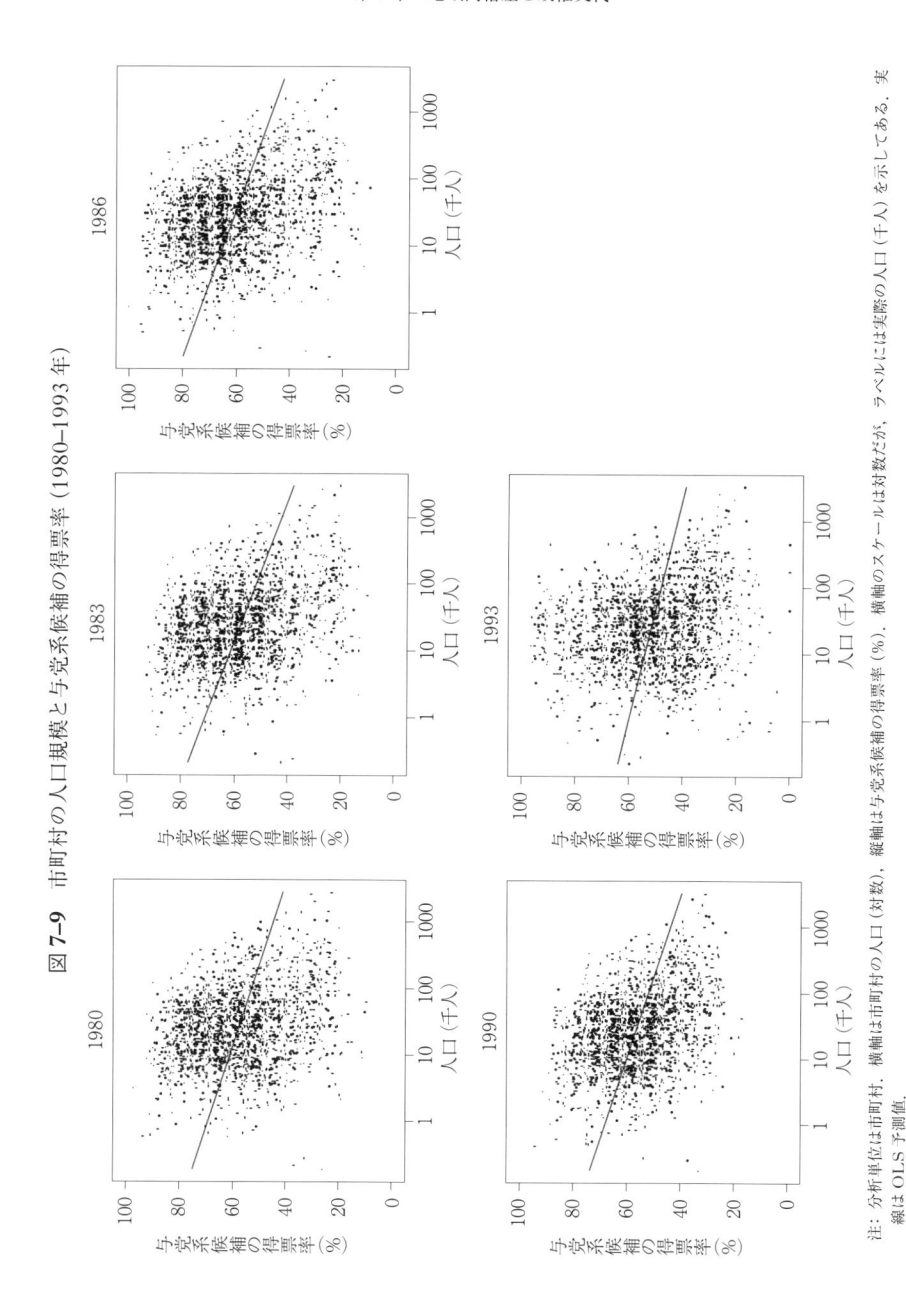

図 7-9　市町村の人口規模と与党系候補の得票率 (1980-1993 年)

注: 分析単位は市町村. 横軸は市町村の人口 (対数), 縦軸は与党系候補の得票率 (%). 横軸のスケールは対数だが, ラベルには実際の人口 (千人) を示している. 実線は OLS 予測値.

第 III 部　動員低迷と政権交代

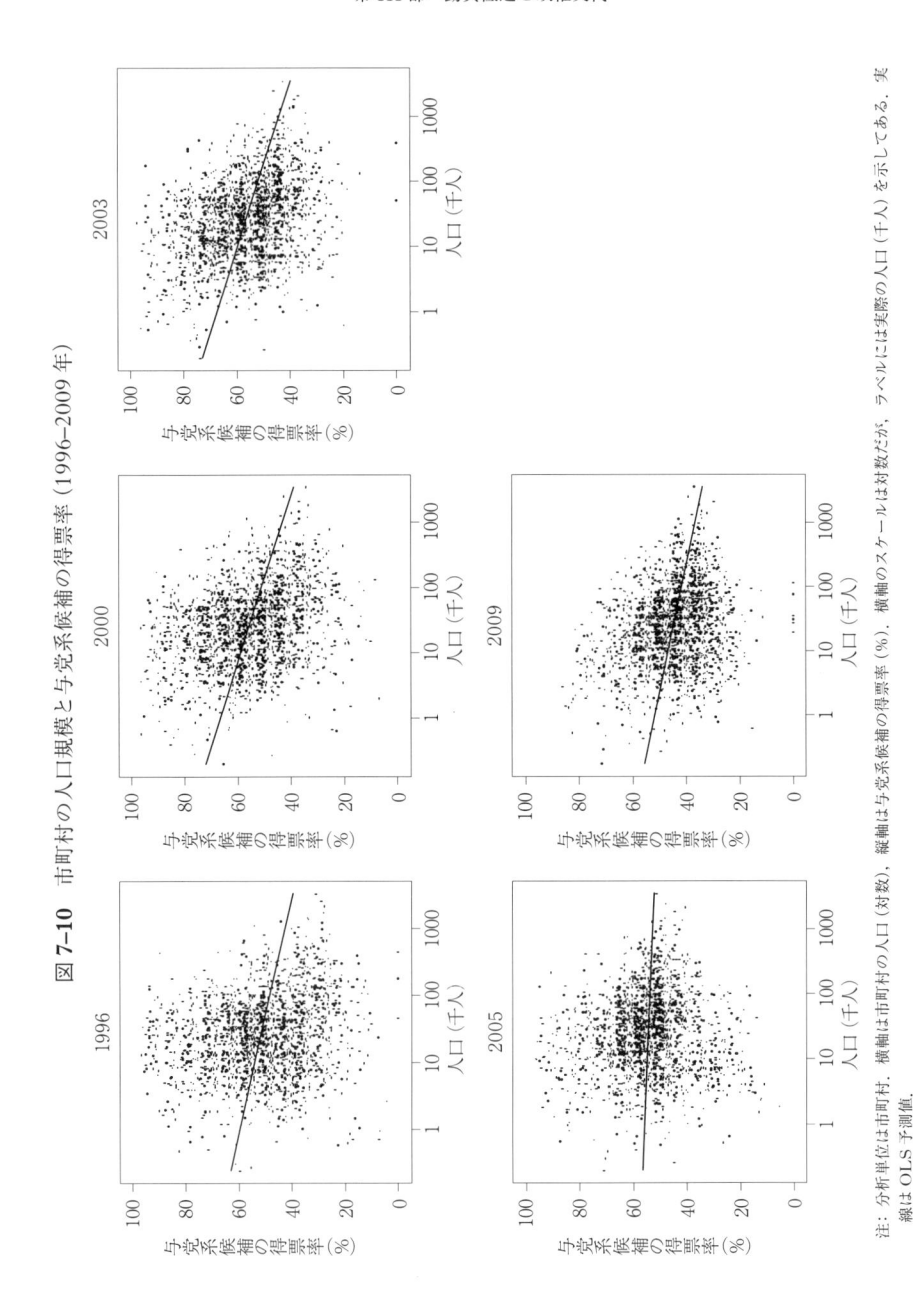

図 7-10　市町村の人口規模と与党系候補の得票率（1996–2009 年）

注：分析単位は市町村．横軸は市町村の人口（対数），縦軸は与党系候補の得票率（%）．横軸のスケールは対数だが，ラベルには実際の人口（千人）を示している．実線は OLS 予測値．

第 7 章　地域間格差と政権交代

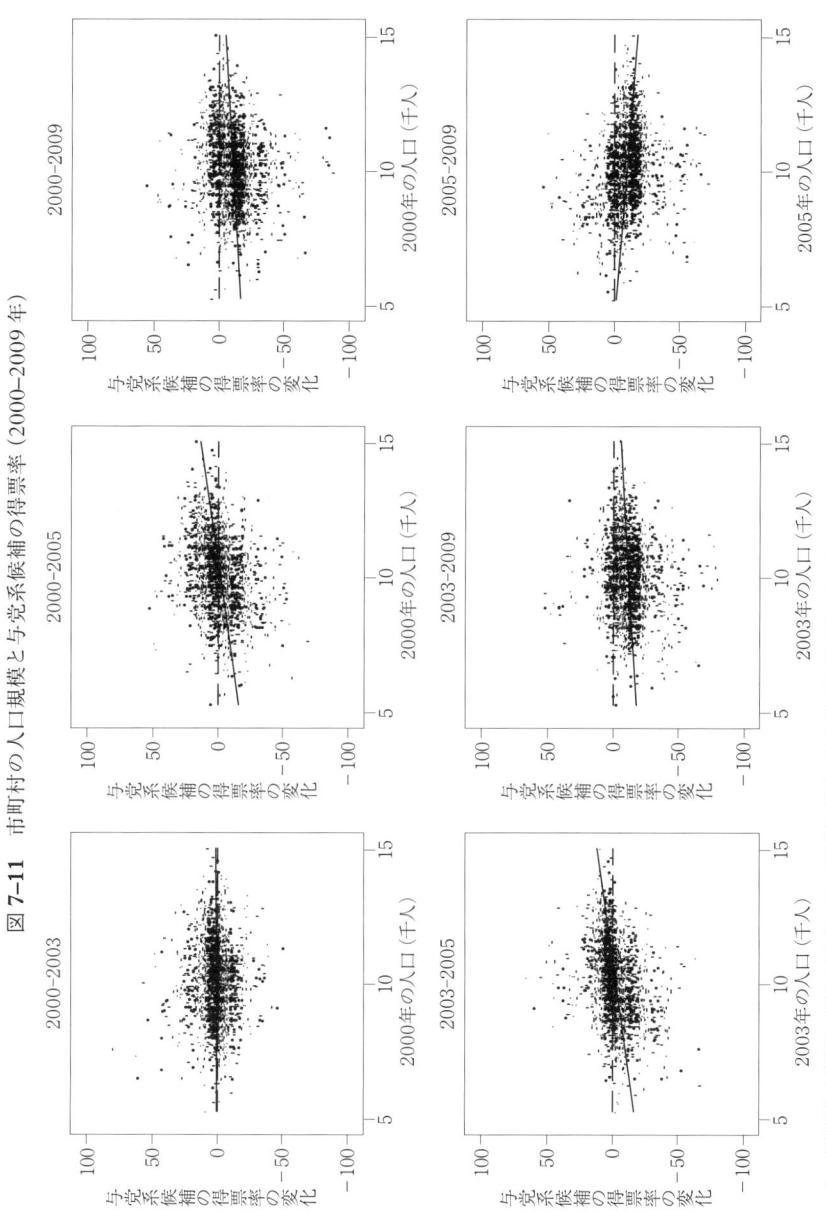

図 7-11　市町村の人口規模と与党系候補の得票率（2000-2009 年）

注：分析単位は市町村。横軸は市町村の人口（対数）、縦軸は与党系候補の得票率の変化（パーセンテージ・ポイント）。横軸のスケールは対数だが、ラベルには実際の人口（千人）を示してある。点線は y=0、実線は OLS 予測値。

第 III 部　動員低迷と政権交代

図 7–12　所得の成長率と与党系候補の得票率の変化

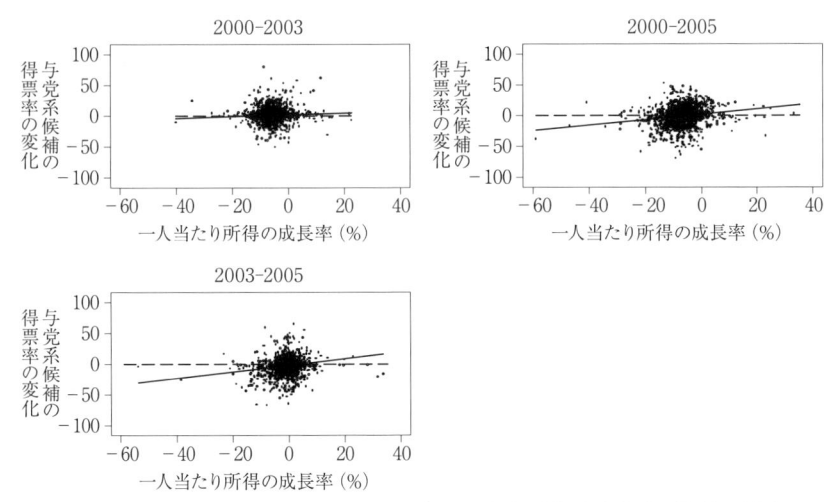

注：分析単位は市町村．横軸は市町村の一人当たり所得の成長率（％），縦軸は与党系候補の得票率の変化（パーセンテージ・ポイント）．点線は $y=0$，実線は OLS 予測値．

化は正の関係にある．特に 2000 年から 2005 年と，2003 年から 2005 年の傾きが大きい．この関係は市町村の人口規模や建設業従事者の割合などの要因を考慮しても，統計的に有意である．表 7–1 は上記の三つの期間について，与党系候補の市町村単位での得票率の変化を従属変数，一人当たり所得の成長率を独立変数とした回帰分析の結果を示したものである．それぞれの期間について，単回帰分析（モデル 1）の結果と，第 2 節で検討した要因を制御変数として加えた重回帰分析（モデル 2）の結果を提示する．

表 7–1 のモデル 1 から見られるように，所得の変化率は与党系候補の得票率の変化に正で統計的に有意な影響を与えている．また，モデル 2 で示されているように，制御変数を加えても，所得の成長率が得票率の変化に与える影響は，正で統計的に有意である．係数の大きさも本質的に意味のあるものである．たとえば 2000 年から 2005 年の期間でのモデル 2 を検討すると，所得の変化率に係る係数は 0.68 である．これは，他の条件を一定とすると，市町村の一人当たり所得の 1％ の上昇は，与党系候補者の得票率の 0.68 ポイントの上昇を伴うと解釈できる．1 ポイント弱の値でも小選挙区単位での選挙結果を左右しう

第7章 地域間格差と政権交代

表7–1 所得の成長率と与党系候補の得票率の変化

	2000–2003		2000–2005		2003–2005	
	モデル1	モデル2	モデル1	モデル2	モデル1	モデル2
一人当たり所得の変化(%)	0.33*	0.43**	0.69***	0.68***	0.61***	0.33**
	(0.17)	(0.19)	(0.12)	(0.12)	(0.13)	(0.14)
人口の変化(%)		0.02		−0.03		−0.02
		(0.04)		(0.05)		(0.04)
一人当たりの国からの財政支出の変化(%)		−0.03		0.00		−0.03
		(0.03)		(0.02)		(0.02)
人口(対数)		0.52*		1.96***		1.63***
		(0.29)		(0.38)		(0.24)
建設業従事者の割合の変化(パーセンテージ・ポイント)		−1.99***		0.41		4.55***
		(0.66)		(0.49)		(0.97)
高齢者の割合の変化(パーセンテージ・ポイント)		1.84**		1.90***		1.02
		(0.76)		(0.54)		(0.92)
定数	3.32***	−7.41*	7.74***	−20.98***	2.69***	−16.16***
	(1.14)	(3.84)	(0.89)	(4.69)	(0.41)	(3.10)
サンプル数	1798	1797	1798	1797	1798	1797
R^2	0.01	0.03	0.06	0.13	0.02	0.11

注:従属変数は小選挙区における与党系候補の,市町村単位での得票率の変化.単位はパーセンテージ・ポイントである.2000–2003は2000年から2003年の変化,2000–2005は2000年から2005年の変化,2003–2005は2003年から2005年の変化をみている.2000–2003および2000–2005の各モデルは2000年の市町村人口で,2003–2005の各モデルは2003年の市町村人口でウェイトづけをされている.頑強標準偏差は括弧内に報告してある.2003年の建設業従事者および高齢者の割合は2000年と2005年の情報をもとに線形補間を行った.***$p<0.01$,**$p<0.05$,*$p<0.1$.

る.また,小選挙区制においては少しの得票率の変化が,議席率の大きな変化につながる傾向があることを考慮すると(Taagepera 1973; Tufte 1973),所得の変化によってもたらされた得票率の変化は,政治変動を考える上で無視できないと考えられる.

4. 結 論

以上の結果は主に記述統計から得られたものであり,本章の分析では因果関係の立証は行われていない.今後の研究では理論モデルの構築とともに因果関係についてより厳密に実証することが求められるが,本章で示された結果が実

際に起こったことを示しているならば，結果について二つの疑問が発生する．

第一に，1990年代に膨大な財政移転や公共事業が行われたにもかかわらず，なぜ地方の所得は2000年以降伸び悩んだのか．資源が経済成長を引き起こす目的を達成できないような使われ方をしていたのならば，それらが削減されるとすぐに地方の所得が下落してしまったことは不思議ではない．財政移転や公共事業が地方経済の生産性を向上させるような使われ方をしていて，さらにそれが民間による開発や工場誘致を誘発していれば，長期的には財政移転や公共事業への依存度が今ほど大きくはなく，その削減が地方経済に与える負の影響も深刻ではなかったのかもしれない．だとするならば，なぜ資源が成長を誘発しないような使われ方をしたのか，またそのような資源の使い方が政治的に合理的だったのかを検討すべきである．

第二に，もし構造改革などの施策が自民党の従来の支持基盤を弱体化させたのならば，自民党はなぜそのような自滅的なことを行ったのか．まず考えられるのは，経済状況が歳出の現状維持や拡大を許さなかったことである．バブル崩壊以降の不況により，経済を活性化させるために大規模な財政出動が行われたが，それは結果として地方の所得を押し上げる効果があり，地域間の所得格差は縮小した．その一方で不況は税収の低下も招き，膨大な歳出拡大の財源には国債や地方債があてられた．しかしそのような財政運営は持続可能ではなく，経済が好転する兆しが見られると，政府は歳出削減などの財政改革を実施する必要に迫られた．すなわち，より根本的なところでは，自民党の地方での得票率の低下は，経済状況の悪化によってもたらされたとも解釈できる．

また，より政治的な視点から，公共事業や地方自治体への財政移転の削減など一連の改革は，自民党にとって合理的な選択だったとの説明も可能である．1994年の選挙制度改革では，小選挙区比例代表並立制が導入されると同時に一票の格差が是正され，これによって都市部の議席の比率が増加した．それまで自民党は地方に資源を集中投下することによって地方での高い得票率と議席率を持ち，一票の格差の助けもあって衆院で過半数の議席を確保していた．しかし，小選挙区比例代表並立制の導入により一部の選挙区で大量に得票する意味は薄れた．さらに一票の格差が是正されたこともあって，都市部で議席を得る必要に迫られた（斉藤2010; Rosenbluth, Saito, and Yamada 2009; 本書第1章）．

都市部での競争力をつけるには，都市部の有権者に無駄だとみなされる公共事業や地方への財政移転を削らざるを得なくなったのであろう．すなわち，都市部の政治的重要性が増したことによって，地方への過剰な利益配分は経済的のみならず政治的にも持続可能ではなくなったと考えられる．

参 考 文 献

岳希明．1995．「戦後日本における県民所得格差の縮小と県別要素賦存の変化」『日本経済研究』29: 126–62.
斉藤淳．2010．『自民党長期政権の政治経済学：利益誘導政治の自己矛盾』勁草書房．
重森曉・関野満夫・川瀬憲子．2002．『地方交付税の改革課題』自治体研究社．
市町村税務研究会．複数年度．『個人所得指標』市町村税務研究会．
総務省統計局．複数年度．消費者物価指数（CPI）結果．(http://www.stat.go.jp/data/cpi/1.htm) 最終閲覧日：2010年11月30日．
地方財政調査研究会．複数年度．『市町村別決算状況調』地方財務協会．
中里透．1999．「公共投資と地域経済成長」『日本経済研究』39: 97–115.
日本マーケティング教育センター．複数年度．『個人所得指標』日本マーケティング教育センター．
林宜嗣．2004．「公共投資と地域経済：道路投資を中心に」『フィナンシャル・レビュー』（財務省財務総合政策研究所）74: 52–64.
Barro, Robert J., and Xavier Sala-i-Martin. 1992. "Convergence." *Journal of Political Economy* 100(2): 223–51.
Barro, Robert J., Xavier Sala-i-Martin, Oliver Jean Blanchard, and Robert E. Hall. 1991. "Convergence across States and Regions." *Brookings Papers on Economic Activity* 1991(1): 107–82.
Doi, Takero. 2004. "A Missing Link in Decentralization Reform in Japan: 'Trinity Reform Package'." PRI Discussion Paper Series, Ministry of Finance, Policy Research Institute. (http://www.mof.go.jp/pri/research/discussion_paper/ron088.pdf) 最終閲覧日：2011年11月6日．
Downs, Anthony. 1957. *An Economic Theory of Democracy*. New York: Harper.
Fujita, Masahisa, and Jacques-François Thisse. 1996. "Economics of Agglomeration." *Journal of the Japanese and International Economies* 10: 339–78.
Horiuchi, Yusaku, and Jun Saito. 2003. "Reapportionment and Redistribution: Consequences of Electoral Reform in Japan." *American Journal of Political Science* 47(4): 669–82.
——. 2009. "Removing Boundaries to Lose Connections: Electoral Consequences

of Local Government Reform in Japan." Paper presented at the annual meeting of the Midwest Political Science Association, Chicago, April 2–5.

Horiuchi, Yusaku, Jun Saito, and Kyohei Yamada. 2009. "Politics of Municipal Mergers in Japan: The Electoral Resource Allocation of the Dominant Party." Paper presented at the annual meeting of the American Political Science Association, Toronto, September 3–6.

JPS. 複数年度.『個人所得指標』JPS.

Kiewiet, D. Roderick, and Douglas Rivers. 1984. "A Retrospective on Retrospective Voting." *Political Behavior* 6(4): 369–93.

Kramer, Gerald H. 1971. "Short-Term Fluctuations in U.S. Voting Behavior, 1896–1964." *American Political Science Review* 65(1): 131–43.

Mochida, Nobuki. 2008. *Fiscal Decentralization and Local Public Finance in Japan*. New York: Routledge.

Rosenbluth, Frances, Jun Saito, and Kyohei Yamada. 2009. "Electoral Adaptation in Japan: Party Strategy after Electoral Rule Change." Paper presented at UCLA Workshop on Japan's Post-Bubble Political Economy, UCLA, September 11–12.

Sachs, Jeffery D., and Andrew Warner. 1995. "Economic Reform and the Process of Global Integration." *Brookings Papers on Economic Activity* 1995(1): 1–118.

Scheiner, Ethan. 2006. *Democracy without Competition*. New York: Cambridge University Press.

Taagepera, Rein. 1973. "Seats and Votes: A Generalization of the Cube Law of Elections." *Social Science Research* 2(3): 257–75.

Tufte, Edward R. 1973. "The Relationship between Seats and Votes in Two-Party System." *American Political Science Review* 67(2): 540–54.

第8章
地方行財政改革と政権交代

斉藤 淳

1. はじめに

　2009年の総選挙は自民党のかつてない大敗をもたらした．自民党議席が衆議院で過半数を割り，しかも第一党の座を他党に譲ったのは史上初であった．さらに，2007年参院選，2009年総選挙と国政選挙で二回連続で敗退したのも未曾有の出来事であった．それ以前には参院選において改選議席の過半数を割り込む敗北を喫することはあったものの，次の国政選挙で自民党は必ず勝利をおさめてきた．ところが2009年総選挙では，それまでのような復活劇は起こらなかったのである．

　自民党のこの歴史的大敗は，自民党の政策実績に対する有権者の不満の増大に起因するとされる[1]．しかしこの仮説では，これまでに似た状況で行われた選挙で，なぜ政権交代が起こらなかったのか説明できない．例えば選挙直前の内閣支持率を見るなら，2000年と2009年はどちらも同じく19%の低水準である[2]．政権に対する評価が芳しくない状況でも，以前の自民党は他党との連立や，解散時期を操作することで幾度の危機を乗り越えてきた（Smith 2004; Kayser 2005; 斉藤 2010, 第4章）．つまり政権に対する支持率の変動だけでは，2009年の総選挙でなぜ自民党が惨敗したのか，説明できない．

　これに対し本章は，一連の地方行政改革の中で，とりわけ平成大合併が自民

---

1) 例えば総選挙直後に読売新聞社が行った世論調査によれば，民主党議席が大幅に増えた理由について，回答者の46%が「自民党や麻生首相への不満」を選択し，「政権交代への期待」37%が続き，「政権公約への評価」は10%，「鳩山代表への期待」は3%であった．『読売新聞』2009年9月2日．

2) 朝日新聞社による世論調査による．『朝日新聞』2000年5月30日，2009年6月16日．同調査による内閣支持率時系列については斉藤 (2010, 図4.3) を参照．

党に決定的な打撃を与えた可能性を指摘する．地方分権改革が国政選挙に与えた影響は不明瞭だが，こと自治体合併については自民党の地盤を弱体化させ，国政選挙での連続的な敗退につながる打撃をもたらした．1990年代後半から自民党が進めてきた自治体合併は国政選挙における自民党の実動部隊すなわち地方議員団の人数を大幅に減らすことになっただけでなく，中央政府からの庇護を受けるために多数の地方自治体が互いに競争する「分断支配」型選挙動員の効果を削いでしまった．この可能性を明確に示す目的で，まず第2節では日本の地方自治体が，自民党による庇護をうけるための選挙動員ベルトラン競争状態に置かれていたことを指摘するとともに，地方行政改革の歴史を振り返る．続いて第3節では自治体合併が自民党政権維持にどのような経路で悪影響を及ぼしたかを説明する．

2. 自民党による地方政府選挙動員と地方行財政改革

(1) 自民党集票マシーンとしての自治体

これまで指摘されてきたように自民党は，地方議員団による恩顧主義ネットワークが地方組織基盤を形成し，長期政権の維持に大きな役割を果たしてきた（Fukui and Fukai 1996; Scheiner 2005）．自民党は，選挙動員と監視の実動部隊として地方自治体そのものを巧妙に利用してきたが，一方で近代日本の地方自治体の重要な制度的特徴の多くは，戦後改革の産物である．

日本国憲法第8章（92条から95条）は地方自治体を地方公共団体として規定し，詳細な制度的規定は地方自治法によって定められている．自律的な機関であるべきという強い規範的主張を含意する正式名称にもかかわらず，日本の地方自治体はその後，高度に上意下達的な中央集権的政治システムの基底を構成する組織となった．支配政党としての自民党は，自治体関係者を選挙目的で動員することで，政権を維持してきたのである（浅野1998；石川・広瀬1989；Scheiner 2005）．

地方自治体は，制度としては極めて同質的な基本的特徴を有するが，人口動態や産業構造において大きな違いが存在し，そのため自治体間で税収規模や提供される行政サービスの格差が生ずる．地方自治体の支出は日本の国家支出の

約 60%（地方，国レベルの歳出を合算した場合）を占めるが，一方でその地方政府分の税収は，国と地方全体の税収の約 40% にすぎない．国全体で同程度の政府サービスを維持するためには，大規模な地域的所得再分配が必要となる．

自治体を通じた地域的所得再分配は，制度的には地方交付税交付金制度と国庫補助事業を通じてなされた．自民党結党以前の 1947 年に既に，この制度的枠組みを形作る地方財政法が制定され，1950 年には同様の地方交付税法が制定されている．地方交付税交付金は，いわゆる一般補助金であり，配分額は所定の算定式によって決定され，配分後は地方地自体の裁量によって使途が決定される．これに対して国庫支出金は特定補助金であり，事業毎に使途を限定した形で財政移転がなされる．この二つの財政移転は，2007 会計年度においてそれぞれ地方自治体支出の平均 11.8%，10.9% を占めていた（地方財政調査研究会 2009）．当然ながら住民一人あたりでみた財政移転額は，強固な税収基盤を持たない人口規模の小さい自治体ほど多くなる傾向にある．

中央政府からの財政的支援を獲得するために自治体関係者が奔走する過程は，その論理的構造をベルトラン競争ゲームとして把握することが出来る (Persson, Roland, and Tabellini 2000)[3]．例えば町長 A と隣町の町長 B が自民党から供給される便益の獲得をめぐって競争している状況を想定する．両者は国政選挙で自民党を支持するという条件で政府間移転を要求する．仮にこれを下回る場合は町長が選挙運動を放棄してしまう最低水準の補助金額を「留保補助金額」としよう[4]．両町長は自分が選挙運動を提供する価格，つまり努力に対する見返りの報酬としての補助金額を値切ってでも少しでも多くの政策便益を得ようとする誘因に直面する．多少の額であっても財政移転は地方自治体にとって有益であり，町長は移転額が選挙動員の限界費用と一致するまで留保補助金額を値

---

3) ベルトラン競争は寡占市場分析モデルであり，競合する企業は価格を通じて競争し，各企業が競合他社の最適価格を考慮することで利潤を最大化する（例 Varian 1992）．企業が生産量を通じて競争するクールノー競争に比べ，ベルトラン競争では企業がより弾力的な需要曲線に直面するため，ナッシュ均衡価格は完全競争下での価格と一致し，価格は各企業の限界費用を反映する．その結果として企業はより低い価格でより多くの産出量を実現し，消費者余剰はパレート最適となる．

4) 留保賃金とは労働経済学の用語で，就業を受け入れる最低水準の賃金のことを言う．この文脈で留保補助金とは，地方政治家が与党の選挙活動を引き受ける上での最低水準の財政移転のことである．

切り続ける．結果として中央政府は，低コストで最大限の選挙動員努力を手にする．

便益の配分と集票活動を，より細分化された地域単位で実行に移したのが地方議員団であった．自民党は投票実績によって便益配分の采配を行うやり方で，既存の選挙監視体制を効果的に用いてきたが (斉藤 2010)，これは数多くの市町村議会議員が存在することで可能であった．市町村議会議員定数は，自治体人口規模に対して増加する階段関数として設定されているが (和田 2009)，人口規模が大きくなるにつれて増加幅は減少していく．従って自治体合併はほぼ全ての事例において住民一人当たり議員数の減少につながると予想できる．

(2) 近年の地方行政改革

地方議会の制度的特徴もまた，自民党が市町村議会議員を通じた細切れの便益を地域的に配分する結果をもたらしてきた．各議員は単一選挙区から単記非移譲式投票によって選出され，議員は常に少数の有権者に集中的に利益を分配する誘因に直面し続ける (Myerson 1993)．日本の地方自治は，いわばこうした恩顧主義的文脈と中央集権体制の中に構造化されていたのである．こうした状況を変更し，地方の自己責任において公共政策を行う体制を構築しようとしたのが一連の地方行財政改革の流れであった．

近年行われた地方分権改革を振り返る上では，自民党政権と自治体首長の関係が蜜月と言われていた時代まで遡り，これが後年の分権化改革を巡る潮流をいかに形作ったかを考える必要がある．革新知事，市長が地方から自民党支配を脅かしていた 1960 年代，70 年代の対立的な時代とは異なり，80 年代に差し掛かると自民党は地方政治家を抱え込み彼らと連携する形で政権を維持していった．一方で地方政治家も自民党国会議員の輩出母体となり，個々の政治家も自らの野心を達成するために自民党に接近することとなった．元滋賀県知事の武村正義，あるいは参議院議員の後に熊本県知事を務め再び国政に復帰することになる細川護熙は，こうした政治家の代表格である．

地方の時代と言われた 1980 年代，中央政府から地方政府への財政移転は金額としては減少傾向にあったものの，自民党と地方政府との間の関係は良好であった．しかしながら地方政治家の側が自民党による中央集権的な支配に満足

していたわけではなく，例えば細川と元出雲市長の岩國哲人は，バス停の場所を数メートル移動させるだけでも運輸省の許可を得なければならない事例を挙げ，過度の中央集権支配を嘆いた (細川・岩國 1991, 10). 改革志向の国会議員もまた中央政府による過剰関与とその問題を認識していた．例えば小沢一郎の政策要綱『日本改造計画』の大部分は地方分権改革に焦点をあてていた (小沢 1993). 細川はその後，日本新党を結成し 1993 年 8 月から 1994 年 4 月まで初の非自民連立政権の首相の座にあった．1993 年の政権交代によって発足した非自民政権は短期間で終焉を迎えたが，非自民陣営を一つにまとめあげるうえで一つの推進力となったのが，地方分権改革であった．

　非自民連立政権が瓦解すると，自民党は社会党党首の村山富市を首班とする自社さきがけ連立政権を誕生させることで政権を奪取した．しかし一方で自社さ連立政権は地方分権化の流れを止めることはなかった．1994 年に地方分権の推進に関する大綱方針を村山内閣が閣議決定した翌年，国会は地方分権推進法案を可決した．この地方分権推進法によって地方分権改革の基本的事項について調査審議する地方分権推進委員会が設置された．1996 年から 1998 年までの間に，委員会は 5 次にわたる勧告を政府に提出した．後に小渕内閣はこれらの勧告に基づいて，1998 年に地方分権推進計画の骨子をまとめた．この計画は地方分権を推進するとともにより水平的に中央と地方の政府間関係を形づくることを目指すものだった．小渕内閣は翌年，地方分権一括法案を国会に提出した．この法案には 475 の関連法案の修正や，さらに重要なことには，中央政府が地方政府に委任していた機関委任事務の廃止などが盛り込まれた．

　長年の仇敵である社会党の党首を担ぐ形で 1994 年 6 月に政権復帰して以後，自民党は景気対策の担い手として地方政府を活用していくが，地方政府はとりわけ小渕政権期に大規模な負債を抱えることとなった．一方で改革派知事が続々と誕生したのは同時期のことであった．宮城県知事浅野史郎，三重県知事北川正恭，高知県知事橋本大二郎，岩手県知事増田寛也，鳥取県知事片山善博などをはじめ，これら改革派知事の多くは既存政党から一定の距離を保つ，一連の地方行政改革を推進していった．

　ここで留意すべき事実は，これらの主要な制度改革が，連立政権によって実行されたということである．1995 年の地方分権推進法案は，自民党，社会党，

新党さきがけの連立政権によって進められ，1999年の地方分権一括法案も自民党と小沢一郎率いる自由党によって提出された．自民党，公明党，自由党の三党が1999年に合意した連立政権政策合意文書もまた，地方自治体合併を実施するという条件を含んでいた．

(3) 小泉政権と三位一体改革

構造改革はいわば小泉政権のスローガンであったが，地方自治体に関する改革は2001年の小泉純一郎総裁選出以前に既に存在していたのである．こうした動きの延長線上で，地方分権改革は小泉政権期にも継続して行われた．この慣性を説明する上で見逃せないのが，1994年の選挙制度改革によって，自民党が選挙戦略の変更を余儀なくされた事実である．小泉首相本人は選挙制度改革には反対だったものの，いったん首相に就任してからは，小選挙区制のもたらす誘因に忠実に選挙戦略を組み立てていった．小泉内閣は三位一体改革と呼ばれる地方行財政改革を進めたが，その内容は(1)中央政府からの補助金の削減，(2)地方政府への税財源の移譲，(3)地方交付税の制度見直しの三つの柱で構成されていた．三位一体改革は地方分権に対するビッグ・バン・アプローチであり，既得権益の鉄の三角形を構成する自民党族議員，中央官僚，地方政府は一様にこれら三つの柱に反対すると予想されていた．小泉内閣の手法は，これらの改革を同時に行うことで自民党内部の反対を抑止する意図を持っていた．

個別の地方行財政改革事案が選挙に与えた影響は必ずしも明瞭とは言えない．例えば地域限定で規制緩和を促す構造改革特区の導入は，予算措置を伴わずに選別的に利益誘導を可能にするための工夫として理解することも可能である．あるいは補助金の削減は，少なくとも短期的には，自民党からの便益に対して地方政府間の競争が激化するという効果を持っていた．例えば，2003会計年度予算が発表される直前の2002年12月，国会議員を訪問する陳情者の数は過去最大となった．補助金削減の直後に行われた2003年総選挙では野党側の民由合併にもかかわらず自民党は政権の維持に成功した．2005年郵政解散は特に山間部や農村地域での自民党集票マシーンを弱体化させると考えられたが，結果的には自民党陣営は地滑り的大勝をおさめた．しかし，いったん2006年の春に平成の大合併が完了してからは，自民党は国政選挙において連敗を喫するこ

とになったのである．

　ここで重要な事実は，三位一体の改革が同時期に着々と進められていた自治体合併と密接に結びついていたことである．とりわけ中央政府からの補助金の削減と地方交付税の見直しは，小規模自治体に近隣自治体との合併を促す効果を持ち，結果的には自民党集票マシーンを弱体化させることになった．いずれにせよ，これら改革の推進にもかかわらず，自民党は 2009 年に至るまで政権に留まることに成功した．中央集権によって構造化された恩顧主義から決別することは，都市部で新たな集票力を確保できる限り必ずしも政権交代につながるわけではなく，地方分権改革がもたらす選挙への影響はプラスともマイナスとも言い難いものであった．しかし 2006 年 3 月まで行われた市町村合併は，自民党の集票力に後遺症をもたらすものであった．

3. 市町村合併と自民党政権の終焉

(1) 平成大合併の特徴

　小泉政権誕生以前から，自治体合併を推進する手続き的な基盤は既定路線であった．合併特例法は 1995 年と 1999 年に改正され，合併する市町村に資金的誘因が供給されることとなった．中央政府が自治体合併を強制したスウェーデンとは異なり，日本では財政的誘因に依拠しつつも，究極的には合併の可否について各自治体の判断にゆだねたのである．つまり誘因は中央政府と自民党によって上意下達の形をとって決定されたが，自治体の合併の可否決定自体は地元主導の意志決定過程を伴っていたのである．昭和の大合併では，自治体人口が 8000 人を上回るという要件が設定されたが，今回は同様の人口基準は設けられなかった．

　合併を決定した自治体は合併特例債の発行を認められ，新庁舎の設置，道路の敷設など市町村建設計画に基づく事業に使うことが認められ，さらに特例債を返済する際に元利償還金の 70％ が交付税によって補填されることとなった．加えて，1999 年の合併特例法改正では合併自治体に対して交付税の削減が抑制される条項が盛り込まれた．合併に伴い自治体人口規模が増加すれば，通常なら一人あたり交付税の額は減少する．特例措置なしで合併した場合，自治体は

想定される合算額を下回る交付税しか受け取ることができない．しかしながら，新たに合併した自治体は合併後10年間は合算額を下回らない交付税を受け取ることができることとなった (重森・関野・川瀬 2002)．

これらの誘因に加え，政府は一律に地方への財政移転を減少させた．小泉内閣の三位一体改革の一部として，交付税の総額は2001年から2006年の間に5兆円減額された．戦後の財政移転の仕組みは小規模自治体を優遇するものだったため，交付税の一律減額は小規模自治体に特に大きな影響を及ぼした．自治体が合併する際には，各市町村議会が合併協議会を設置し，実際に合併計画を実施する必要があった．各都道府県も市町村の合併パターンの提示を行うなどの形で合併決定過程に介入することがあった．

いずれにせよ平成の大合併は，規模と速度の両面において画期的な改革であった．中央地方関係の三層構造（国，都道府県，市町村）は維持されたものの，1999年から2010年の間に625の合併が実施され，2,104市町村がこの合併に関わった．このうち多くの合併は特例法の期限が切れる2005会計年度末前に起こった．自治体数は合併促進策が開始された1999年4月1日の時点で3,259市町村あったものが，2006年4月1日には1,847までおよそ45%減少し，この減少分のほとんどが2005年，2006年の2年間に起こっている．

(2) 自治体合併の帰結

国政選挙において地方議員が果たす重要な役割を考えれば，自治体合併によって自民党与党の得票率にマイナスの影響が起こりうることは容易に予想できる．実際に2006年4月に自治体合併がほぼ完了した後，自民党は国政選挙において2回連続して大敗を喫した (2007年参議員選挙，2009年衆議院選挙)．自民党が議席を挽回した2010年参議院選挙でも，得票では民主党を上回ることが出来なかったのである．

自治体データに基づく統計分析結果は，合併した市町村，特に市町村議員の減少した地域では自民党の得票数が衆参両方の選挙で減少したことを示している (Horiuchi and Saito 2009; Horiuchi, Saito, and Yamada 2009)．この原因としては次の経路が考えられる．第一に，自治体数の減少は，それぞれの自治体に於いて「強大な大統領」そのものである首長の人数が減少することを意味する．

第二に，合併によって市町村議会議員の総数が減少した．これは事実上，先述の通り，自民党の有給運動員が減少したことを意味する．合併が進行し，現職の地方議員が引退すれば，自らの再選に執着する必要はなくなる．以前であれば自らの再選運動もかねて自民党国政候補者のために戸別訪問してまわった者が，そうする理由を失ってしまったのである．第三に，市町村は投票結果が集計される基本単位であり，そのため自民党は，選挙区が小規模の自治体に分割されているときは，有権者の投票行動を監視しやすく，選挙結果に応じて飴と鞭を使い分けることが可能だった．しかし，自治体合併によって得票集計単位が拡大してしまえば，地域毎得票実績の正確な監視が困難になる．つまり自民党本部もしくは候補者が監視・動員する形で自治体に集票競争させる，いわゆる分断支配策が困難になったのである．

(3) 自民党得票率の均一化とナショナル・スウィング

本書第1章でも触れたように，小選挙区制導入により，自民党は中選挙区制時代の金城湯池を弱体化させるというコストを支払ってでも，より多くの接戦区を取りに行く誘因に直面した．しかし補助金削減と自治体合併を通じて金城湯池を切り捨てたことにより，支持率が変動した場合に議席を保持するための耐性を失うこととなった．これは即ちスウィング効果の増大に他ならないが，その因果経路は概念的に以下の二通りに分けて考えられる．第一に，国レベルでの得票率が大きく変動するようになった点，第二に，自民党の選挙パフォーマンスが選挙区レベルで均一化している点である[5]．

第二点目を敷衍すると，例えば国全体について同一の得票率平均$\bar{v}$を持つが，分散は異なる二つの場合を考える．簡便化のために選挙区毎得票率の分布が矩形分布に従い，確率密度関数として近似できるほど多数の選挙区があると仮定する（図8-1参照）．一つ目の分布では，選挙区毎の得票率は平均$\bar{v}$の周りに幅広く分散している．二つ目の分布では得票率は平均値$\bar{v}$の近傍に集中している．すなわち，得票分布の密度は$\Psi_1 < \Psi_2$であり，最初の分布において分散が大きい．二つの政党が得票を争う小選挙区制において，50%以上の得票率をもつ全

---

[5] より簡潔に言えば，これは選挙研究の先行研究において，得票変動の全国化として展開された議論と同義である（Kawato 1987; 川人 1990）．

第 III 部　動員低迷と政権交代

図 8–1　選挙区の多様性とスウィング効果

事例 1：得票率のばらつきが大きい

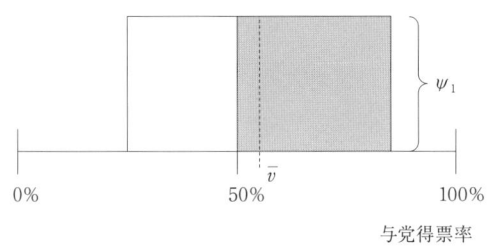

ψ_1

0%　　　　　50%　　　　100%

$\bar{v}$

与党得票率

事例 2：得票率のばらつきが小さい（＝多数の接戦区）

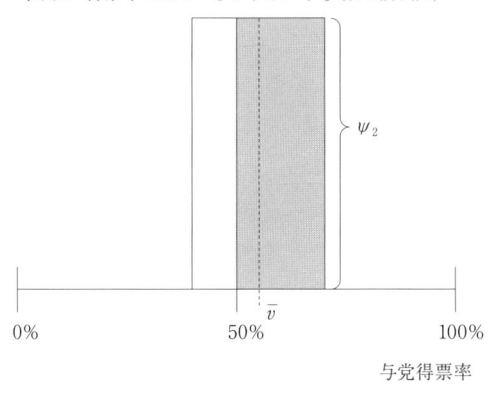

ψ_2

0%　　　　　50%　　　　100%

$\bar{v}$

与党得票率

ての選挙区は与党が独占する場合を考える．ここで，全国的な平均得票 $\bar{v}$ が変動した場合，当然ながら議席の変動は二番目の分布において大きくなる．つまり，接戦区が多数にのぼるため，得票のわずかな変動が大きな議席の変動につながるのである．

　日本の文脈でいえば，自民党の得票力の均一化は，この時期の二つの重要な変化を反映している．一つには，自治体合併が自民党の牙城での得票率を減少させたことである．もう一つには，公明党との連立であり，この連立によってかつて支持基盤の脆弱だった都市部において，自民党候補の得票力が増大した．この変化は与党候補の選挙毎の得票率を示すヒストグラムの変化によって如実に示されている（図 8–2 参照）．小選挙区制が初めて導入された 1996 年の選挙では，各候補者は中選挙区制時代の支持基盤を相続する形で選挙戦を戦うことが

第 8 章　地方行財政改革と政権交代

図 8–2　衆院小選挙区与党候補得票率の分布とその変化

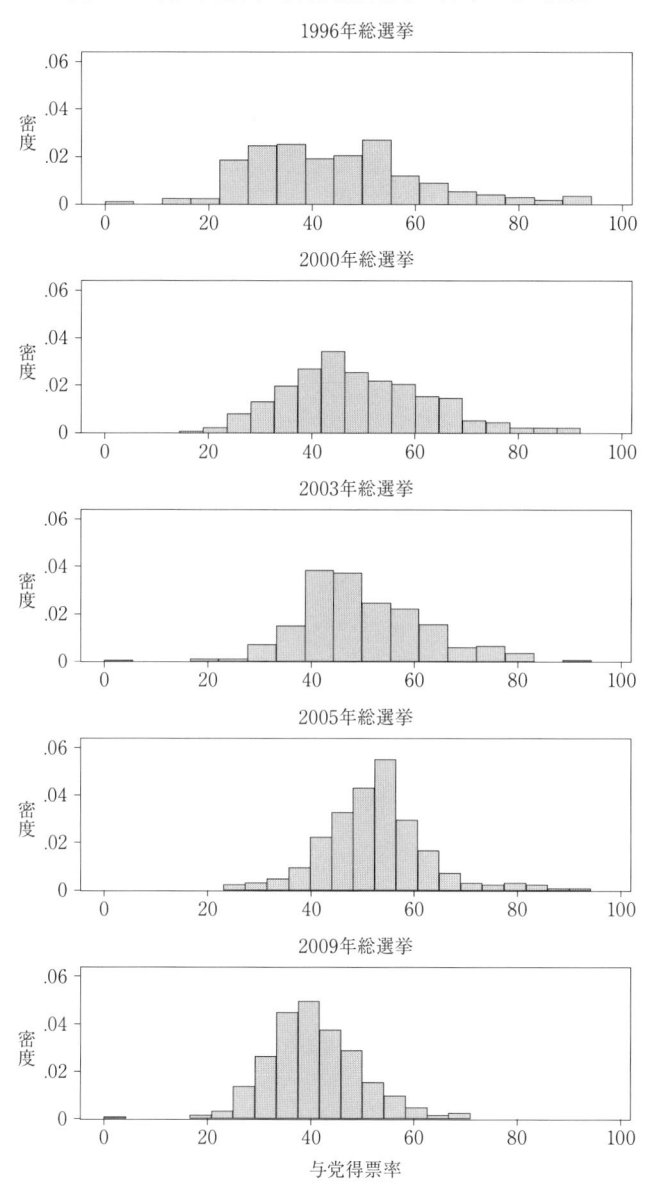

第 III 部　動員低迷と政権交代

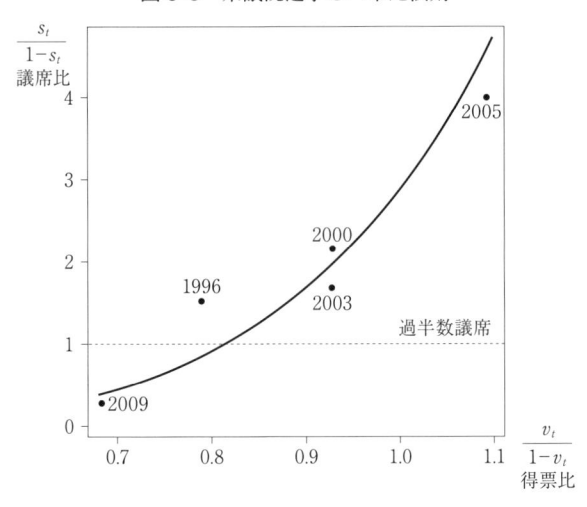

図 8–3　衆議院選挙と三乗比法則

$\dfrac{s_t}{1-s_t}$ 議席比　（縦軸）

$\dfrac{v_t}{1-v_t}$ 得票比　（横軸）

データ点：2009, 1996, 2003, 2000, 2005。破線は過半数議席。

多く，支持の厚い選挙区と，手薄な選挙区とのばらつきが大きかった．結果として，小選挙区での自民党得票力は広く分散していた．しかし公明党が 2000 年から小選挙区における自民党候補を支援し始めたことで，とりわけ都市部で接戦区が増大し，この傾向は 2005 年まで続いた．しかしながら，2005 会計年度内に自治体合併が完了したことで，2007 年参院選，続いて 2009 年総選挙を迎えるまでに，かつて自民党の金城湯池と言われた地域で得票力が減退することになったのである．

得票力の均一化の結果として，自民党の議席獲得実績は大きく変動し始めた．小選挙区制においては，よく知られている三乗比の法則が働くとされる[6]．すなわち，二大政党の議席比が得票比の 3 乗に比するとの仮説である．実際には，

---

6)　一般的に，二大政党制における得票と議席シェアの関係はしばしば以下の関数で表される．

$$\dfrac{s_t}{1-s_t} = \beta \left(\dfrac{v_t}{1-v_t} \right)^{\alpha}$$

ここで選挙 t において，s_t は獲得議席占有率で，v_t は得票率である．α は得票率と議席率の関係を示すパラメターであり，この値が大きければ得票変動に対して議席変動のばらつきが大きい．β は得票に対して議席獲得率が特定政党を利する形になっているかどうかの偏りを表すパラメターである（Tufte 1974）．三乗比の法則が働く場合，$\alpha=3$ となる．

日本の1996年以降の小選挙区制選挙において，5乗に匹敵する大きな議席変動がもたらされていることが分かる（図8-3参照）[7]．得票率と議席シェアの変化の多くは2005年選挙と2009年選挙によって生じており，これは日本の近年の選挙プロセスの均一化または全国化が起こったことを反映している．

4. 結 論

本章の主張は，地方自治体合併によって支持基盤が大幅に弱体化したことが，自民党の大敗に繋がったという点にある．自民党は地方政治家の動員に長らく依存し，地方政治家は自民党からもたらされる政策便益の恩恵に与ってきた．この票と便益の交換システムは，自民党が自治体合併を進めたことにより弱体化してしまったが，これもまた長期的には1994年の選挙制度改革の重要な帰結でもあった．自治体合併がほぼ終了した後，自民党が2007年の参院選，2009年の衆院選と2回続けて国政選挙で敗れてしまったことは，少なくとも自民党が地方議員の選挙動員によって存立していた政党であった事実を如実に物語っている．

政治家が再選を志向し（Mayhew 1974），政党は政権の奪取と維持に専心する（Schattschneider 1942）との見方からすれば，自民党が行った一連の地方分権改革，特に市町村合併促進策は，政治的自傷行為もしくは非合理的選択であったとの誤解を招くかも知れない．しかし連立工作によって政権を維持していく中で，複数政党の利害が交錯する場合には，単一政党が行う最適化とは異なる選択がなされる可能性がある．市町村合併は，1999年自自公連立政権発足の際に三党が合意した政策文書でもその推進が明記されていた．かりに地方行財政改革，あるいは構造改革自体に全く着手しなかった場合，自民党政権は，より早期に終わっていた可能性もあったのである．

---

[7] 最小自乗法の点推定を用いるとαの値は5.17となっている．

第 III 部　動員低迷と政権交代

参 考 文 献

浅野正彦．1998．「国政選挙における地方政治家の選挙動員：「亥年現象」の謎」『選挙研究』13：120–29．
石川真澄・広瀬道貞．1989．『自民党：長期支配の構造』岩波書店．
小沢一郎．1993．『日本改造計画』講談社．
川人貞史．1990．「90 年選挙とナショナル・スウィング」『世界』5 月号：216–25．（川人貞史『選挙制度と政党システム』木鐸社，2004 に再録）
斉藤淳．2010．『自民党長期政権の政治経済学：利益誘導政治の自己矛盾』勁草書房．
重森曉・関野満夫・川瀬憲子．2002．『地方交付税の改革課題』自治体研究社．
地方財政調査研究会．2009．『平成 19 年度市町村別決算状況調』地方財務協会．
細川護煕・岩國哲人．1991．『鄙の論理』光文社．
和田淳一郎．2009．「選挙の制度設計：経済学の視点で意思決定プロセスを見る」『経済セミナー』第 651 号：58–67．

Fukui, Haruhiro, and Shigeko N. Fukai. 1996. "Pork Barrel Politics, Networks, and Local Economic Development in Contemporary Japan." *Asian Survey* 36(3): 268–86.

Horiuchi, Yusaku, and Jun Saito. 2009. "Removing Boundaries to Lose Connections: Electoral Consequences of Local Government Reform in Japan." Paper presented at the annual meeting of the Midwest Political Science Association 67th Annual National Conference, The Palmer House Hilton, Chicago, IL, April 2–5.

Horiuchi, Yusaku, Jun Saito, and Kyohei Yamada. 2009. "Politics of Municipal Mergers in Japan: The Electoral Resource Allocation of the Dominant Party." Paper presented at the annual meeting of the American Political Science Association, Toronto, September 3–6.

Kawato, Sadafumi. 1987. "Nationalization and Partisan Realignment in Congressional Elections." *American Political Science Review* 81(4): 1235–50. （川人貞史『選挙制度と政党システム』木鐸社，2004 に邦訳のうえ再録）

Kayser, Mark Andreas. 2005. "Who Surfs, Who Manipulates? The Determinants of Opportunistic Election Timing and Electorally Motivated Economic Intervention." *American Political Science Review* 89(1): 17–27.

Mayhew, David R. 1974. *Congress: The Electoral Connection*. New Haven: Yale University Press.

Myerson, Roger B. 1993. "Incentives to Cultivate Favored Minorities under Alternative Electoral Systems." *American Political Science Review* 87(4): 856–69.

Persson, Torsten, Gerald Roland, and Guido Tabellini. 2000. "Comparative Poli-

tics and Public Finance." *Journal of Political Economy* 108(6): 1121-61.
Schattschneider, Elmer Eric. 1942. *Party Government*. New York: Holt.
Scheiner, Ethan. 2005. *Democracy without Competition in Japan: Opposition Failure in a One-Party Dominant State*. New York: Cambridge University Press.
Smith, Alastair. 2004. *Election Timing*. New York: Cambridge.
Tufte, Edward R. 1974. *Data Analysis for Politics and Policy*. Englewood Cliffs, N. J.: Prentice-Hall.
Varian, Hal R. 1992. *Microeconomic Analysis*, 3rd ed. New York: Norton.

第 IV 部
政党政治の混迷

第9章
党首選改革と政党支持率

ケネス・盛・マッケルウェイン／梅田道生

1. はじめに

　伝統的に自民党の有力議員たちは密室交渉での駆け引きの能力を評価されて権力の階段を上ってきた．党内で安定した連合を構築できる政治家が総裁の座を獲得し，そのために有力な総裁候補たちは他の派閥の領袖と大臣や党幹部の地位をカードに交渉を行った．支持率が低迷した内閣が短命に終わることは事実ではあったが，新総裁の選出において有権者からの支持が最重要の基準となることはめったに無かった．

　しかし小泉純一郎の自民党総裁としての成功は，派閥間の交渉ではなく有権者からの支持に依拠した新しい政治的指導力の例を示すものかもしれない．小泉は伝統的な党の中核的な支持組織の利益に反するにもかかわらず，一般の有権者受けのよい行政改革や新自由主義的な政策を約束して政権を獲得し，もし「守旧派」が目的を妨げるのであれば「自民党をぶっ壊す」と宣言していた．これによる小泉と他の自民党有力議員の間の対立は2005年に頂点に達した．小泉内閣は行政改革の本丸と位置づけた郵政民営化法案を国会へと提出したが，自民党内部から多くの造反者を出し，法案は衆議院を通過したものの参議院で否決された．これに対して小泉は造反議員を党から除名して衆議院を解散し，除名した元自民党議員の選挙区には「刺客」候補を擁立した．この2005年総選挙は自民党および小泉が擁立した候補のどちらにとっても大勝利に終わったが，小泉は自民党の従来の「固い」保守的な地盤を，長い間自民党が獲得できなかった都市無党派層からの「柔らかい」支持と取り替えることにより勝利したと言えよう．

　その後の自民党総裁たちは小泉の成功を再現することはできなかったが，日

本政治において党首人気の重要性がかつて無く高まっていることに疑いの余地は無い．1994年の選挙制度改革が二大政党制（あるいは少なくとも二大陣営）をもたらした結果，今日の選挙では有権者は事実上与党第一党と野党第一党のどちらの党首を首相に選ぶかを選択する．また選挙報道でテレビでの党首討論は付き物となった．

　有権者の党首への関心の増大は，部分的には党首の持つ政治的影響力の高まりを反映していると言える．1990年後半からの複数の制度改革により内閣の権限は強化され，首相／党首たちの政策立案に関する党内組織への依存度が低下した．また政党交付金制度の導入は党本部の財政基盤を強化し，その結果選挙における影響力を高めた．

　しかし党首の政治的影響力についての議論はそれ自体に意味があるものの，これは党首たちが他の国会議員たちから独立した行動をとることが「可能か」については説明できても，そもそも行動することを「望むか」は説明できない．党首に与えられるようになったより大きな物質的ないし政策的資源が党内交渉や政策の帰結に対して影響を持つのは，党首が他の議員と異なる選好を持つ場合に限る．また党首の重要性の上昇は浮動票の獲得に貢献するが，同時に伝統的な支持基盤を幻滅させる可能性もあり，総体的に見てこれが政党全体にとって選挙戦で有利に働くのかについても我々はまだ理解していない．

　本章では日本の政党エリートたちの間に生まれた新たな戦略的課題，「どのような党首選出手続きを用いるべきか」についての考察を行う[1]．自民党は1955年以降のその歴史の大半において党所属の国会議員による多数決投票に基づいて総裁を選出してきた．その結果総裁の選出と生き残りは現職国会議員——その多くは農村部の利益を代表する——の少なくとも半分を満足させ続けることにかかってきた．しかし1990年代後半より自民党は予備選挙を復活させ，各都道府県の一般党員・党友に投票権を与えるようになった．現在でも自民党総裁選では国会議員票が数的には優位ではあるが，総裁選の有権者拡大——現在

---

[1] 上神（2008）は本章とは別の視点より自民党と民主党の党首選出過程の「民主化」について論じている．本章と重なる部分もあるが，1980年代以前の自民党総裁選についての先行研究，また有権者となる党員数の時系列変化や党首選における派閥所属議員ないし有力圧力団体を通じた動員についての分析はそちらを参照されたい．

第 9 章　党首選改革と政党支持率

都市部の党員が相対的な重みを増す傾向にある――により，総裁はより幅広い党の支持基盤を考慮する必要が生じ，農村選出の保守派議員の怒りを買うことになっても，より幅広い世論の支持を獲得する誘因が生まれたと考えられる．党首選改革は自民党だけの争点ではなく，2009 年に初めて政権の座についた民主党も自民党ほど恒常的にではないが代表選で一般党員に投票権を与えている．政権交代によりメディアおよび有権者が民主党代表選に対して新首相の選出過程としてより高い関心を持つこと，また同時により高い民主的正統性を要求することが推測されることから，2010 年 9 月の代表選のように民主党も今後は予備選をより積極的に用いていくことが予想できる．

　本章では二つの点から党首選改革の影響についての考察を行った．まず党首選の手続きと選出された党首の人気の関係についての分析を行った．本章では世論調査データとメディアの報道量についての分析を通じて，一般党員による予備選を伴う党首選により選出された党首は国会議員のみに選ばれた党首よりも就任当初の支持率が高い傾向が見られること，またこの結果は前者の場合にメディアがより多くの紙面や時間を党首選の報道に割くことから生じている可能性があることを示した．次に党首選の候補が異なる社会経済的な亀裂や集団を代表し，党内の政策対立を反映しているのかについての分析を行った．本章では自民党の総裁選予備選における各候補の得票率の比較を行い，各候補の支持基盤における都市と農村の亀裂の拡大を発見した．

2.　政党党首とその選出過程の「民主化」

　伝統的に議会民主制の下での選挙結果は，それぞれの政党に対してどれほど多くの有権者がどれほど強い帰属意識を抱いているかにより決定されると考えられてきた．有権者は宗教，人種，民族および社会階層などの社会構造に基づき特定の政党と強い結びつきを持ち，個別の候補者にではなく政党全体に対する態度により投票先を決定すると想定された．また同じ理由から党首の重要性は必ずしも高くないと信じられてきた．議会民主制下での選挙で有権者が選択するのは政党ないし候補者であり，首相は議会で政党により間接的に選ばれる存在である．このため党首は（首相候補ではあっても）一般的に所属する政党の

代理人に過ぎず，彼ら自身が有権者の投票行動を規定する重要な要素であるとは考えられてこなかった．

しかし1970年代以降，上記のような社会構造に根差した有権者と政党の間の紐帯は徐々に弱まり，政党の得票率および選挙結果は選挙ごとに大きく変動するようになった．先進国では経済の成熟や国内市場の国際市場への統合とともに従来の分配を巡る階級対立は衰退し，議会における伝統的な政党間対立の構造と有権者の選好との間には離齬が生まれた．また活動的な党員の数は減少して新しい無党派層の世代がこれに代わり，その結果選挙戦におけるメディア報道の役割は拡大することとなった．

他方多くの研究が党首の重要性増大について論じている．一般的な「議会民主制の大統領制化」の傾向とともに，議会民主制での選挙においてもメディアは党の公約や個別の議員候補よりも党首に対しより多くの注意を払うようになった (Dalton, McAllister, and Wattenberg 2002)．またテレビでの党首討論は選挙戦の欠かすことのできない一部となり (Farrell 2002)，選挙における党首の重要性はこれに対応して増大することとなった．

日本では西欧の議会民主制の国とは異なり，もともと社会構造に深く根ざした「大衆組織政党」は主流ではなく，中選挙区制の影響で有権者は政党ではなく候補者への個人的な支持に基づき投票先を決定すると考えられてきた．この選挙制度のもとで国会での過半数を狙う政党はそれぞれの選挙区に複数の候補を擁立する必要があるが，候補者は同じ政党の他の候補と重複した公約を主張するよりも，個人的な資質や業績を訴えて他の候補との差別化を図った (Curtis 1971; Kohno 1997; Ramseyer and Rosenbluth 1993)．党内の権力は有力派閥が担い，派閥の領袖は総裁の地位を獲得するために必要な党内の支持を得るために，政治資金を集め，派閥所属候補の公認を保証し，また彼らのために大臣の地位をめぐる駆け引きを行ってきた (福井1969; Ramseyer and Rosenbluth 1993; 佐藤・松崎1986)．

しかし日本でも他国と同様に党首たちが選挙活動に果たす役割が拡大しつつある (Krauss and Nyblade 2005)．その原因のひとつとしては1994年の選挙制度改革が考えられる．選挙制度改革の支持者は新たな小選挙区比例代表並立制のもとでは同じ政党の候補者がひとつの選挙区で競う必要がないため，政党が一貫した政策公約に基づいて発展し競争することが促されること，また小選挙

区では基本的に現職候補のみが党公認候補として出馬するために，候補者が党の公認を求めて争う必要性が弱まり，従来候補者の公認獲得で大きな役割を果たしてきた派閥の影響力が低下すると論じた (Cox, Rosenbluth, and Thies 1999; Krauss and Pekkanen 2004)．また政治資金規制法の改正により派閥や有力議員の資金集めに制約が課されたこともあり，新たに導入された政党交付金制度は政治資金面での重要性を派閥から (少なくとも名目上は) 交付金を管理できる党首へと移すと期待された．

　党首の重要性増大のもうひとつの理由としては，上でも触れたが党首の政策権限の拡大が考えられる．1997年から2001年の行政改革の結果として，首相官邸は独自に政策を形成するための財源と人員を獲得した (Estévez-Abe 2006)．過去の自民党の首相たちは党内の審査を経た後に法案を国会へと提出しており，政党が政策形成過程で大きな影響力を行使してきた．しかし首相官邸の強化により，内閣はたとえ与党議員や官僚たちの強い反対がある場合でも，独自の対案を作成する自律性を持つようになった (竹中 2006)．こうした首相の政策権限の強化により，有権者は政党への評価とは別に，首相候補となる党首自身の能力や政策優先順位を考慮する十分な理由を持つようになったと言える．

　本章ではこの党首の重要性増大の帰結，すなわち政党にとって有権者に「人気のある」党首を見つけ出すことの重要性について論じる．日本の主要政党は他の先進民主主義国の政党と同じく歴史的に寡頭的な組織構造を持ち，政策を決定し党首を選出する権力を持つのは国会議員および彼らが組織する派閥であった．その結果党首はその地位を勝ち取り維持するためには，選出母体である現職国会議員たちの求めるものを与えること，特に彼らの再選に貢献することが求められた．例えば自民党のような農村部出身の議員が中心である党では，党首は都市部から徴収された税金を用い，公共事業と補助金を通じて農村部への再配分を行う強い動機を持つ．

　しかしこうした議員中心の政党組織は，有権者に対して訴えかける力を持つ党首を選ぶという目的に対しては最適ではないかもしれない．有権者が党首の個人的な資質を重視するのであれば，政党にとっては党首の選出手続きを民主化したほうが望ましい結果を生む可能性がある．例えば党員や一般の有権者を党首選へと参加させることで，政党は有権者の間で高い評価を得ている候補を

党首とすることができる．

　有権者に人気のある党首は政党の構成員全体に対して利益をもたらす．例えば 2005 年の総選挙において，当時の小泉首相は応援演説で立ち寄った小選挙区で 2–3% 程度自民党候補の得票率を向上させた (McElwain 2009)．また蒲島と今井 (2001) は 2000 年の総選挙において党首への評価が有権者の投票行動，特に比例代表区での投票政党に影響を与えるというこれと似た党首人気の波及効果を発見した．この結果は中選挙区制時代を対象とした過去の研究が党首の印象が投票行動に限定的な影響しか与えないことを示してきたことと対照的である．

　しかし党首選出手続きの民主化は既存の党エリートにとっては必ずしも望ましいものではない．党首が自らを選ぶ人間の代理人として活動するならば，既存の有権者と党首の選好の違いは選挙権の拡大により大きくなるはずである．例えば現状の党首選出手続きが国会議員による投票であれば，党首の選好は理論上現職議員の中位投票者と一致する．しかしもし一般の党員に選挙権が与えられた場合，現職議員を持たない選挙区の党員も発言権を持つこととなり，新たに選ばれた党首は現職の国会議員と大きく異なる選好を持つかもしれない．そのため政党エリートは党の選挙戦に不利に働くのでなければ，自分たちの党首選出に対する権限の削減には同意しない可能性が高い．例えば他国の事例は，過去数回の選挙で勝利した政党は党首選出手続きを民主化する可能性が低いことを示している (McElwain and Giencke 2009)．

　こうした政党の民主化に関する利得の観点からの議論は日本にも同じように当てはまる．もともと自民党の総裁選出に参加できるのは国会議員のみであり，また密室での駆け引きを通じた「選出」に参加するのも実質的に有力国会議員のみであった．しかし田中角栄元首相を巻き込んだロッキード事件をきっかけとして，当時の福田赳夫首相は党内の透明性を確保するために 1978 年に党員・党友による予備選挙制度を導入した．しかし当初の目的とは異なり予備選の導入により派閥間の抗争がさらに激化したこともあり，自民党は 1982 年以降予備選の使用をやめ，さらに立候補に必要とされる国会議員の推薦人の数を増やして一匹狼的な政治家が立候補するのを難しくした[2]．他方 1980 年代の後半に

---

[2] 総裁選への立候補に必要な国会議員の推薦人の数は 1982 年に 10 人から 50 人へと増やされたが 1989 年に再び 20 に削減された．それ以降この数は 20 と 30 の間を推移している．

は汚職事件や選挙での敗北によりふたたび党内部の意思決定過程の透明化が求められたため，自民党は1989年に党都道府県連にも総裁選の投票権それぞれ一票を与えた．しかしその後も1993年までは政権を安定的に維持したこともあり，自民党は一般党員に総裁の選出過程を開放する真の必要性に迫られたことは一度も無かったといえる．また自民党の政治家は主に個人の後援会や地盤に依存した集票を行っていたために，予備選の有権者となり得る正式の党員数はもともと伝統的にかなり小さかった（上神 2008）．

しかし1990年代前半以降自民党は予備選挙制度を再び用いるようになった．自民党の総裁選の手続きには3種類の有権者，すなわち国会議員，地方都道府県連の政治家，および一般党員が存在し，それぞれの発言権が時間とともに変化してきた．本章ではこのうち国会議員に加えて一般党員が予備選を通じて参加した総裁選の手続きを「選挙人団方式」と呼ぶことにする．

第一の有権者である衆参両院の国会議員たちには従来よりそれぞれ一票が与えられてきた（国会議員票）．これに対して二番目の有権者である都道府県連の幹部には，時間とともにより多くの発言権が与えられてきた（都道府県連代表票）．上記のように1989年以降前任の総裁が任期途中で辞任した場合に行われる総裁選では，それぞれの都道府県連に一票が与えられるようになったが，この票の投票先は都道府県連の幹部により決定されてきた．

ところで森喜朗首相が支持率低迷の末に辞任し，将来への展望が持てないままに次の参議院選挙が近づきつつあった2001年4月，自民党は森の後継を選出する総裁選で都道府県連の票を三票に増やすことを決め，同時に都道府県連にこの票をどのように配分するのかについての裁量を与えた．この結果これ以降の前任者が任期途中で辞任した場合の総裁選では，都道府県連の幹部は自分たちで票の配分を決定するか，あるいは第三の有権者である一般党員による予備選を行って決定するかの選択肢が与えられるようになった．また後者を選ぶ場合に得票が一位の候補に三票すべてを配分するのか，あるいは得票比例の配分をするかも裁量の範囲であった．この手続きを最初に用いた2001年4月の総裁選は小泉の圧勝に終わったが，これ以降多くの都道府県連が「自発的」に一般党員による予備選挙を行うようになった．しかし任期途中での辞任による総裁選では予備選挙の使用は義務ではないため，例えば2001年4月の総裁選

では広島県と山口県では地元の党幹部および地方議員のみが投票を行い，また2007年の安倍晋三首相の辞任による総裁選では35都道府県のみが一般党員による予備選挙を行った．他方2008年の福田康夫首相の後継選出のための総裁選ではすべての都道府県で予備選を行ったが，選挙制度は勝者総取り方式を用いた県も比例配分の県もあった．以下ではこれらの「自発的」に予備選挙制度が用いられた2001年，2007年及び2008年の総裁選を「準選挙人団方式」と呼ぶことにする．

　他方自民党はこれ以前より前任総裁の任期満了による総裁選では，予備選を制度化し一般党員にも発言権を与えていた（選挙人団方式の使用）．1995年と1999年に用いられた制度では，総裁選の候補者は一般の党員・党友10000票（全国レベルで集計）を獲得するたびに，国会議員票一票と同等のポイントを獲得した[3]．この制度は2002年に改正され，一般党員・党友には合計300ポイントが与えられ，また票は都道府県レベルで集計されるようになった．都道府県にはそれぞれ自動的に3ポイントが与えられ，また残りの159ポイントは党員数に応じて配分される．それぞれの都道府県に配分されたポイントはドント方式を用いて各候補の得票に応じて分配される．この方式は2011年7月現在までに2003年，2006年および2009年の総裁選で用いられた．

　2001年4月の総裁選での都道府県連に票の配分方式に関して裁量を与えるという決定は，自民党総裁選の歴史において国会議員の自律性に対して最も大きな影響を与えた判断であったが，状況に関する判断ミスに基づく可能性が高い（Lin 2009）．自民党の有力者たちは予備選の結果が国会議員での勢力比を単純に反映したものとなると予想し，一般党員の森首相および彼を密室で選んだ党執行部への不満や橋本龍太郎元首相に対する反感を過小評価していた[4]．しかし国会議員による投票の数日前に行われた都道府県連での予備選では小泉が配分票の9割近くを獲得し，多くの国会議員はこの党員の圧倒的な意志を無視

---

[3] 1999年の小渕恵三を選出した総裁選では，各候補は合計143ポイント分の票を獲得した．この制度は厳密には2002年まで有効であったが，2001年8月の総裁選では同年4月に選ばれたばかりの小泉純一郎が無投票で再選されたため，用いられなかった．自民党総裁選の詳細については自民党のウェブサイトを参照されたい．http://www.jimin.jp/aboutus/history/prime_minister/index.html

[4] 橋本は1998年に参議院選挙での大敗の責任を取って首相を辞任した．

第 9 章　党首選改革と政党支持率

することを望まず，小泉が予想外の地滑り的勝利で自民党総裁に選ばれた．この予備選に対するメディアの強い関心，また小泉首相のこの後の選挙戦における成功より，自民党は前職が任期途中で辞任した場合の総裁選挙でも予備選を半ば制度化した．またもともと規則上予備選が用いられることとなっていた前職任期満了時の総裁選においても，2002 年に一般党員の予備選における発言権を大幅に増加させた．

　2011 年 7 月の現時点では自民党も民主党もともに，国会議員の投票と一般党員による予備選を組み合わせた選挙人団方式を党首選出に用いることを認めている．民主党の制度はより脱集権化されているといえるかもしれないが，現在までのところそれほど頻繁に用いられてはいない．現在の民主党代表選の制度は，国会議員，党所属の地方議員および党員・サポーターによる投票を組み合わせたものである．まず党員・サポーターによる予備選では全国 300 の衆議院小選挙区にそれぞれ 1 ポイントが割り当てられ，小選挙区レベルでの予備選によりどの候補がその小選挙区のポイントを獲得するかを決定する．次に 100 ポイントが党所属の地方議員に与えられ，彼らの票は全国レベルで集計されドント方式を用いて比例配分される．最後に衆参両議院の国会議員が投票し，それぞれの票は 2 ポイントとして計算される[5]．民主党は以前には自民党よりも党所属の国会議員が少なかったので，当初は地方議員と党員・サポーターに配分されたポイントは国会議員のそれと比較してかなりの重みを持っていたといえる[6]．

　繰り返しとなるが，今日においても自民党・民主党いずれにとっても予備選は必ずしも義務ではない．2 年ないし 3 年の党首の任期が満了した場合には，自民党も民主党も選挙人団方式を用いて後継の党首を選出する必要がある．しかしスキャンダルや人気低迷，あるいは病気などの理由で党首が任期途中で辞任した場合には，自民党は後継総裁を国会議員と都道府県連代表による投票（今日では後者が「自発的」に予備選を行う場合が多いとは言え）により選ぶこと

---

[5]　2002 年の民主党代表選では非現職の党公認候補予定者にもその地位に基づく投票権が与えられ，それぞれの票は 1 ポイントとして計算された．

[6]　民主党代表選の制度も時期により異なる．例えば 2004 年まで民主党地方議員に与えられていたポイントは 47 であった．民主党代表選についての詳細は民主党のウェブサイトを参照されたい．http://www.dpj.or.jp/about/dpj/byelaw_presidential-election

ができ，前者はそれぞれ一票，後者がそれぞれ三票を持つ．また民主党の場合には，国会議員票のみによる後継代表の選出を許容している．またどちらの政党も党首選への立候補者が一人である場合には選挙は行われないが，この制度は党の主要派閥が調整を行って統一候補を立て，外部からの評価を受けることなくお気に入りの党首を選ぶための抜け穴として利用されている．

表9-1は自民党と民主党の総裁選／代表選で1993年／1998年から2010年までに用いられた制度をそれぞれ示したものである[7]．「勝者」の列では複数回選出された党首は名前の隣の番号で示した．例えば「小渕2」は小渕恵三の自民党総裁としての2度目の選出を示している．「選出方式」では党首選出に参加した有権者を示した．例えば「無投票」は候補者がひとりしかいなかったために無投票に終わったことを示し，他方「国会議員」は国会議員の投票，「党都道府県連代表」は党都道府県連の代表者による投票，「予備選」は一般の党員および党友ないしサポーターが予備選を通じて投票したことをそれぞれ意味している．予備選の使用が党地方組織の裁量であって必ずしもすべての都道府県で行われたのではない場合には，「予備選（一部）」で示した．また党首選が任期満了によるものなのか，さらに候補者の数も表に含めた．

自民党は2001年以降すべての総裁選で選挙人団ないし準選挙人団方式を用いているが，民主党は国会議員のみによる投票を主に用いてきた．2010年9月の民主党代表選は，予備選を伴う選挙人団方式により現職の菅直人と元代表の小沢一郎が争った．しかしそれ以前には民主党代表は多くの場合任期途中で辞任していることもあり，2002年以来予備選は行われてこなかった．これに対して自民党は総裁が任期途中で突如辞任し，規則上は国会議員および都道府県連代表による投票でかまわない場合にも積極的に予備選を用いてきた．例としては2007年および2008年の総裁選が挙げられ，それぞれ福田康夫と麻生太郎を選出した．

---

[7] 民主党代表選の結果は1998年より始まっているが，これはこの年に（旧）民主党が他の複数の野党（民政党・新党友愛・民主改革連合）と合流し，（新）民主党を結成したためである．

第9章 党首選改革と政党支持率

表 9–1 自民党／民主党の党首選一覧

(a) 自民党総裁選 (1993–2009)

選出日	勝者	選出方式	任期満了	候補数
93年9月30日	河野2	無投票		1
95年9月22日	橋本1	国会議員＋党都道府県連代表	○	2
97年9月11日	橋本2	無投票	○	1
98年7月24日	小渕1	国会議員＋党都道府県連代表		3
99年9月21日	小渕2	国会議員＋予備選	○	3
00年4月5日	森	無投票		1
01年4月24日	小泉1	国会議員＋予備選（一部）*		3
01年8月10日	小泉2	無投票	○	1
03年9月20日	小泉3	国会議員＋予備選	○	4
06年9月20日	安倍	国会議員＋予備選	○	3
07年9月23日	福田	国会議員＋予備選（一部）*		2
08年9月22日	麻生	国会議員＋予備選（一部）*		5
09年9月28日	谷垣	国会議員＋予備選	○	3

* 割り当てられた3ポイントの配分先を決定するために予備選を実施するか否かはそれぞれの党都道府県連の裁量に任されている．実施しない場合には，都道府県連の幹部が投票先を決定する．

(b) 民主党代表選 (1998–2010)

選出日	勝者	選出方式	任期満了	候補数
98年4月27日	菅1	無投票		1
99年1月18日	菅2	国会議員＋党都道府県連代表		2
99年9月25日	鳩山1	国会議員＋党都道府県連代表	○	2
00年9月9日	鳩山2	無投票	○	1
02年9月23日	鳩山3	国会議員＋衆院選公認候補（非現職）＋地方議員＋予備選	○	4
02年12月10日	菅3	国会議員		2
04年5月18日	岡田1	無投票		1
04年9月13日	岡田2	無投票	○	1
05年9月17日	前原1	国会議員		2
06年4月7日	小沢1	国会議員		2
06年9月25日	小沢2	無投票	○	1
08年9月21日	小沢3	無投票	○	1
09年5月16日	鳩山4	国会議員		2
10年6月4日	菅4	国会議員		2
10年9月14日	菅5	国会議員＋地方議員＋予備選	○	2

3. 党首予備選の影響——世論の評価と政策対立

(1) 予備選は政党の支持率向上に貢献するか

　党首選における有権者の拡大／民主化に貢献する要因はそれ自体が興味深い研究対象となるが，本章ではこの民主化が政党への支持に与える影響についての分析を行う．先行の事例研究および多数の事例を用いた計量研究は，いずれも政党が党首選の手続きを利得の観点から民主化していることを示唆している．より具体的には政党エリートは党首選の民主化を通じてより多くの支持者をひきつけ，予備選期間中のメディアの関心をとらえ，また党首選の最終的な勝者の正統性を強化することにより党の支持率を高めることを期待しているのである．本節では党首選関連のデータを用いることにより，こうした目的が達成されているのかを検証する．

　予備選を通じて選出された党首は有権者からの支持が高いか　本章ではまず最も単純な問いからはじめる．予備選ははたしてより人気の高い党首を生み出すのだろうか？　伝統的な国会議員による投票方式は，新党首が院内議員団を運営するのに十分な国会議員からの支持を得ていることを保証する．これに対して予備選を用いた党首選では一般有権者（党費を納入する党員のみを通じてだが）がより大きな発言権を持つため，院内議員団の運営よりも有権者からの支持により重点が置かれ，党首選での最終的な勝者が有権者から高い人気を獲得する可能性が高まるといえる．

　本章では党首選出手続きと選出後の党首への支持の関係について，二つの方法を用いて分析を行った．まず1998年から2009年前半までの月別世論調査データを用い，自民党総裁の交代前後における自民党支持率と内閣支持率の短期的および長期的な変化を調べた．この期間には自民党の総裁は首相でもあり，内閣支持率は与党自民党にとって大きな意味を持つ．本章ではまた自民・民主両党の党首選に関する新聞報道の量の推移を調べた（前者は1993年から2009年，後者は1998年から2010年まで）．これは党首交代前後における支持率変化の原因である可能性が高い．予備選は数週間の間メディアのその政党への注目を高め，これが政党の政策の優先順位や候補者の人となりに関する有権者の

第 9 章　党首選改革と政党支持率

図 9–1　総裁選前後の内閣／自民党支持率推移

総裁選前後の自民党支持率推移

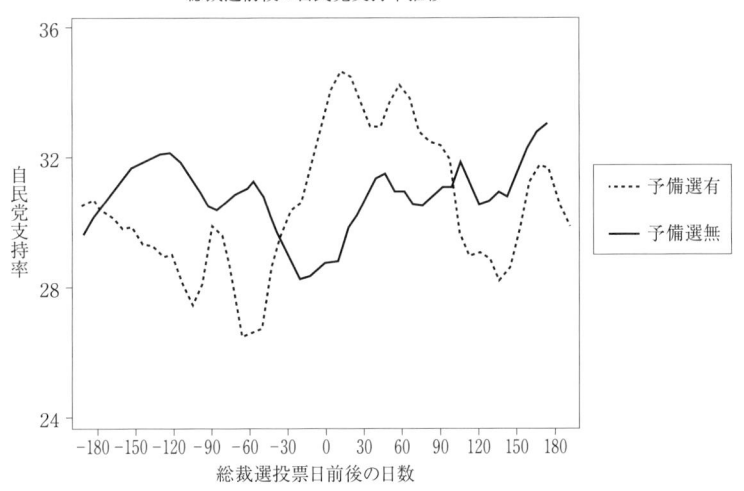

総裁選前後の内閣支持率推移

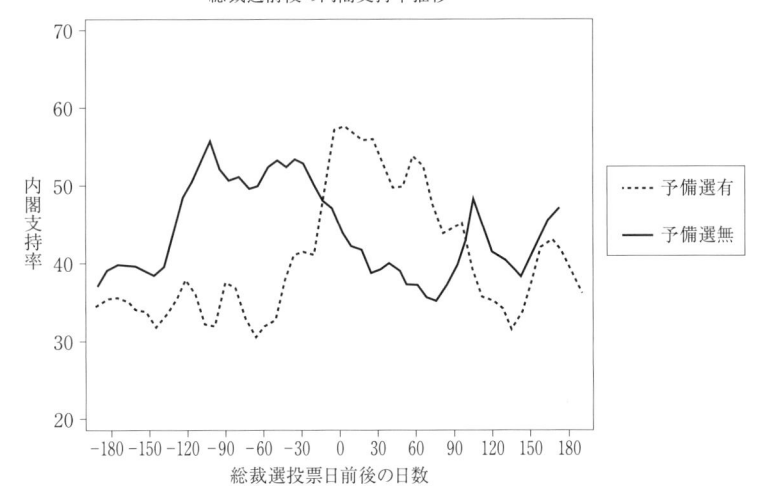

知識を増大させるだろう．これに対して国会議員のみの投票による党首選は短期間で終わってしまい，また派閥間の交渉により勝者が事前に明らかであれば，ほとんど何の劇的な展開も期待できない．

　図 9–1 は新総裁選出前後 6 ヶ月の自民党と内閣への支持率の推移を，総裁選

に予備選が用いられたかどうかにより分けて示したものである（事例数はそれぞれ 6 と 3，X 軸が総裁選前後の日数）．上のグラフは朝日新聞社の世論調査で自民党を支持すると答えた回答者の割合を示し，下は内閣を支持すると答えた回答者の割合を示している．

この図から明らかなように，予備選を使用した総裁選は自民党と内閣への支持率を上昇させた（前者は平均 7%，後者は平均 25%）．他方 1998 年の総裁選（小渕選出）のように新総裁が国会議員および党都道府県連代表のみにより選出された場合，あるいは 2000 年や 2001 年 8 月の総裁選（前者は森，後者は小泉を選出）のように無投票に終わった場合には，このような支持率の上昇は見られず，平均 3% の党支持率上昇と 8% の内閣支持率低下が見られた[8]．もうひとつ指摘すべき点としては，総裁選後の高支持率は比較的短期に終わる点が挙げられる．予備選を通じて選出された総裁はおよそ 100 日程度のハネムーン期間の恩恵を受けるが，その後は有権者のバラ色の色眼鏡が外れて実態を直視するせいか，総裁選以前の段階にまで支持率は下がるようである．ただしこの結果は 2001 年 4 月の総裁選に過度の影響を受けている可能性がある．この予備選を用いた総裁選で勝利した小泉は有権者からの圧倒的な支持を獲得し，（前任の森の不人気もあるとは言え）総裁選の前後で自民党の支持率はおよそ 15%，内閣支持率は 70% も上昇した．しかし 2001 年 4 月の総裁選を分析から除いてみた場合でも，予備選を用いた総裁選の前後で自民党は平均して政党支持率では 6%，内閣支持率では 16% の上昇を得ている．

自民党とは異なり，民主党は 2011 年 7 月現在まで予備選を伴う代表選を 2002 年 9 月と 2010 年 9 月の二度しか行っていないため，我々は民主党が予備選を伴う代表選により支持を動員できるのか確信を持って結論付けることができない．特に 2002 年 9 月の民主党代表選は小泉首相の訪朝の直後に行われたため，メディアは後者のニュースを優先して報道した．本章に分析結果を含め

---

[8] これらの数字は新党首就任前後の世論調査における内閣／政党支持率の差から計算した．就任後の数字は党首選後の二つの世論調査の数字の平均値を用いたが，就任前の数字は党首選投票日の 2 ヶ月前の数字を用いた．もし党首選投票日の 2 ヶ月前が二つの世論調査の間に当たるときには（例えば世論調査がおよそ 1 ヶ月半前と 2 ヶ月半前に行われた場合など），これらの平均値を用いた．ここでは 1998 年（小渕選出）から 2008 年（麻生選出）までの自民党総裁選を計算に用いている．以下の数字はすべて同じ手法で計算した．

第9章　党首選改革と政党支持率

てはいないが，我々の予備的な分析によれば民主党は予備選の有無にかかわらず，代表選により短期でも長期でも支持を拡大することに成功していない．

予備選はメディアの関心を集めるか　本章ではこれに続いて，党首選前後の支持率変化の原因の検証として，予備選を伴う場合と伴わない場合の党首選に対するメディアの報道量の違いについての分析を行う．与党第一党の党首にはほぼ確実に首相の座が約束されているために，その党首選の結果は国の行方に大きな影響を与える．そのために与党第一党は党首選に付随した利益として，メディアからの強い注目を受ける．総選挙の際にメディアに課される報道量の平等などの原理は党首選には適用されない．特に予備選には街頭演説や候補者のテレビ討論，また数多くの政治評論家や有力政治家による解説などの報道が付き物であり，数週間にわたりメディアは有権者の関心を総選挙でも見られないほどにその政党へと集中させると考えられる．他方前任の党首が任期途中に（たいていは突然に）辞任した場合には，多くの場合国会議員など政治エリートのみによる投票が行われるが，この場合には上記のようなメディアからの利益は得られないと思われる．例えば政党は後任者をすばやく選ぶ必要があることから，長期にわたる選挙戦やメディアへの露出といった機会は非常に限定されている．また国会議員による投票の直前に有権者の注目は急激に上昇するかもしれないが，全体的な関心度はおそらく低いと推測される．そこで本章ではメディアの党首選への注目度は，特に与党の場合（分析対象となる期間では自民党）において，予備選挙を伴う場合に国会議員（および都道府県連代表）のみによる場合よりも高いと仮説を立て，投票日前の4週間と後の1週間における『読売新聞』の記事数の変化より検証した．図9–2は自民党と民主党のそれぞれの週における党首選関連の記事数を図にしたものであり，それぞれの線が異なる党首選の手続きを示している．

図9–2は自民党と民主党のどちらにとっても，より「民主的」な党首選はより多くのメディアの注目を集めることを示している．予備選を伴う党首選のほうが分析対象の全期間において平均的に記事量が多いが，国会議員（および都道府県連代表）による投票による場合には，投票前の1週間のみに著しい記事量の上昇が見られる．

ところで図9–2は民主党の予備選を用いた代表選の最後の週に新聞の報道量

第 IV 部　政党政治の混迷

図 9-2　党首選に関するメディアの報道量

自民党総裁選 1993-2009

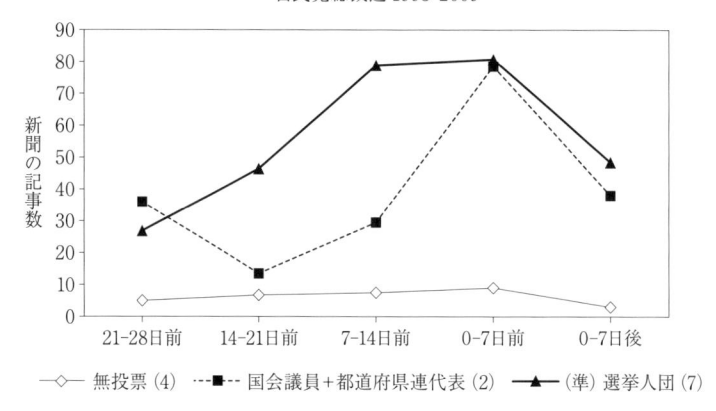

―◇― 無投票 (4)　--■-- 国会議員＋都道府県連代表 (2)　―▲― （準）選挙人団 (7)

民主党代表選 1998-2010

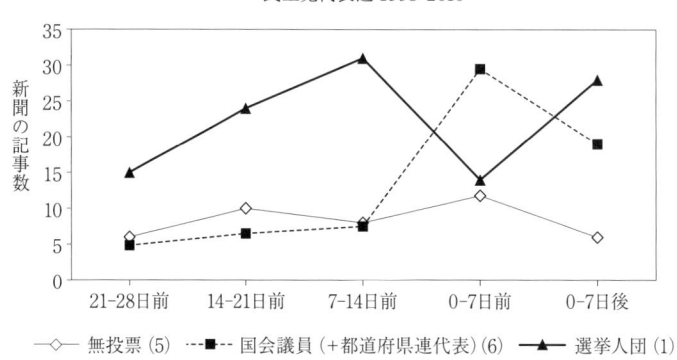

―◇― 無投票 (5)　--■-- 国会議員（＋都道府県連代表）(6)　―▲― 選挙人団 (1)

が急激に減少したことを示しているが，これはこの民主党代表選が行われた 2002 年 9 月の特別な事件，すなわち小泉首相の電撃的な北朝鮮訪問と拉致被害者の帰国によるものである．新聞はこのニュースに紙面の大半を割いたために，民主党代表選はこの出来事にまぎれてしまった．また民主党代表選についての絶対的な報道量は自民党総裁選に比べてかなり少ない．これは特に驚くべきことではない．本章の分析で対象とした時期には自民党は与党であり，自民党総裁選は事実上首相を選ぶための選挙であったためにより注目を浴びる出来事であった．民主党代表の交代そのものにニュースとしての価値がなかったと

いうわけでは無いが，本章の結果は一般的に野党がメディアの注目を集めることの難しさを物語る．

本項の内容をまとめる．世論調査データの分析は予備選を伴う党首選を勝ち抜いて選出された党首はより高い支持率を獲得するが，この高い支持率が非常に短い期間しかもたないことを示唆する．またこの高支持率の少なくとも一部の原因はメディアの注目の高まりによるものと推測される．しかしメディアの注目も有権者の好意も党首の目新しさが薄れるに連れて弱まり，党首の業績に対するより客観的な評価に取って代わられる．結局のところ予備選を通じて選ばれた党首は有権者に人気のある候補なのかもしれないが，必ずしも有能な候補とは限らないのである．

(2) 予備選は党内の政策を巡る対立を反映するか

前項で論じたように損得の観点から考えると党首の予備選は有権者の党に対する関心を高め，少なくとも短期的な支持率の上昇につながる．しかし国会議員にとって予備選は良いことずくめではない．国会議員の投票により党首が選出される場合には，党首候補は党所属の国会議員の利益を最もよく代表する（ないし代表すると約束する）ことが勝利につながる．他方予備選を導入すると現職議員のいない地域の党員も有権者に含まれるようになるが，これは例えば自民党の場合には，総裁選有権者の中位投票者を党の伝統的な地盤である農村部からより都市部へと移す可能性がある．

この結果自民党エリートにおける都市一農村間の政策対立の重要性が高まるかもしれない．自民党の既成勢力は郵便事業や農業への規制や都市部から農村部への財政再分配を通じ，農村部の利益を優先してきた．また自民党では農村部選出の国会議員が多数派を占め，総裁は多くの場合新潟（田中角栄）や島根（竹下登）のような農村部選出の議員であった．

もちろん党内での対立は伝統的に個人的な好悪の感情やライバル関係による場合も多く，必ずしも政策の不一致によるというわけではない．しかし予備選の導入により都市部の党員が総裁選に参加するようになったため，国会議員の支持で不利な立場にある候補／陣営は，党既成勢力が軽視してきた都市部の党員の利益を代表すると主張して，総裁選に影響を与えるための武器を手に入れ

図 9-3　自民党総裁選予備選　上位 2 候補都道府県別得票率

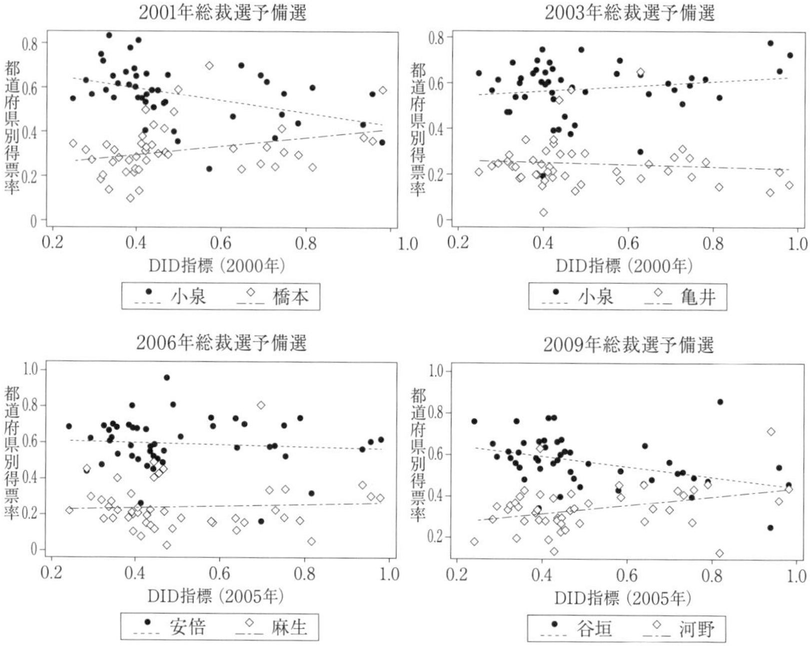

2001年総裁選予備選　　　　　2003年総裁選予備選
● 小泉　◇ 橋本　　　　　　● 小泉　◇ 亀井

2006年総裁選予備選　　　　　2009年総裁選予備選
● 安倍　◇ 麻生　　　　　　● 谷垣　◇ 河野

ようとするかもしれない．また都市部選出の議員が総裁選に出馬する，あるいは派閥が都市部選出の議員を自派の総裁候補として選ぶことも増えると考えられる．その結果党の将来の方向性を巡り，自民党エリートの間において都市一農村間の利害に関する緊張が高まる可能性がある．

　本章では都市一農村間の政策対立の重要性の変化を，自民党総裁選の予備選における得票率の分析を通じて推定しようと試みる[9]．図 9-3 の縦軸は 2001 年，2003 年，2006 年および 2009 年の自民党総裁選予備選における上位 2 候補の都道府県別の得票率を図示したものであり，横軸は各都道府県の DID 人口指標（より大きな数字は都市人口の割合が高いことを示す）を示している．2001 年と 2009 年の総裁選では都道府県の都市度と上位 2 候補の得票率には強い相関関係が存在したが，2003 年と 2006 年には両者の関係は弱かった．

9）　上神（2008）は派閥所属議員や有力利益団体による党員動員という別の観点から自民党総裁選および民主党代表選の各候補の得票についての分析を行っている．

第9章　党首選改革と政党支持率

　これらの図はいくつか興味深い結果を示している．まず農村部で強い候補が総裁選に勝利する傾向が見られる．2001年の総裁選では上位2候補は小泉と橋本であった．常識的には党内でより強い支持を集め，田中派の系譜をひく小渕派の指導者のひとりである橋本が農村部で支持を集めたと思われがちであるが，実際には小泉が農村部でより大きな成功をおさめていた．2003年にはこの構図は変わり，小泉は主要な対立候補であった亀井静香と比較して都市部で相対的に高い支持を得た．また2006年の総裁選で勝利した安倍は小泉のポピュリズム政治の直接の後継者と見られていたが，彼への支持は農村部でやや大きかった．2009年の総裁選では谷垣禎一が勝利したが，彼もまた農村部で大きな支持を集めた．彼の主要な対立候補であった河野太郎は比較的都市部の選挙区（神奈川15区）選出であり，より都市部志向で社会的にリベラルな政策を支持すると見られている．

　次に図9–3はすべての予備選で大差で決着がついたことを示している．2009年は分析に用いた4つの総裁選のなかでは最も接戦であったが，谷垣と河野の得票率には平均して22.5％の差があった．また2006年には最も大きな差がつき，安倍は平均して麻生の得票率を35％上回った．総裁選が常に大差に終わる理由としては有力候補の共倒れ回避，あるいは有権者の勝ち馬投票などが考えられる．

　ところで予備選は自民党の国会議員が持つ農村部へのバイアスを自動的に補正し，政党の方向性を変えてくれる万能薬ではない．2009年衆議院総選挙における小選挙区をDID指標を用いて並べたときにその中間値は0.64となるが，これはかなり都市部に属する（例えば千葉9区，愛知8区，滋賀1区）．これに対してこの選挙で自民党が勝利した小選挙区におけるDID指標の中間値は0.41である（例えば奈良4区や宮崎2区）．2009年の総選挙では自民党が特に都市部の小選挙区で敗れたとはいえ，自民党の国会議員は全体的に農村部から選出されていることが示される．他方前任総裁が任期途中で辞任した場合の総裁選に伴う「自発的」な予備選では各都道府県連に各3ポイントが与えられるが，都道府県をDID指標で並べてそれぞれに同じ重みをつけた場合にはDID指標の中間値となる票を持つ県は大分県であり，そのDID指標は0.44である．また任期満了後の総裁選における予備選では党員数に応じて各都道府県に票が

配分されるが，自民党組織はもともと農村部で強いため，配分された票数でそれぞれに重みをつけた場合に中間値となる票を持つ県はDID指標が0.45の青森県である．これらの数字は自民党所属国会議員の選挙区よりは都市寄りではあるものの，衆議院の小選挙区と比較した場合には農村部への偏りは明らかである[10]．

結局現在のところ自民党はその一般党員の多くも農村部に居住しているために，小泉内閣以降徐々に都市部の党員数が相対的な重みを増しつつあるものの，現行の選挙制度と党員の分布のもとでは，予備選も農村部の利益を優先する総裁を選出し続ける可能性が高い．例えば2009年の総裁選では河野の一般的な知名度の高さにもかかわらず，農村部選出の有力議員である谷垣は国会議員票だけでなく予備選でも完勝した（それでも河野は国会議員票よりは予備選で善戦したが）．他方でこの総裁選予備選における都市部と農村部での投票傾向の違いは，予備選における政策の重要性上昇を示唆する．もし有権者が候補者の一般的なイメージのみを意識するのであれば，総裁候補に対する支持率は地域間でより似通っていてもおかしく無い．しかし谷垣と河野の予備選での得票率の差がDID指標と強い相関を持っていたことは，党が将来向かうべき方向性を巡り都市部と農村部の自民党員の間で意見が分かれていたことを示唆する．

4. 結　　論

本章では党首選の手続きと政党支持率の関係について論じた．本章では「民主的」な党首選，特に予備選の使用が政党への支持を高めることを発見した．しかしこの効果はおよそ100日程度しか持続しないように見える．この現象の

---

10) この農村部バイアスは，党員数にかかわらず各都道府県に3ポイントをあらかじめ配分するという選挙制度の影響とは必ずしもいえない．選挙制度の影響を排除するために都道府県をDID指標を用いて並べ，2009年の自民党員の数で各都道府県に重みをつけた場合でも，中間値はDID指標が0.48である石川県となった．なお各都道府県を参議院地方区での議席数を用いて重み付けした場合のDID指標の中間値は愛媛県（0.51）となったが，これはこれらの自民党総裁選予備選の数字に近い．言い換えれば，現在の自民党の総裁選予備選で好まれる総裁候補は，衆議院小選挙区で勝利するためには農村部の利益を重視しすぎる可能性が高いが，参議院地方区で勝利するためには最適に近いのかもしれない．

第 9 章　党首選改革と政党支持率

原因のひとつは，一般党員による予備選を伴う党首選は，政党エリートのみが参加する党首選よりもメディアの党に対する注目を短期的に高め，これが一時的に有権者の関心を呼び起こすためと考えられる．

　本章では論じることができなかったが，将来取り組んでみたいいくつかの問題がある．まず予備選が（短期的とはいえ）より高い支持率という形で政党に対して利益をもたらすのであれば，なぜ民主党は結党以来の 10 年余りを野党として過ごす間に予備選をより頻繁に行わなかったのだろうか．民主党は 2002 年から 2010 年までの間，この「民主的」な代表選出方法を避けてきた．しかし通常野党はメディアの日々の注目度が低いことに悩み，視聴者への露出を増やすための機会には何であれ飛びつくことを考えれば，直感に反する行動である．

　ひとつの理由としては，予備選では競合する候補が長期間にわたり相互に批判しあうために党の結束に大きな悪影響を与え，また党内の政策にまとまりが無いことを有権者に示してしまう可能性が挙げられる．この仮説は，民主党が社会党出身の左派議員から自民党の穏健派出身の議員（元さきがけなど），さらにはかなり保守的な元自由党の議員から構成されていることを考えれば説得的ではある．また 2010 年 9 月の菅と小沢の選挙戦は明らかに党所属国会議員たちの間に無視できない亀裂を引き起こした．しかしこの党内対立の危険性は予備選を回避することに対する充分な説明とはいえない．例えば自民党が党内で結束してきたとは誰も考えないが，しかし自民党の派閥は総裁の地位やその他の問題による対立を抱えながらも，長い間協調，あるいは少なくとも全面的な対決や分裂の危機をほとんどの場合回避してきた．

　別の理由としては，マスメディアおよび有権者が与党と野党の党首選出に対して異なる判断基準を用いている可能性が考えられる．与党第一党の党首はほぼ確実に国会で首相として選出されるために，メディアはその選出過程に対してより多くの紙面ないし報道時間を割き，また有権者もより強い関心を持って見守る．また同じ理由から両者ともに与党党首の選出過程について野党党首のそれよりも高い正統性を求めると推測される．本章で扱った時期において自民党は与党であったために，予備選を用いた党首選出過程に対してメディアの高い注目を受けることのできる立場にあり，またより「民主的」な手段を用いて総裁を選出することにより，選出された総裁／首相がその正統性から当初の高

い支持率を得られたのかもしれない．他方民主党はこの時期においては野党であったために，もし予備選をより積極的に用いていたとしてもメディアの注目は限定的であり，また民主的正統性の観点から政党支持率を向上させることも困難であった可能性がある．しかし 2009 年の政権交代により，民主党の代表選も新たな首相を決定する過程としてより高い注目を浴びることとなり，また代表選出過程により高い民主的正統性が問われることとなった．2010 年 9 月の民主党代表選における予備選の利用，またこの代表選において多くの一般党員票を獲得した菅代表の勝利と当初の高い内閣支持率は，与党と野党に対する党首選出過程の影響の違い，またこれによる異なった政党の戦略を示唆しているのかもしれない．

　次に政党は有権者から高い支持を受ける党首を長期間在任させることから利益を得ることができるのだろうか．自民党も民主党も党首に任期制限を設けているが，過去 20 年間で実際にこれによる制約を受けたのは小泉首相のみである．党首の支持率が低迷する場合には短期間での党首交代も当然に思えるが，しかし後継者が前回の予備選での敗者，という今後頻繁に起こると予測される事態のもとでは，党首交代が長期的に党の支持率を回復させるとは限らない．新党首は短期的にはハネムーン効果により高い支持を得るかもしれないが，予備選で何度か敗北した経験がある場合は特に，基礎的な支持率は前任者よりも低いかもしれないのである．

　現在の自民党と民主党にとっての最大の課題とは，新世代の党首候補の育成および彼／彼女らの有権者への売り込みであるが，両党ともにこれに成功しているようには見えない．投票を規定する要因としての党首の重要性の増大，また浮動層が有権者の大きな部分を占めるようになったことから，政党にとって有権者が党首を支持する理由を理解することの重要性は計り知れない．しかし浮動層が移り気であり，失言や海外の経済情勢の変化などのささいな要因が党首への支持率に大きな変動をもたらすことがこの課題の解決を難しくする．現在のところ，両党ともにこうした変動に対しては人気の低下した党首を短期で交代させることで対処している．

　党首を長期的な視点から見守ることが望ましいのかどうかは明らかではないが，選挙人団方式の党首選における予備選の重みの増大は，政党が有権者から

安定的な支持を得ることを助けるかもしれない．現時点ではまだ両党ともに国会議員が次期党首の選出において支配的な発言権を持っており，予備選は党首選の結果にあまり大きな影響を持たない．そのため党首の地位への野心を持つ政治家は，まず同僚の国会議員の間で支持を獲得することに血道をあげ，これに失敗した政治家はたとえ有権者から人気がある可能性があったとしても脚光を浴びる可能性はない．しかし党首選において予備選の重みが増すのであれば，党首候補となり得る政治家はより有権者の支持の観点から評価，選抜されるようになり，その結果として政党の基礎的な支持率が改善される可能性もあるだろう．

参 考 文 献

上神貴佳．2008．「党首選出過程の民主化：自民党と民主党の比較検討」『年報政治学』59: 220–40．
大宮武郎．1992．『選挙制度と議員定数の是正』3訂版，北樹出版．
蒲島郁夫・今井亮佑．2001．「2000年総選挙：党首評価と投票行動」『選挙研究』16: 5–17．
佐藤誠三郎・松崎哲久．1986．『自民党政権』中央公論社．
竹中治堅．2006．『首相支配：日本政治の変貌』中央公論新社．
谷口将紀．2004．『現代日本の選挙政治：選挙制度改革を検証する』東京大学出版会．
福井治弘．1969．『自由民主党と政策決定』福村出版．
Christensen, Ray. 1998. "The Effect of Electoral Reforms on Campaign Practices in Japan: Putting New Wine into Old Bottles." *Asian Survey* 38(10): 986–1004.
Christensen, Raymond V. 1994. "Electoral Reform in Japan: How It Was Enacted and Changes It May Bring." *Asian Survey* 34(7): 589–605.
Cox, Gary W., Frances McCall Rosenbluth, and Michael F. Thies. 1999. "Electoral Reform and the Fate of Factions: The Case of Japan's Liberal Democratic Party." *British Journal of Political Science* 29: 33–56.
Curtis, Gerald L. 1971. *Election Campaigning Japanese Style*. New York: Columbia University Press.（山岡清二訳『代議士の誕生』サイマル出版会，1971）
Dalton, Russell J., and Martin P. Wattenberg, eds. 2000. *Parties without Partisans: Political Change in Advanced Industrial Democracies*. Oxford: Oxford University Press.
Dalton, Russell J., Ian McAllister, and Martin P. Wattenberg. 2002. "Political Parties and Their Publics." In *Political Parties in the New Europe: Political and*

第 IV 部　政党政治の混迷

Analytical Challenges, ed. Kurt Richard Luther and Ferdinand Müller-Rommel. Oxford: Oxford University Press, 19–42.

Estévez-Abe, Margarita. 2006. "Japan's Shift toward a Westminster System: A Structural Analysis of the 2005 Lower House Election and Its Aftermath." *Asian Survey* 46(4): 632–51.

Farrell, David M. 2002. "Campaign Modernization and the West European Party." In *Political Parties in the New Europe: Political and Analytical Challenges*, ed. Kurt Richard Luther and Ferdinand Müller-Rommel. Oxford: Oxford University Press, 63–83.

Hug, Simon. 2001. *Altering Party Systems: Strategic Behavior and the Emergence of New Political Parties in Western Democracies*. Ann Arbor: University of Michigan Press.

Inglehart, Ronald. 1997. *Modernization and Postmodernization: Cultural, Economic, and Political Change in 43 Societies*. Princeton, N.J.: Princeton University Press.

Kohno, Masaru. 1997. *Japan's Postwar Party Politics*. Princeton: Princeton University Press.

Krauss, Ellis S., and Benjamin Nyblade. 2005. "'Presidentialization' in Japan? The Prime Minister, Media, and Elections in Japan." *British Journal of Political Science* 35: 357–68.

Krauss, Ellis S., and Robert Pekkanen. 2004. "Explaining Party Adaptation to Electoral Reform: The Discreet Charm of the LDP?" *Journal of Japanese Studies* 30(1): 1–34.

Lin, Chao-Chi. 2009. "How Koizumi Won." In *Political Change in Japan: Electoral Behavior, Party Realignment, and the Koizumi Reforms*, ed. Steven R. Reed, Kenneth Mori McElwain, and Kay Shimizu. Palo Alto: Walter H. Shorenstein Asia-Pacific Research Center, 109–32.

Maclachlan, Patricia L. 2006. "Storming the Castle: The Battle for Postal Reform in Japan." *Social Science Japan Journal* 9(1): 1–18.

Mair, Peter. 1997. *Party System Change*. Oxford: Oxford University Press.

Mair, Peter, Wolfgang C. Müller, and Fritz Plasser, eds. 2004. *Political Parties and Electoral Change: Party Responses to Electoral Markets*. London: Sage Publications.

McElwain, Kenneth Mori. 2009. "How Long Are Koizumi's Coattails? Party-Leader Visits in the 2005 Election." In *Political Change in Japan: Electoral Behavior, Party Realignment, and the Koizumi Reforms*, ed. Steven R. Reed, Kenneth Mori McElwain, and Kay Shimizu. Palo Alto: Walter H. Shorenstein Asia-Pacific Research Center, 133–56.

McElwain, Kenneth Mori, and Erin Giencke. 2009. "The Instrumental Decentralization of Party Leader Selection." Paper presented at the Annual Meeting of the American Political Science Association. Toronto, Canada.

McElwain, Kenneth Mori, and Stephen R. Reed. 2009. "Reforming Japan's Upper House: Lessons in Unintended Consequences." Paper presented at the UCLA Conference on Japan's Politics and Economy. UCLA.

Poguntke, Thomas, and Paul Webb, eds. 2005. *The Presidentialization of Politics: A Comparative Study of Modern Democracies*. Oxford: Oxford University Press.

Ramseyer, J. Mark, and Frances McCall Rosenbluth. 1993. *Japan's Political Marketplace*. Cambridge, Mass.: Harvard University Press.（加藤寛監訳『日本政治の経済学：政権政党の合理的選択』弘文堂，1995）

Reed, Steven R., and Michael F. Thies. 2001. "The Causes of Electoral Reform in Japan." In *Mixed-Member Electoral Systems: The Best of Both Worlds?*, ed. Matthew Soberg Shugart and Martin P. Wattenberg. New York: Oxford University Press, 152–72.

Reed, Steven R., Ethan Scheiner, and Michael F. Thies. 2009. "New Ballgame in Politics: Party-Centered, More Volatile." *Oriental Economist*, October: 8–9.

Richardson, Bradley M. 1997. *Japanese Democracy: Power, Coordination, and Performance*. New Haven: Yale University Press.

Scheiner, Ethan. 2005. *Democracy without Competition in Japan: Opposition Failure in a One-Party Dominant State*. Cambridge: Cambridge University Press.

Shinoda, Tomohito. 2003. "Koizumi's Top-Down Leadership in the Anti-Terrorism Legislation: The Impact of Political Institutional Changes." *SAIS Review* 23(1): 19–34.

Wren, Anne, and Kenneth Mori McElwain. 2007. "Voters and Parties." In *The Oxford Handbook of Comparative Politics*, ed. Carles Boix and Susan C. Stokes. Oxford: Oxford University Press, 555–81.

第 10 章
内閣支持率と与党支持率

前田幸男

1. はじめに

　内閣にとって世論調査における支持率は大きな意味を持っている．内閣支持率が高ければ，首相は，与党内の抵抗をも押し切り，自らの政策課題を実現することができる．その一方，支持率が低下すると，首相の交代を求める声が与野党から湧き上がる．2000年代の自民党総裁選挙では，自民党議員たちが「誰が次の首相としてふさわしいか」をたずねた世論調査の結果を参考に，投票する候補者を選んだとさえ言われる（柿崎 2008）．首相・党首に対する評価の高低は，選挙時に与党候補の当落に大きな影響を持つが故に（蒲島・今井 2001），現職議員や次の選挙を狙う候補者たちは，定期的に発表される内閣支持率の数字に常に注意を払わざるを得ない．

　ただし，内閣支持率の政局に与える影響が大きいと考えられるようになったのは比較的最近のことである．例えば，海部内閣は，52.3% の支持率[1]があったにもかかわらず，派閥領袖の圧力により退陣を余儀なくされた．極めて人気が高かったと言われる小泉内閣の最後の支持率が 53.0%[2]であったことを考えるならば，少なくとも自民党単独政権期には，内閣支持率は与党にとって第一義的に重要な指標ではなかった．

　細川内閣が実現した選挙制度改革と橋本内閣による行政改革・中央省庁再編により，首相を支える制度的基盤が強化されたことは，多くの論者の指摘するところである（竹中 2006；飯尾 2007）．自民党派閥政治の全盛期には派閥領袖からの支持が内閣の権力基盤であったが，今日では，世論調査における支持率が

---

1) 『読売新聞』1991 年 9 月 27 日．
2) 『読売新聞』2006 年 9 月 15 日．

内閣の政治力の源泉となっている．本章は，著しく重要性の増した内閣支持率の変動について長期的な視野から考察することを目的とする．次節では，実際の分析に入る前に，世論調査における内閣支持の質問について確認したい．

2. 内閣支持と首相に対する支持

(1) 世論調査の質問文

日本では，研究者に限らず一般的に，「内閣支持」を議論の対象としているが，比較政治学では，「政府支持」(government popularity あるいは government approval) という用語が一般的である．アメリカやフランスの場合は，「政府支持」率は大統領支持率が指標として利用されることもある (例えば，Hellwig 2007)．議院内閣制の場合は，「政府支持」率は，次の日曜日を架空の選挙日程として提示された場合に，与党に投票すると答えた人々の割合が利用されることが多い (例えば，Whiteley 1986; Price and Sanders 1993)．実は，「内閣支持」が調査においてたずねられることは，議院内閣制の諸外国でも少ないと思われる[3]．

ただし，首相の果たす役割が世論研究において軽視されている訳ではない．むしろ，首相の人気，あるいは党首の人気に着目した研究は増加しつつある．例えば，英国政治の研究においては，1960年代以前と比べると，現在は首相の人気が格段に重要であることが指摘されている．投票行動における階級の重要性が減衰するにつれ，選挙における各党勢力の消長は，首相および野党党首の人気から大きな影響を受けるようになったと言われる (Clarke et al. 2009)．

英国の場合，首相についての評価をたずねる実際の質問は，「あなたは現在の首相に満足ですか，不満ですか」というものである[4]．また，調査によっては回答者に与野党の党首を比べるように促している．具体的な質問は，「首相に最もふさわしいのは，A 氏，B 氏，あるいは C 氏のうち誰だと思いますか」であ

---

[3] 筆者は日本語と英語しか解さないため，欧州大陸諸国の調査を十分把握していない可能性がある．

[4] 英文は，"Are you satisfied or dissatisfied with the incumbent as Prime Minister?" である (以下に引用がある．Hudson 1984; Clarke, Ho, and Stewart 2000)．

る[5]．これらの質問は，明らかに集合体としての内閣ではなく，首相を評価の対象としている．

一方，日本の報道機関が行う世論調査では，内閣についての支持・不支持がたずねられている．内閣成立直後の調査を除くと，報道機関各社の間で質問文の違いは殆どない．具体的な質問は，例えば『読売新聞』の場合，「あなたは，小泉内閣を支持しますか，支持しませんか」という単純なものである．文言上は内閣全体についての評価をたずねているが，首相の名前が明示されることで，回答者の注意は首相その人に向けられる．

また，質問を作る側にとっても，それは暗黙の前提であると思われる．何故ならば，報道各社の調査では内閣支持の質問に続いて，その理由をたずねているが，その際にも，首相その人に焦点が絞られているからである．例えば，『毎日新聞』の場合，安倍内閣支持理由の選択肢は，「自民党の首相だから」，「首相の指導力に期待できるから」，「首相に若くて清新なイメージがあるから」，そして，「首相の政策が期待できるから」である．不支持理由の方も，同様に首相に焦点が当てられている[6]．

以上検討した質問文や選択肢は，報道機関の世論調査担当者が考えたものではあるが，有権者も首相個人の人柄，発言，行動等を判断材料として内閣に対する支持・不支持を決めていると考えても誇張ではないであろう．実際，仮に個別の閣僚の不祥事が明らかになったり，失言が報道されたりする場合でも，首相の「任命責任」が問われるのが常である．従って，内閣支持率・不支持率は基本的に首相個人に対する支持・不支持の指標であると考えることができる（佐々木ほか 2007，260–62）．

(2) 先 行 研 究

英国政治の研究においては，首相支持率と与党支持率の時系列的研究に一定の蓄積がある（例えば，Hudson 1984; Lanoue and Headrick 1994; Clarke, Ho, and Stewart 2000）．これらの研究は，与党支持率が首相支持率に依存するという前

---

5) 英文は，"Who would make the best Prime Minister, Mr. A, Mr. B, or Mr. C?" となっている（次に引用がある．Clarke, Stewart, and Whiteley 1998）．
6) 『毎日新聞』2006 年 9 月 28 日．

提で議論を組み立て，その影響を確認している．しかしながら，首相支持率そのものは分析の与件としており，説明の対象とはなっていない．

　日本の場合，内閣支持は，政党支持と比べると，学術的な研究が十分蓄積されてきたとは言い難い．記述的な研究は時折刊行されているが（例えば，猪口1981；池田1992），内閣支持率の変動を説明しようとする理論的研究が登場したのは，比較的最近のことである．

　内閣支持率の本格的な研究に先鞭をつけたのは西澤である．西澤はボックス－ジェンキンス法を用いて，池田内閣から宮沢内閣までの支持率を分析している（三宅・西澤・河野 2000）．西澤によれば，自民党支持率だけでなく，個人の暮らし向きの評価や，経済全体の景気判断も，内閣支持率に一定の影響を与えている．また，新内閣の支持率は発足時に大幅に上昇し，時間の経過とともに減衰していくことが確認されている（cf. Kernell 1978; Newman 2002）．

　より最近の研究としては，飯田が池田内閣から森内閣末期までのデータを利用した分析を行っている（飯田 2005）．飯田はボックス－ジェンキンスの方法を拡張したARFIMAモデルを利用しているが，彼によれば，1993–94年の政治改革，新党の登場は，政党支持の不安定化を招き，与党支持率が内閣支持率に与える影響を小さくした．彼は，「93年以降の新党を含む連立政権下における内閣支持はいわば『根無し草』であり，頻繁に変化する（せざるを得ない）新党に対する有権者の支持態度とは無関係に変化している可能性がある」（飯田 2005, 45）ことを指摘している．

　池田政権から宮沢政権までの自民党支持率と内閣支持率を多変量長期記憶モデルで分析した中村は，経済的要因を統制した後は，内閣支持率と自民党支持率との間に相互規定関係は存在しないと主張している（中村 2006）．中村が具体的に用いた経済要因は時事世論調査における暮らし向き判断についての評価であるが，集計値で見る限り，暮らし向き判断が改善すると，自民党支持率も内閣支持率も上昇し，暮らし向き判断が悪化すると双方とも悪化するという構造になっている．

　以上の研究は，それぞれ興味深い知見を提示しているが，具体的に用いられた分析手法も，利用されたデータの時期も異なる．とりわけ，西澤と中村の分析は連立政権が常態化する以前の自民党単独政権期を扱っており，「『強い首相』

が日常になる」(待鳥 2006) とまで言われた 2000 年代については扱っていない．また，飯田の分析も小泉内閣発足直前の 2001 年 3 月までを分析の時期としており，「世論調査政治」(吉田 2008) と言われるほど内閣支持率が重要になった時期については，検討の対象外である[7]．

さらに，与党支持率と内閣支持率との間の因果の方向性は前者から後者のみに存在し，その逆はないという西澤や飯田の想定に，筆者は違和感を覚える．議院内閣制である限り，内閣は基本的に与党の幹部級議員により構成されているため，内閣支持率と与党支持率は，政権党に対する評価を異なる角度から行っているもので，両者は部分的には重複していると考える方が自然である．また，首相・閣僚に対する評価が変化することで与党支持率が上下動する余地の方が，与党議員の行いにより内閣支持率が変動する余地よりも大きいと思われる．実際，報道機関は，首相・閣僚に焦点を当てた報道を行い，閣外の与党議員に対する報道は相対的には少ないのである (石川 1990)．

従来，政党支持は，政治意識における安定した指標・索引としての役割を果たすとされてきた (三宅 1985)．しかし，今日では，政党支持は安定しているどころか，「その都度支持」でしかないとさえ主張されている (松本 2006)．また，未刊行の論文であるが，バードンは，池田内閣から小泉内閣 (2005 年 3 月) までのデータを分析し，内閣支持率から与党支持率への影響は存在しても，その逆はないと結論づけている (Burden 2008)．そこで，本章では，連立政権が常態化した後に，与党支持率と内閣支持率の関係が如何に変容したかを念頭におきながら，分析を進める．

3. 時系列データの分析

(1) データ

前節で紹介してきた内閣支持率の先行研究は全て時事通信社の世論調査結果を利用しているが，本章の分析では読売新聞社の世論調査結果を用いる[8]．経

[7) ただし，飯田が 2001 年 3 月までを対象期間としたのは，論文執筆当時には分析に利用しうる時点が明らかに不足していたからであり，やむを得ない．
[8) データは『読売新聞』の原紙と縮刷版から筆者が作成した．

済に関連した評価について時事の調査結果を用いるので，政治についての評価は他社のデータを用いた方が良いという判断からである[9]．個票データを利用して個人を単位とした分析を行うのでなければ，時系列の変数について，同じ調査を用いることはデータの収集・整理上は簡便であるが，決して必然なわけではない．その一方，同じ調査から得られた変数は偶然による関係を含めて重複している側面があり，変数間の関係を過度に強調することも考えられる (Green, Palmquist, and Schickler 2004, 94)．

　読売新聞社が毎月定期的に世論調査を行うようになるのは，大平内閣が成立した翌月の1979年1月からである．時折，調査が行われていない月も存在するが，基本的に福田康夫内閣が退陣する2008年9月までのデータが利用可能である[10]．読売新聞社の調査では，層化多段無作為抽出にもとづいて選ばれた対象者に対して，訪問面接調査を行っている．残念ながら，麻生内閣が成立した2008年10月以降，内閣支持率および与党支持率については，RDD法 (Random Digit Dialing Method) に基づく調査と報道が行われている．しかし，時事を除く他の報道機関は1990年代後半から2000年代前半にかけ，相次いでRDD法に転換しているので，読売新聞社の世論調査は時事通信社の世論調査 (1960年6月〜) に次いで長い時系列の支持率を提供する．また，偶然ではあるが，1979年1月から2008年9月までの357ヶ月の折り返し点は，1993年11月になる．すなわち，分析対象期間が自民党の単独政権期と，連立政権が常態化した時期の二つにほぼ均等に分かれるという利点がある．

(2) 記述的検討

最初に，時系列の変化を視覚的に検討したい．1979年1月から2008年9月

---

9) 時事通信社の調査結果については時事通信社 (1981)，時事通信社・中央調査社 (1992)，および毎月の『時事世論調査特報』を参照されたい．

10) 欠損値については以下の様に処理した．与党支持率については，t月に調査が行われていない場合は，$t-1$月と$t+1$月の数値の平均を用いた．内閣支持率についても基本的に同様の処理を行っている．ただし，首相が退陣を表明したために，調査は行われているが，内閣支持質問が存在しない月がある．その場合は，記録された最後の内閣支持率を，退陣が確実になった後の内閣支持率に充当している．

第 10 章　内閣支持率と与党支持率

図 10–1　内閣支持率と与党支持率（1979 年 1 月から 2008 年 8 月まで）

出典：読売新聞社世論調査．

までの与党支持率と内閣支持率をグラフにしたのが図 10–1 である[11]．このグラフから，興味深い変化を読み取ることができる．第一に，自民党単独政権が基本であった 1993 年前半までは，与党（自民党）支持率と内閣支持率が近い水準で並行して動いているように見える．それに対して，1993 年の後半以降は，与党支持率と内閣支持率は並行して動くにしても，両者の乖離が大きい．時系列の期間を便宜上前半の大平内閣から宮沢内閣までの期間（1979 年 1 月～1993 年 8 月）と，後半の細川内閣から福田康夫内閣までの期間（1993 年 9 月～2008 年 8 月）に分けると，前半の与党（自民党）支持率が 45.7% であるのに対し，後半の与党支持率の平均は 36.4% と大きな開きがある[12]．一方，前半の内閣支持率の平均は 41.0% であるが，後半の内閣支持率の平均は 46.7% である．つまり，自民党単独政権期は与党支持率が内閣支持率を平均で 4.7% 上回って

[11]　1993 年 8 月までは自民党支持率であり，同年 9 月以降は連立内閣を構成する与党の支持率合計である．なお，1993 年 8 月には読売新聞社の定例調査は行われていない．細川内閣が成立したのが 8 月 9 日であるため，8 月の支持率は宮沢内閣の最後の支持率が当てられている．

[12]　1993 年 9 月から 2008 年 8 月までの自民党支持率の平均は 32.5% である．

いたのに対し，連立政権が常態化した1993年9月以降は，内閣支持率が与党支持率を平均で10.3%上回るようになっている．二つの支持率が乖離するようになっただけでなく，その高低の関係も逆転したのである．

　グラフから読み取れる第二の点は，内閣支持率の変動が大きくなっていることである．与党支持率の標準偏差は前半が5.4%，後半が5.3%であり，平均値自体は大きく下がっているが，変動の規模自体に変化はない．その一方，内閣支持率の標準偏差は前半が11.5%であるのに対し，後半は14.2%であり，平均値が上昇したのみならず，変動の幅が広くなっている．従来から内閣支持率は与党支持率よりも短期的に変動しやすい指標であったが，人々の内閣に対する評価がより大きく変化するような状況が生まれていることが窺われる．総理大臣職の制度基盤が強化され，総理の役割自体が大きくなったことも原因として考えられるが(竹中 2006)，テレビに代表されるマスメディアの報道内容が，淡々とした事実中心のものから，政治の劇的な側面に焦点を合わせるように変化してきたことも一因であろう(大嶽 2003; 蒲島・竹下・芹川 2007)．

　次に，経済に対する評価も一瞥しておきたい．経済状況は選挙結果および世論調査結果に大きな影響を持つというのが一般的理解であり(Lewis-Beck 1988; Anderson 1995)，世論調査結果の時系列分析においては何らかの経済変数が独立変数として利用される．ここでは，西澤に倣い，経済の実態に関する統計ではなく，経済に関する人々の評価を変数として利用する(三宅・西澤・河野 2000)．具体的には，時事世論調査における景気判断に関する質問，および，暮らし向き判断に関する質問を用いる．実際の質問文であるが，景気判断についての質問は「世間の景気をどう見ますか．前月と変わらないと思いますか，悪くなってきたと思いますか，良くなってきたと思いますか」というものであり，暮らし向き判断についての質問は，「あなたの暮らし向きは，昨年の今ごろと比べてどうですか．楽になっていますか，苦しくなっていますか」というものである．それぞれ五つの選択肢が用意されているが[13]，ここでは否定的な二つの回答を

---

13) 選択肢は，「世間の景気」は，「確かに良くなってきたと思う／やや良くなってきたと思う／変わらないと思う／やや悪くなってきたと思う／確かに悪くなってきたと思う」からの五択であり，暮らし向き判断の質問の場合は，「大変楽になった／やや楽になった／変わりない／やや苦しくなった／大変苦しくなった」である．

第 10 章　内閣支持率と与党支持率

表 10–1　世論調査結果の記述統計

	調査	時点数	平均	標準偏差	最小値	最大値
内閣支持率	読売	357	43.9	13.2	8.0	85.5
与党支持率	読売	357	41.0	7.1	20.3	55.1
景気判断	時事	357	32.8	13.7	10.2	71.8
暮らし向き判断	時事	357	35.1	7.9	19.7	61.5

出典：読売新聞社世論調査および時事通信社世論調査．

表 10–2　時系列間の相関係数（中曽根内閣期と小泉内閣期）

	中曽根内閣（59ヶ月）				小泉内閣（65ヶ月）			
	内閣	与党	景気	暮らし向き	内閣	与党	景気	暮らし向き
内閣支持率	1				1			
与党支持率	0.92	1			0.64	1		
	(0.00)				(0.00)			
景気判断	−0.59	−0.43	1		0.44	−0.15	1	
	(0.00)	(0.00)			(0.00)	(0.22)		
暮らし向き判断	−0.52	−0.70	0.33	1	−0.05	−0.45	0.70	1
	(0.00)	(0.00)	(0.01)		(0.68)	(0.00)	(0.00)	

注：括弧の中は p 値である．
出典：読売新聞社世論調査および時事通信社世論調査．

合わせた割合を分析に利用する[14]．確認のため表 10–1 に四つの時系列について記述統計を示す．

　ここでは，全期間を一括して扱うのではなく，自民党単独政権期の代表として中曽根内閣を，連立政権が常態化してからの時期の代表として小泉内閣を選び，経済と政治との関係について検討する．表 10–2 として，両内閣について，4 変数間の相関係数を掲載している．

　まず左側の中曽根内閣期であるが，経済についての悪い評価が減少する時期には内閣・与党支持率が上昇し，経済の評価が悪くなると内閣・与党支持率も

---

[14]　肯定的な回答ではなく，否定的な回答を利用する理由は，単純に後者の方が変動の幅が大きいからである．357 月のデータで，景気判断については肯定的な回答の標準偏差は 4.8 だが，否定的な回答は 13.7 になる．暮らし向き判断も同様で肯定的な回答の標準偏差 1.3 に対して，否定的な回答は 7.9 となる．

下がるという想定通りの関係が表れている．内閣支持率と景気判断の相関係数は -0.59，同じく暮らし向き判断との相関係数は -0.52 であり，両者の間に大差はない．ただし，与党支持率との相関係数は前者が -0.43 なのに対して，後者は -0.70 であり，与党支持率は暮らし向き判断との間により強い関係があるように見える．

一方，表10-2 右側の，小泉内閣の場合，経済の評価と内閣支持率の関係を見ると，景気判断と内閣支持率の相関係数が 0.44 と，通常の想定とは異なり，景気判断が悪化すると，内閣の支持率が高まるという，直感に反する結果が出ている．暮らし向き判断との関係は，係数も小さく統計的にも有意ではない．与党支持率との関係については，景気判断との相関係数は -0.15 と小さく，統計的には有意ではない．符号が中曽根内閣期と一致し，同じく，統計的に有意であるのは与党支持率と暮らし向き判断だけである（相関係数は -0.45）．従って，単純に2変数関係を検討する限りでは，中曽根内閣期と小泉内閣期では，経済評価と内閣支持率との関係は大きく異なる．

次項以降では，より詳細な分析を行うが，二つ注意しなければならない点がある．第一に，時系列のデータは，分析に含める期間の取り方で，異なる結果が出る可能性が十分あるため，性急な一般化は慎まなければならない．

もう一つの注意点は，時系列データ特有の周期や傾向をどう考えるかである．経済には独自のサイクルがあり，経済の拡大期と縮小期とが交互にやってくる．その一方，世論調査結果にも一種独特の癖がある．内閣支持率は新内閣発足時に高い値を示し，その後徐々に低下していく．二つの時系列が長期的な傾向や周期を持つような場合，単純に内閣支持率を経済評価に回帰させると，両者が無関係であっても，関係があるように見える「見せかけ回帰」現象が発生する（森棟 1999, 306-8）．従って，経済評価と内閣支持率・与党支持率との関係，さらに内閣支持率と与党支持率との関係を検討するためには，時間の経過に伴う様々な要因を統制した分析を行わねばならない．

(3) 時系列モデルによる検討

専門化が著しい統計学の中でも時系列分析は高度に発展した領域である．技術的に高度な手法を利用する政治学の論文も多くあり，邦語文献でも前出の飯

第10章　内閣支持率と与党支持率

田や中村のような業績がある．ただし，時系列分析の中にはボックス－ジェンキンス法，ベクトル自己回帰法，誤差修正モデル等の異なる立場があり（森棟 1999; Brandt and Williams 2006），世論調査結果の時系列に対してどの方法を適用すべきかの共通了解は必ずしも成立していない．本章においては，西澤の分析に倣い，ボックス－ジェンキンス流のARIMA（自己回帰和分移動平均）モデルを適用する[15]．

　ボックス－ジェンキンス法のモデルは，比較的単純なARMAモデルを例にすると，式 (1) のようになる．当月における Y の値 (Y_t) は，その前月における値 (Y_{t-1}) と，当月 (θ_t) および前月 (θ_{t-1}) の誤差の重み付き平均，そして定数 (μ) の和として表される．前月のそれ自体からの影響が自己回帰（Auto Regression 略してAR）であり，当月と前月の誤差からの影響が移動平均（Moving Average 略してMA）である．もし，Y の平均値自体が刻々と変化する非定常の系列である場合は，その差分 $\Delta Y_t = Y_t - Y_{t-1}$ がモデルに利用される．差分 Δ の和（合計 Integration 略してI）により時系列が表現されるので，これらを総合して自己回帰和分移動平均（Auto Regressive Integrated Moving Average 略してARIMA）モデルといわれる．ARIMA (p, d, q) は，p 次の自己回帰，d 次の差分，そして q 次の移動平均をとったARIMAモデルを表す．

$$Y_t = \phi Y_{t-1} + \varepsilon_t + \theta_1 \varepsilon_{t-1} + \mu \quad (1)$$

　これより先の分析では，全ての時系列変数に対して，それぞれのARIMAのモデルを構築した上で，予測を行い，そのモデルでは予測できない残差を抽出して分析に利用する（この手続きをプリホワイトニングという）．これらの残差は，ARIMAモデルが適切に構築されている限りにおいて，原系列から時間の経過と関連した要素が除去されたものと考えることができる．すなわち，各変数からそれ自身の過去の影響が除去されているのである．時系列的要素を除去

---

15) ARIMAモデルを適用するもう一つの理由は，マクロの党派性の研究に先鞭をつけたマッキューンらの論文がARIMAモデルに基づいているからである（MacKuen, Erikson, and Stimson 1989）．ARIMAモデルについては，マクドワルほか（McDowall et al. 1980），ヴァンデール（1988），森棟（1999）等の解説を参照されたい．

した残差を分析するというのは奇異に聞こえるかもしれないが，時間の経過に伴うダイナミズムを欠くからこそ，見せかけ上の関係を心配することなく，変数間関係を検討できるのである（ヴァンデール1988，306-12）．

①経済評価から内閣支持率への影響　ここでは，まず内閣支持率の変動について検討を行う．従属変数となるのはARIMAのフィルターによりプリホワイトニングされた内閣支持率である．独立変数である景気判断と暮らし向き判断も，フィルターにより過去の影響が除去されている．

その他に，統制目的で投入される独立変数は，新内閣発足時のダミー変数，内閣発足後経過した月数，1993年9月以降のダミー変数，非自民連立政権のダミー変数（細川・羽田内閣期），そして村山内閣のダミー変数である．ここでは，与党支持率は内閣支持率に影響を与えないという想定をおき，独立変数としては投入しない．なお，与党支持率と内閣支持率の2系列について，24期のラグを取った上で，グレンジャーの因果性検定を行うと，内閣支持率から与党支持率への影響については，$\chi^2=78.808$，自由度24，$p=0.000$であり，内閣支持率が与党支持率に対してグレンジャー的な意味で先行しないという帰無仮説は棄却される．一方，与党支持率から内閣支持率への影響については，$\chi^2=18.567$，自由度24，$p=0.775$であり，帰無仮説を棄却できない．すなわち，グレンジャー的な意味においては，与党支持率によって内閣支持率の変動を説明することはできないのであり，与党支持率を独立変数に含めないことは妥当である[16]．

さて，回帰分析の推定結果は表10-3の第1列に示してある．経済評価の影響であるが，統計的に確認できる範囲内では，景気判断は内閣支持率に影響を与えていない．一方，暮らし向き判断は，内閣支持率に影響を与えている．係数の符号は負であり，暮らし向き判断の評価が良くなる（数値が小さくなる）と内閣支持率が上昇するという直感的な関係を確認できる．政治状況に関連する変数では，新内閣発足時のダミー変数の影響が確認できる．

第2列には，確認のために，小泉内閣のダミー変数を投入した．小泉内閣のダミーおよび非自民連立政権のダミーが統計的に有意となっている．これは，

---

[16] ラグの期間を4期，8期，12期としてみても結果は同様である．グレンジャーの因果性検定については，森棟（1999，327-32）を参照されたい．

第10章　内閣支持率と与党支持率

表10-3　経済評価が内閣支持率に与える影響

	従属変数	Δ内閣支持率		
Δ景気判断	-0.110	-0.097	-0.079	-0.083
	(0.085)	(0.084)	(0.125)	(0.122)
Δ暮らし向き判断	-0.295	-0.286	-0.233	-0.229
	(0.145)	(0.143)	(0.190)	(0.186)
新内閣発足時ダミー	15.184	14.956	15.134	14.834
	(1.679)	(1.655)	(1.683)	(1.651)
内閣発足後経過した月数	0.041	0.001	0.040	0.000
	(0.022)	(0.025)	(0.022)	(0.025)
1993年9月以降ダミー	0.280	-1.301	0.287	-1.383
	(0.695)	(0.827)	(0.697)	(0.826)
非自民連立政権ダミー	3.963	5.035	3.915	5.167
	(2.088)	(2.081)	(2.095)	(2.081)
村山内閣ダミー	-1.446	-0.206	-1.488	-0.073
	(1.579)	(1.598)	(1.585)	(1.595)
小泉内閣ダミー		3.910		3.887
		(1.148)		(1.147)
景気判断と1993年9月以降ダミー			-0.048	0.006
			(0.171)	(0.185)
暮らし向き判断と1993年9月以降ダミー			-0.154	0.160
			(0.291)	(0.322)
景気判断と小泉内閣ダミー				-0.100
				(0.246)
暮らし向き判断と小泉内閣ダミー				-0.951
				(0.461)
定数項	-1.553	-0.822	-1.536	-0.792
	(0.636)	(0.662)	(0.638)	(0.660)
自由度修正済み決定係数	0.231	0.253	0.228	0.260
回帰の標準誤差	6.262	6.168	6.274	6.140
ダービン・ワトソン統計	1.700	1.736	1.691	1.718
標本規模	356	356	356	356

注1：内閣支持率，「世間の景気」評価，「暮らし向き」評価はARIMA (1, 1, 1) (1, 0, 0, 12)sのフィルターによりプリホワイトニングを行っている．各変数がそれ自体の過去の値から受ける影響は除去してある．
注2：Δ内閣支持率＝今月の内閣支持率－先月の内閣支持率．
注3：両側5％水準で統計的に有意な変数には網をかけている．
注4：括弧内の数値は標準誤差．
出典：読売新聞社世論調査および時事通信社世論調査．

内閣の個性という意味では，小泉内閣と細川内閣が，他の内閣と比べて特に支持率が高い内閣であったことを表している．

第3列は経済評価が内閣支持率に与える影響の有無が1993年8月以前と9月以降で異なるのかを，交互作用項を投入して検証した結果である．ここでは，小泉内閣ダミーは再度除外してある．景気判断・暮らし向き判断と93年9月以降の交互作用項は統計的に有意ではない．従って，経済動向が内閣支持率に与える影響が変化したとは言えないようである．

最後に，第4列に示したのが，小泉内閣ダミーを再度投入した上で，二つの経済評価変数との交互作用項を投入したモデルの推定結果である．基本的な結果には第3列との違いはない．ただし，非自民連立政権ダミーの値が再び統計的に有意になると同時に，暮らし向き判断と小泉内閣の交互作用項が絶対値の大きな係数を示し，かつ，統計的に有意な結果となった．普通の自民党内閣の場合，暮らし向き判断の回帰係数は-0.229で，統計的には0と区別できず，93年9月以降一般でも係数は$-0.229+0.160=-0.069$でほぼ0である．それに対して，小泉内閣期の係数は$-0.229-0.951=-1.180$であり，5%水準で統計的に有意である[17]．負の係数は，暮らし向き判断が改善すると（数値が小さくなると），内閣支持率が上がることを表す．視覚的に数値を検討した段階では，小泉内閣期には経済動向（景気判断）が悪化すると，内閣支持率が上昇するようにも見えたが，時系列分析においては，景気判断の影響が消えると同時に，暮らし向き判断が改善すると支持率が上がるという通説的な関係が確認できた．

②内閣支持率から与党支持率への影響　次に内閣支持率から与党支持率への影響について考察したい．内閣支持率と与党支持率の関係については，先行研究においては与党支持率から内閣支持率への因果関係を想定することが主であった（三宅・西澤・河野2000；飯田2005）．一方，米国の研究では大統領支持率から政党支持率への因果関係が想定されることが多い（MacKuen, Erikson, and Stimson 1989; Green, Palmquist, and Schickler 2004）．英国の研究でも首相支持率から与党支持率への影響を想定している（Clarke, Ho, and Stewart 2000）．本章で利用しているデータについても，グレンジャーの因果性検定によれば，内閣支持率

---

[17]　小泉内閣期の係数が0であるか否か検定を行うと$F(1, 343)=5.65$となる．

が与党支持率に影響を与えることはあっても，その逆はないという結論を得ている．従って，以下では，内閣支持率が与党支持率に影響を与えるという前提で重回帰分析を行った．その結果を表10–4に示す[18]．

　第1列に示すのが基本モデルであるが，与党支持率は，内閣支持率と暮らし向き判断からの影響を受けている．内閣支持率の係数は正で，当然，内閣支持率が上がると与党支持率が上がるという関係になっている．暮らし向き判断の係数は負で，こちらも暮らし向き判断が改善すると（値が小さくなると），与党支持率が上昇するという，経済業績評価の想定に合致する結果である．非自民連立政権のダミー変数の係数は負であり，この期間は，与党支持率が低かったことが分かる．非自民・非共産の連立内閣であった細川・羽田連立政権は，1993年衆院選で大敗した社会党と新政党を中心とした内閣であったため，与党支持率が低いことが表れたものと思われる．第2列には小泉内閣のダミー変数を投入した結果を示しているが，基本的に変化はない．

　次に，1993年9月以降について，内閣支持率，景気判断，暮らし向き判断との交互作用項を投入し，果たして，自民党単独政権期と連立政権が常態化した以降の時期で，与党支持率の規定要因が異なるのかを検討した．第3列に推定結果を示すが，暮らし向き判断の主効果が統計的には確認できない．交互作用項も統計的に0と区別できない．ただし，両者の和は，−0.055−0.156＝−0.211であり，5%水準で帰無仮説を棄却できる[19]．従って，暮らし向き判断は自民党単独政権期には与党支持率に影響を与えなかったが，連立政権が常態

---

18) 表10–4に掲載されたダービン・ワトソン統計は，誤差項の系列相関が完全には除去されていないことを示唆している．これは，与党支持率のARIMAモデルの特定が必ずしも妥当ではないことによる．プリホワイトニングに当たり各系列の階差，自己回帰，移動平均の次数は揃えた方が望ましいと考え，敢えて与党支持率はホワイトノイズへの変換が不十分であることを承知で分析に利用した．残差をホワイトノイズ化することのみが目的であれば，ARIMA (2, 0, 1) が適切であるという結果がでたが（Ljung-Box検定を12次，あるいは24次までの自己回帰係数に対して行い，5%水準で棄却できない），AICおよびBICはむしろ本章で採用したARIMA (1, 1, 1) のほうが適切であることを示している．なお，与党支持率にだけARIMA (2, 0, 1) のモデルを適用した場合でも，回帰分析の結果およびダービン・ワトソン統計に実質的な違いは生じない．与党支持率時系列についての改善は，他日を期したい．

19) 主効果と交互作用項の和が0であるという帰無仮説に対して，統計的検定を行うと $F(1, 345) = 5.98$ となる．

表10-4　内閣支持率が与党支持率に与える影響

	従属変数　Δ与党支持率				
Δ内閣支持率	0.224 (0.019)	0.221 (0.019)	0.370 (0.041)	0.253 (0.025)	0.370 (0.041)
Δ景気判断	0.064 (0.034)	0.066 (0.034)	0.001 (0.048)	0.050 (0.037)	0.001 (0.048)
Δ暮らし向き判断	−0.150 (0.058)	−0.150 (0.058)	−0.055 (0.075)	−0.134 (0.062)	−0.055 (0.075)
1993年9月以降ダミー	−0.005 (0.275)	−0.139 (0.326)	−0.031 (0.269)	−0.097 (0.326)	−0.223 (0.322)
非自民連立政権ダミー	−3.416 (0.820)	−3.265 (0.843)	−3.120 (0.804)	−3.528 (0.849)	−2.962 (0.847)
村山内閣ダミー	0.587 (0.620)	0.718 (0.644)	0.498 (0.607)	0.723 (0.642)	0.697 (0.632)
小泉内閣ダミー		0.317 (0.413)		0.398 (0.413)	0.498 (0.407)
内閣支持率と1993年9月以降ダミー			−0.183 (0.046)		−0.178 (0.051)
景気判断と1993年9月以降ダミー			0.118 (0.066)		0.115 (0.073)
暮らし向き判断と1993年9月以降ダミー			−0.156 (0.114)		−0.155 (0.129)
内閣支持率と小泉内閣ダミー				−0.079 (0.040)	−0.018 (0.043)
景気判断と小泉内閣ダミー				0.086 (0.090)	0.020 (0.098)
暮らし向き判断と小泉内閣ダミー				−0.082 (0.169)	−0.006 (0.187)
定数項	0.071 (0.188)	0.071 (0.188)	0.103 (0.184)	0.077 (0.187)	0.103 (0.184)
自由度修正済み決定係数	0.311	0.310	0.342	0.315	0.337
回帰の標準誤差	2.484	2.485	2.427	2.477	2.436
ダービン・ワトソン統計	2.429	2.432	2.445	2.432	2.453
標本規模	356	356	356	356	356

注1：与党支持率，内閣支持率，「世間の景気」評価，「暮らし向き」評価はARIMA (1, 1, 1) (1, 0, 0, 12)sのフィルターによりプリホワイトニングを行っている．各変数がそれ自体の過去の値から受ける影響は除去してある．
注2：Δ与党支持率＝今月の与党支持率－先月の与党支持率．
注3：両側5％水準で統計的に有意な変数には網をかけている．
注4：括弧内の数値は標準誤差．
出典：読売新聞社世論調査および時事通信社世論調査．

第10章　内閣支持率と与党支持率

化してからは，与党支持率に影響を与えるようになったことがわかる．自民党単独政権期には影響を持たなかった経済状況が，連立政権が常態化してからは影響を与えるようになったのである．1998年参議院選挙以降は民主党が自民党に対する代替的選択肢になり得ると考えられたことが影響した可能性も否定できない (蒲島 1999)．

内閣支持率が与党支持率に与える影響だが，係数は第1列の0.224と比べて0.370と大幅に増加している．その一方，1993年9月以降のダミー変数との交互作用は -0.183 である．すなわち，内閣支持率が与党支持率へ与える影響は，1993年9月以降，0.187 (＝0.370-1.83) と実質半減したことを意味する．これは，特に小泉純一郎首相が世論調査結果を重要な権力基盤としてきたと指摘されることを考えるならば，意外な結果である．

そこで，1993年9月以降を全てまとめて分析に投入することに問題がある可能性を考え，次に小泉内閣期についてのみ，内閣支持率，景気判断，そして暮らし向き判断との交互作用項を投入した結果を示したのが，第4列である．その結果は，基本的に第2列の結果と変わらない．ただし，内閣支持率と小泉内閣の交互作用項は -0.079 で統計的に有意である．小泉内閣の支持率が与党支持率に与える影響は，他の内閣の0.253と比べて低く0.174 (＝0.253-0.079) である．従って，小泉内閣期に内閣支持率が与党支持率に与える影響が弱まったことは確かである．

最終的な確認の意味を込めて，第3列と第4列の独立変数を同時に投入した結果が，第5列に示してある．基本的に結果は第3列と近く，かつ，内閣支持率と小泉内閣ダミーの交互作用項は係数が大幅に縮減し，統計的にその影響を確認できない．従って，内閣支持率が与党支持率へと与える影響の減少は，小泉内閣に限られず，選挙制度改革以降の時期を通して当てはまる現象だと思われる．自由度修正済み決定係数を見ると，第3列の結果がデータに最も適合的なようである．

上記の結果を総合すると，自民党単独政権期と比べると，連立政権が常態化した時期には，暮らし向き判断が与党支持率に与える影響が増加し，その一方，内閣支持率が与党支持率に与える影響は弱まったことがわかる．前者の経済業績評価の影響が増加したことは，1970年代後半から1980年代の比較的良好な

経済状況と，1990年代半ば以降の経済の低迷を考えるならば，納得の行く結果である．しかし，内閣支持率が与党支持率に与える影響が弱まったというのは，首相が依拠する制度的基盤が強化され，与党議員にとっては内閣支持率が選挙における生命線とまで考えられるような状況を考えるならば，にわかには納得しがたい結果である．

4. 結　　　論——構造変化の検討

(1) 連立政権期の変化

　今までの分析は，利用可能な全期間のデータを利用してきた．時期の違いはダミー変数と交互作用項によって取り入れられたにすぎない．そこで，時期を表す変数を利用するのではなく，むしろ異なる時期のデータを利用することで，内閣支持率と与党支持率との関係がどのように変化したのかを視覚的に確認したい．方法は二つあるが(詳しくは森棟1999)，一つは逐次回帰法(recursive regression)であり，推定に用いる期間の始点を固定し，1期ずつ利用するデータを増やしていく．本章での具体的な例に基づき説明すると，最初は1979年1月から1981年12月までの36ヶ月のデータで推定を行い，その係数を保存する．次に，始点1979年1月から1982年1月までの37ヶ月のデータを用いて推定を行い，係数を保存する．次は1982年2月までの38ヶ月のデータという具合に，この手続きを最後の2008年9月まで繰り返し，回帰係数とその95％信頼区間の推移を視覚的に検討することで，構造変化の有無を判断するのである．

　もう一つの類似した方法はローリング回帰法(rolling regression)である．この場合は，やはり本章の具体例で説明すると，最初は1979年1月から1981年12月までの36ヶ月のデータでモデルを推定し，回帰係数を保存する．逐次回帰と異なるのは，データの期間を36ヶ月に固定し，次に1979年2月から1982年1月，その次は，1979年3月から1982年2月と，利用するデータの始点と終点を共に移動させる点である．最後には2005年10月から2008年9月までの36ヶ月間のデータを用いて推定を行う．逐次回帰と同様に係数の値と信頼区間の推移から直感的な判断を行う．具体的に逐次回帰法とローリング回

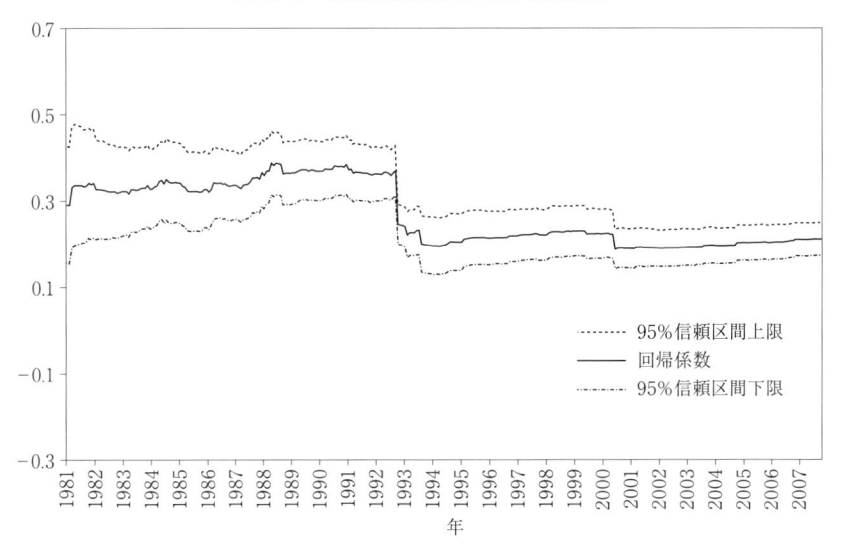

第 10 章　内閣支持率と与党支持率

図 **10–2**　逐次回帰係数と 95％ 信頼区間

法を適用するにあたっては全期間に適用可能な変数を利用する必要があるので，独立変数は内閣支持率，景気判断，そして暮らし向き判断の三者に限定した．

　逐次回帰について，具体的な係数と 95％ 信頼区間の推移を図示したのが，図 10–2 である．検討対象となる期間の前半は，内閣支持率が与党支持率に与える影響を表す回帰係数の大きさは 0.3 から 0.4 の範囲内を推移している．それが，1993 年 9 月以降は大幅に縮減し，村山内閣期には 0.2 を割り込んでいる．飯田が指摘したように，連立政権を構成する与党の支持者であっても，首相が他の党から出ている場合は，内閣支持と首班を輩出していない与党への支持との間には弱い関連しかないことが確認できる（飯田 2005）[20]．細川内閣においては，日本新党の支持率は与党支持率の 3 分の 1 程度，村山内閣における社会党支持率は 4 分の 1 程度であったことを考えるならば，内閣支持率が，首相を出していない与党の支持率に大きな影響を与えないことは理解可能である．ただし，

---

[20]　飯田と筆者とでは因果の方向についての想定が異なるが，いずれにしても，内閣支持率と与党支持率との関係が，首相を出している与党と，それ以外の与党とでは異なる点においては見解は一致している．

第 IV 部　政党政治の混迷

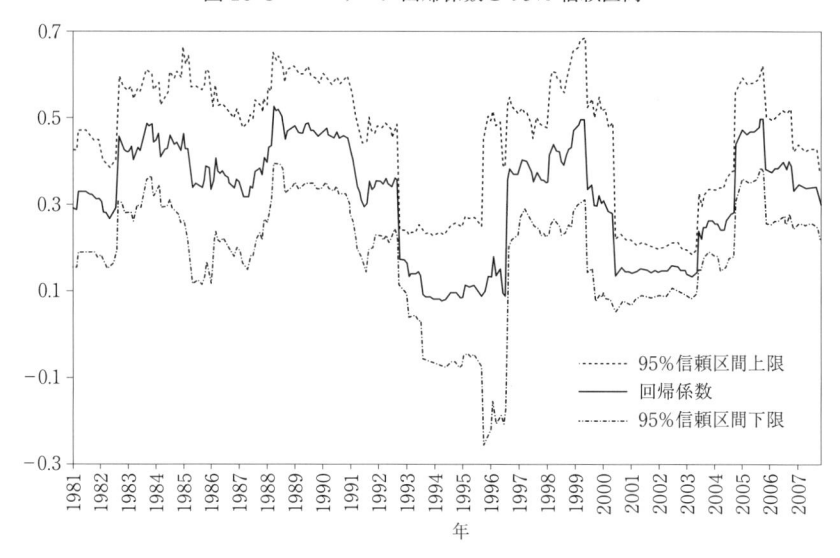

図 10–3　ローリング回帰係数と 95% 信頼区間

（グラフ：横軸 1981〜2007 年、縦軸 −0.3〜0.7。凡例：95%信頼区間上限／回帰係数／95%信頼区間下限）

年

　不可解なのは，その後，基本的に自民党を中心とする連立内閣に移行し，与党支持率に占める自民党支持率の割合が 9 割前後になったにもかかわらず，逐次回帰の係数の値が半減したまま推移したことである．

　自民党中心の連立政権が常態化した時期については，図 10–3 のローリング回帰法の結果が，興味深い事実を教えてくれる．グラフの左半分に着目すると，自民党単独政権期において内閣支持率が与党支持率に与えた影響は，標本全期間を利用した推定値よりもさらに大きい．特に中曽根内閣後半から海部内閣までの時期は係数の値は 0.4 から 0.5 の値で推移している．図 10–1 で示したように，1980 年代には内閣支持率と与党支持率とがほぼ同じ動き方をしていることから考えて不思議ではない．

　その係数の値は，36 ヶ月あるデータの終点に細川内閣がさしかかると同時に急減する．この際，データ上は内閣支持率の数値は細川内閣支持率に切り替わると同時に，与党支持率は，自民党支持率から連立与党 (8 党) の合計支持率に入れ替わることから，係数値に大きな変化が起きることは不思議ではない．そして，細川・羽田内閣期が終わり，自民党が与党に返り咲く村山内閣以降がデータの始点になってから，係数の値は再び 0.3 から 0.4 の幅に収まるようになる．

グラフを見る限り，村山・橋本・小渕・森内閣期は，自民党単独政権期と大きな違いは無い．

その係数の大きさは，小泉内閣期最初の調査結果（2001年5月）がデータの範囲に入るや否や再度半減する．ただし，その値は，65ヶ月にわたる小泉内閣の途中（2002年10月から2005年9月のデータが利用された段階）から自民党単独政権期と大差ない値に回復している．すなわち，小泉内閣支持率と与党支持率との関連が著しく希薄になるのは，異常とも言われる高支持率を記録した小泉内閣初期，具体的には，田中真紀子外相更迭以前の現象に過ぎない．内閣支持率と与党支持率との関係から言えば，2002年後半以降の小泉内閣は，普通の自民党内閣である．その後，安倍，福田康夫内閣のデータが分析に投入されるようになるにつれ，徐々に係数は減少するが，明瞭な傾向が現れる前にローリング回帰は終了する．内閣支持率と与党支持率との関係を検討する限り，小泉内閣が他の自民党内閣と異なったのは，最初の1年程度の期間に過ぎない．小泉内閣は発足当時の高支持率と，発足後4年以上経過した郵政解散総選挙が印象的であるため，全期間にわたって特異な内閣であったと思われがちであるが，最初と最後の印象に引きずられた一般化は，小泉内閣期全体の特徴付けとしては不適切である．

(2) 要約と考察

本章の結論を要約すると，内閣支持率が与党支持率に与える影響は過去30年間ほどの間に基本的に変化は無かったが，細川非自民連立政権期と小泉内閣期については，内閣支持率が与党支持率に与える影響が一時的に弱くなったということである．

その理由であるが，細川内閣期については，内閣支持率が，首班を出していない与党の支持率に与える影響が小さいからという説明が可能である（飯田2006）．しかし，小泉内閣期については，同様の説明はできない．この点については，細川内閣と小泉内閣を別々に考えるよりは，両内閣の支持率が与党支持率よりも著しく高かったことに着目すべきであろう．小泉内閣発足時の支持率は80%を超えていたが，細川内閣発足時の支持率も70%を超えていた．両内閣とも与党支持率よりも内閣支持率が極めて高かった．逆説的であるが，有権

者の7割から8割が内閣を支持する状況では，内閣に対する支持と政党に対する支持とが無関係になるのである．すなわち，支持政党に関係なく有権者の多くが内閣を支持すると同時に，内閣の支持・不支持により支持政党を予測することもできなくなる．小泉内閣当時に言われたように，首相の高い人気が選挙結果に大きな影響をもたらしたのならば，それは与党支持率の上昇を通じてではなく，首相の人柄や独自の政策課題の追求が，有権者の投票判断に独自の影響を与えたからに他ならない．従って，人気のある首相がいることは，与党にとっては短期的な選挙時の追い風になるかもしれないが，長期的に党が有権者からの支持を集めることにはつながらない．政党政治にとって，首相・党首の人気で選挙を戦うことは，政党の長期的な政策能力の向上と組織の強化という観点からは，むしろ逆効果でないかと考えられる．

記述統計を紹介した際に指摘したように，自民党単独政権期には平均して45.7％あった与党支持率が，連立政権期には平均して36.4％まで低下した．安定した与党支持に依存できなくなったからこそ，連立政権期には，内閣支持率に依拠して政権を運営せざるを得なかったとも言える．別の言い方をすれば，2000年代の自民党は，いわば，政治銘柄としての信用力を失い，首相個人の人気によりかろうじて政権を維持していた．選挙で政権を維持できる最低限の票を得るために，自民党が利用したのが，連立すなわち公明党との選挙協力と，首相個人の人気であった．だからこそ，内閣支持率の低下は，即，自民党を中心とした連立政権の危機と認識され，人気が急落した首相を交代させ，支持率を回復させることが急務と考えられたのである．「シャッポは軽い方がいい」というのは，自民党派閥政治全盛期の言葉であるが[21]，2000年代には，首相次第で政権党の命運が決まるようになった．そして，政策を通じて長期的に政党に対する支持を培養することができなくなっただけではなく，首相をすげ替えることで短期的に内閣に対する支持を高めることも難しくなったところで，自民党の政権党としての命運がつきたのではないか．その意味では，2009年総選挙における自民党の歴史的大敗とその結果としての政権交代は，首相に対する支持が決定的に重要となった小泉内閣期に準備されたのである．

---

21) 小沢一郎自民党幹事長（当時）が海部俊樹首相（当時）について語った言葉としてしばしば引用される（例えば，『朝日新聞』2009年12月23日朝刊）．

第 10 章　内閣支持率と与党支持率

＊　堀場国際会議の席上で本章の原型に論評を頂いた谷口将紀教授と Steven Reed 教授，および一般席から質問頂いた方々に感謝する．本章に残る瑕疵は全て筆者に帰属する．

参 考 文 献

飯尾潤．2007．『日本の統治構造：官僚内閣制から議院内閣制へ』中公新書．
飯田健．2005．「政党支持の内閣支持への影響の時間的変化」『選挙学会紀要』4: 41–61.
――．2006．「90 年代日本の連立政権下における政党支持と内閣支持」『選挙学会紀要』6: 25–42.
池田謙一．1992．「内閣支持率の変遷」時事通信社・中央調査社編『日本の政党と内閣：1981–91』時事通信社，32–39.
石川真澄．1990．「メディア：権力への影響力と権力からの影響力」『レヴァイアサン』7: 30–48.
猪口孝．1981．「内閣支持率の変遷（分析）」時事通信社編『戦後日本の政党と内閣』時事通信社，79–87.
ヴァンデール．1988．『時系列入門：ボックス－ジェンキンスモデルの応用』多賀出版．(Vandaele, Walter. 1983. *Applied Time Series and Box-Jenkins Models*. New York: Academic Press.)
大嶽秀夫．2003．『日本型ポピュリズム：政治への期待と幻滅』中公新書．
柿崎明二．2008．『「次の首相」はこうして決まる』講談社現代新書．
蒲島郁夫．1999．「98 年参院選：自民党はなぜ負けたか」『レヴァイアサン』25: 78–102.
蒲島郁夫・今井亮佑．2001．「2000 年総選挙：党首評価と投票行動」『選挙研究』16: 5–17.
蒲島郁夫・竹下俊郎・芹川洋一．2007．『メディアと政治』有斐閣．
佐々木毅監修，高木文哉・吉田貴文・前田和敬・峰久和哲．2007．『政治を考えたいあなたへの 80 問：朝日新聞 3000 人世論調査から』朝日新聞社．
時事通信社編．1981．『戦後日本の政党と内閣』時事通信社．
時事通信社・中央調査社編．1992．『日本の政党と内閣：1981–91』時事通信社．
竹中治堅．2006．『首相支配：日本政治の変貌』中公新書．
中村悦大．2006．「多変量長期記憶モデルを用いた政党支持と内閣支持の関係性の分析」『選挙学会紀要』6: 107–26.
待鳥聡史．2006．「『強い首相』は日常となる」『中央公論』10 月号：174–84.
松本正生．2006．「無党派時代の終焉：政党支持の変容過程」『選挙研究』21: 39–50.
三宅一郎．1985．『政党支持の分析』創文社．
三宅一郎・西澤由隆・河野勝．2000．『55 年体制下の政治と経済』木鐸社．
森棟公夫．1999．『計量経済学』東洋経済新報社．

吉田貴文．2008．『世論調査と政治：数字はどこまで信用できるのか』講談社＋α新書．
Anderson, Christopher. 1995. *Blaming the Government: Citizens and the Economy in Five European Democracies*. New York: M. E. Sharpe.
Brandt, Patrick T., and John T. Williams. 2006. *Multiple Time Series Models*. Thousand Oaks: Sage.
Burden, Barry C. 2008. "Economic Accountability and Strategic Calibration: The Case of Japan's Liberal Democratic Party." University of Wisconsin.
Clarke, Harold D., Karl Ho, and Marianne C. Stewart. 2000. "Major's Lesser (Not Minor) Effects: Prime Ministerial Approval and Governing Party Support in Britain since 1979." *Electoral Studies* 19: 255–73.
Clarke, Harold D., Marianne C. Stewart, and Paul F. Whiteley. 1998. "New Models for New Labour: The Political Economy of Labour Party Support, January 1992–April 1997." *American Political Science Review* 92: 559–76.
Clarke, Harold D., David Sanders, Marianne C. Stewart, and Paul F. Whiteley. 2009. *Performance Politics and the British Voter*. Cambridge: Cambridge University Press.
Green, Donald, Bradley Palmquist, and Eric Schickler. 2004. *Partisan Hearts and Minds*. New Haven: Yale University Press.
Hellwig, Timothy. 2007. "Economic Openness, Policy Uncertainty, and the Dynamics of Government Support." *Electoral Studies* 26: 772–86.
Hudson, John. 1984. "Prime Ministerial Popularity in the UK: 1960–81." *Political Studies* 32: 86–97.
Kernell, Samuel. 1978. "Explaining Presidential Popularity: How Ad Hoc Theorizing, Misplaced Emphasis, and Insufficient Care in Measuring One's Variables Refuted Common Sense and Led Conventional Wisdom Down the Path of Anomalies." *American Political Science Review* 72: 506–22.
Lanoue, David J., and Barbara Headrick. 1994. "Prime Minister, Parties, and the Public: The Dynamics of Government Popularity in Great Britain." *Public Opinion Quarterly* 58: 191–209.
Lewis-Beck, Michael S. 1988. *Economics and Elections: The Major Western Democracies*. Ann Arbor: University of Michigan Press.
MacKuen, Michael B., Robert S. Erikson, and James A. Stimson. 1989. "Macropartisanship." *American Political Science Review* 83: 1125–42.
McDowall, David, Richard McCleary, Errol Meidinger, and Richard A. Hay. 1980. *Interrupted Time Series Analysis*. Beverly Hills: Sage Publications.
Newman, Brian. 2002. "Bill Clinton's Approval Ratings: The More Things Change, the More They Stay the Same." *Political Research Quarterly* 55: 781–

804.

Price, Simon, and David Sanders. 1993. "Modeling Government Popularity in Postwar Britain: A Methodological Example." *American Journal of Political Science* 37: 317–34.

Whiteley, Paul F. 1986. "Macroeconomic Performance and Government Popularity in Britain: The Short Run Dynamics." *European Journal of Political Research* 14: 45–61.

第11章
首相の権力強化と短命政権

ベンジャミン・ナイブレイド
（松田なつ訳）

1. はじめに

　2006年から2010年にかけての日本の首相交代のめまぐるしさは，日本のみならず，他の先進議会制民主主義国においても前例のないものである．これまでの日本政治研究においては，政党政治および政策決定過程の協調的あるいは「ボトムアップ」的性質に焦点が当てられてきたが，現在の首相ポストの不安定性は政策決定過程での首相および内閣の行政能力，リーダーシップの強化を目指した1990年代後半の一連の改革によって引き起こされたものである．

　1970年代から80年代にかけて，日本政治研究者は55年体制下での日本の首相を「行方不明のリーダー（missing leader）」（例えば，Massey 1976）と特徴付けることができた．日本の政治システムを「頂上のないピラミッド（pyramid without a peak）」と特徴付けた van Wolferen（1989）が批判されたのは，首相や内閣がトップでその権力を行使していると考えられていたからではない．伝統的に，派閥のバランスを取ったり，ボトムアップの政策決定過程を手助けしたりするのが日本の首相の役割とみなされてきた．つまり，リーダーという観点では，首相は「反応型リーダーシップ（reactive leadership）」として機能しているとみなされていたのである（Hayao 1993）[1]．しかし，政治と金にまつわるスキャンダル，リーダーシップの不在，遅々として進まない改革に対して有権者の不満が高まり，学者，有識者および有権者に政治的リーダーシップの強化を期待させる様々な政治改革が1990年代に行われることとなった．1994年の衆議院選挙制度改革では中選挙区単記非移譲式投票制度を廃止し，定数の

---

[1] 首相の重要性に関しての異なる見解については，Samuels（2003）を参照．しかし，同書の見解は上述の見解と完全に相容れないというわけではない．

60％を小選挙区制度で，40％を比例代表制で選出する並立制度が導入された．この選挙制度改革には党内の選挙競合を排除し，議員の政党名への依存を高めることが意図されていた．日本では政党の派閥化，分権化が政府のリーダーシップを制限している主な要因であるとされ，これを取り除くことが政府のリーダーシップの強化につながると指摘されてきたからである．

政治改革にともない，日本では政治リーダーへの期待が高まることとなり，多くの有権者にとって，小泉政権期が強固なリーダーシップの象徴となった．中央省庁再編直後の2001年に首相に就任した小泉純一郎は，自民党総裁として2005年の衆議院総選挙での大勝をもたらし，その選挙での勝利によって郵政民営化を実行し，戦後3番目に長く首相の座にとどまった[2]．

2006年9月26日に小泉の後継として首相に就任したのが，安倍晋三である．就任当初の安倍の人気は日本の首相としては異例の高さであったが[3]，安倍が小泉のように長期にわたって政権を維持するとの期待は，2007年参議院選挙での自民党の敗北とその後の支持率が20％台前半へと低迷したことによって打ち砕かれた．安倍は2007年9月に辞意を表明し，安倍の就任からちょうど1年後に福田康夫が首相に就任することとなった[4]．

初の二世首相である福田の就任当初の支持率は，安倍の就任時には及ばなかったものの，安倍が辞任した時よりも20ポイントも高いものであった．しかし，福田の支持率は安倍を上回るスピードで下降し，5ヶ月にわたって20％程度の支持率をさまよった後，2008年9月に辞意を表明した．福田の後を継いだのは吉田茂元首相の孫である麻生太郎であったが，麻生の支持率は福田さえも下回るほど低いものであった．麻生率いる自民党は2009年8月の衆議院総選挙において，歴史的な大敗を喫することとなった．

2009年の衆院選は2005年の小泉政権下での自民党の地すべり的勝利とは正反対の様相を呈し，民主党が議席の60％余りを占めることとなった．その結

---

[2] 小泉首相の存在が近年の日本の首相に対する研究者の関心の高まりをもたらしたといえよう．例えば，Krauss and Nyblade (2005)，内山 (2007) がある．

[3] ほとんどの世論調査において，2006年9月の就任時の安倍の支持率は50％超であり，これは同一の質問で内閣支持を尋ねる新聞の世論調査が始まった1960年以降，戦後の20人の首相の中で田中角栄，細川護熙，小泉に継ぐ4番目の高さである．

[4] 参院選結果，支持率と首相の在任期間の関係については，Masuyama (2007) を参照．

第 11 章　首相の権力強化と短命政権

図 11–1　安倍政権から鳩山政権の内閣支持率の変遷

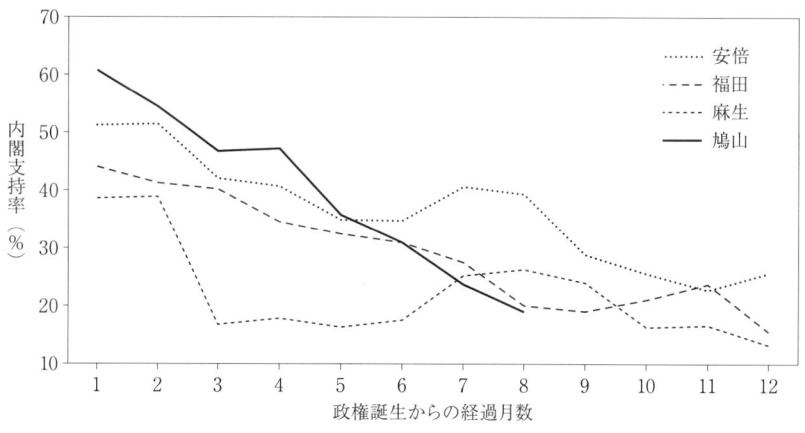

注：2006 年 9 月から 2010 年 5 月の時事世論調査より作成．

果，民主党代表の鳩山由紀夫が首相に選ばれ，1996 年 1 月に首相を辞任した社民党の村山富市以来初めて自民党以外から選出された首相となった．鳩山への期待と支持は高く，就任当初の多くの世論調査では 60% 台前半という日本では稀にみる高支持率を得ていた．しかし，安倍，福田，麻生と同様に，鳩山の当初の高い支持率は急落し，半年後には半分になり，2010 年 5 月には 20% 以下まで落ち込んだ．

2010 年 7 月の参議院選挙が迫る中，同年 6 月初旬，鳩山は辞意を表明した．そのため，日本の首相は 4 代続いて在任期間 1 年未満となった．鳩山の後継である菅直人の就任当初の支持率は 40% を超えていたが，この首相交代劇は参議院選挙では民主党の救世主とはならなかった．自民党 51 議席に対して，民主党は 44 議席しか獲得することができず，民主党と国民新党の連立政権は参議院において過半数を失った．

図 11–1 は時事通信社の世論調査データを用いて，2006 年から 2010 年にかけての 4 人の首相の支持率の変動を示したものである．就任時の支持率には違いがあるものの，4 人の首相全てがハネムーン効果による高支持率の後，急激な支持率の低下を経験している．次節で述べるように，近年のこの首相の支持率の急激な変化と首相交代のめまぐるしさは，国際比較の観点からは非常に稀

な現象であり，戦後40年間の日本政治の歴史とも非常に対照的である．

本章は，近年の首相ポストの不安定性を歴史的視点と比較の視点の双方から検討することを目的とする．議席変動と有権者の不満が高まった近年において，頻繁な首相交代は首相ポストの重要性と影響力が増加したこと，選挙での政党名の重要性が高まったことによって生じたものであり，改革の意図とは逆の結果をもたらしていると本章では主として論じる．政権政党の多くの陣笠議員の再選が首相の人気と政党のパフォーマンスに対する有権者の評価によって左右されるようになり，不人気な首相を新しい首相，そして新たなハネムーン期（就任直後の高支持率）と取り替えようとするインセンティブが強まるのである．ねじれ国会と不況という状況下において，無党派層からの支持を維持するのは難しく，首相の座はとりわけ危ういものであるといえよう．

首相の権力強化により，トップダウンによるリーダーの裁量が増え，リーダーへの期待が高まる中で首相の座がますます不安定になることは，リーダー達がより短期的な視野をもつことにつながる．その結果，長期的利益のために短期的な痛みを要する改革を実行するよりも，人気を維持することにますます集中することになるのである．しかしながら，政治のリーダーが少なくとも世論にある程度のアカウンタビリティ（説明責任）をもつようになった点からは，近年の日本の首相の不安定性の根源であるこの「ハイパーアカウンタビリティ」を肯定的に見ることも可能であるといえよう．

2. 比較政治学的および歴史的視点からの日本の首相

(1) 比較政治学の視点

日本における近年の首相の交代の性質および頻度は，比較政治学的には極めて特殊なものである．第二次世界大戦後，先進議会制民主主義国における首相交代の70％は政権政党の交代によるものであり，同じ政党が政権を担当し続けているにもかかわらず，党内の事情により首相が交代したケースは3分の1以下である．

図11-2は先進議会制民主主義国の戦後の首相交代の時期を示しており，直近の5人の首相の在任期間の合計が短い国から上から順に並べたものである．

第 11 章 首相の権力強化と短命政権

図 11-2 先進議会制民主主義国における戦後の首相交代

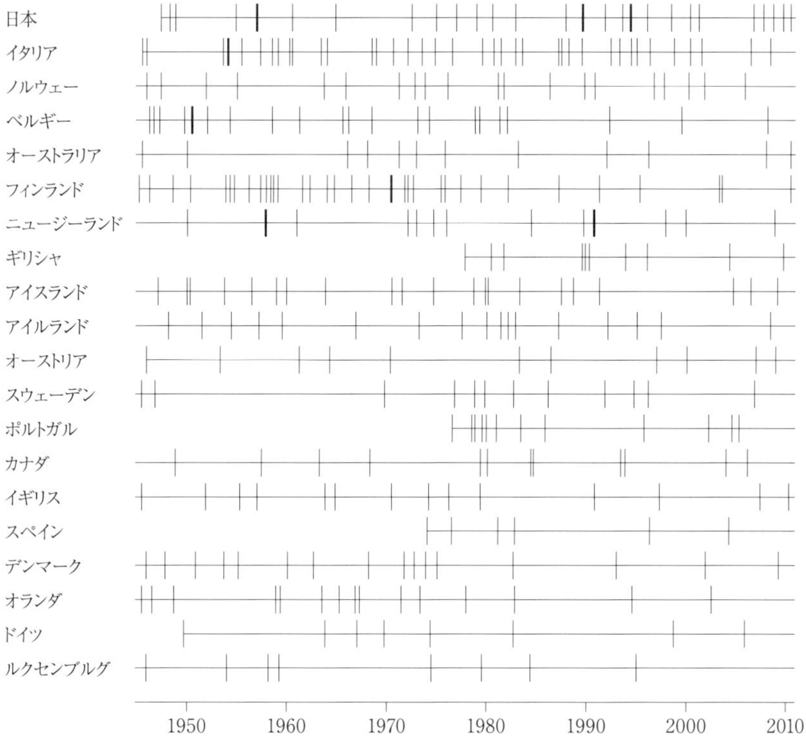

[図：各国の首相交代時期を示す縦線グラフ。縦軸は国名（上から日本、イタリア、ノルウェー、ベルギー、オーストラリア、フィンランド、ニュージーランド、ギリシャ、アイスランド、アイルランド、オーストリア、スウェーデン、ポルトガル、カナダ、イギリス、スペイン、デンマーク、オランダ、ドイツ、ルクセンブルグ）、横軸は1950年から2010年]

注：Müller and Strøm (2000) を基に筆者が更新・拡張したデータから作成．直近の 5 人の首相の平均在任期間（2010 年 7 月 31 日時点）が短い順に国を並べた．表中の縦線は，各国において首相が交代した時期を表す（内閣改造は含まない）．

図 11-2 から読み取れることとしては，以下の 2 点が際立っている．第一に，ベルギー，フィンランド，イタリアのような首相交代が頻繁な国では長期間にわたって首相の短命傾向が続いているのに対し，日本のように過去 10 年間にわたってのみ急激な首相交代を繰り返している国は他にない．実際，1950 年代のフィンランド以来，先進議会制民主主義国において，4 人の首相が続けて在任期間 1 年以内で交代した例は他にない[5]．

第二に，先進議会制民主主義国における戦後の首相在任期間の一般的な傾向

---

5) 1950 年代のフィンランドでは，暫定内閣の首相というケースが二つあり，最近の日本の首相交代とは質的に異なる．

をみてとるならば，戦後初期に比べて首相の在任期間は長くなりつつあるのに対し，日本のみがそれとは逆の傾向を示している．フィンランドやベルギーといった首相交代の頻繁な国では，1970年代後半から80年代前半にかけて，首相の交代は急激に減少しており，また，イタリアでは1990年代半ばの改革後は安定傾向にある．アイスランド，オランダ，デンマーク，ポルトガルといった首相の座が比較的安定している国々でも，近年，首相の交代はさらに減少している．

2010年7月31日の時点で，6ヶ国で現職の首相の在任期間が日本の直近5首相の在任期間の合計よりも長くなっている．最も極端な例を挙げれば，ルクセンブルグのユンカー首相は1995年に首相に就任し，2010年7月の時点でも現職である．一方，1995年から2010年7月の間に日本では10人の首相が誕生している．

(2) 歴史的視点

図11-2によれば，首相の頻繁な交代は戦後初期の時代においては必ずしも珍しいことではなく，ベルギー，フィンランド，イタリアにおいては極めて普通なことであった．しかし，表11-1から分かるように，日本について特筆すべきは，近年において首相が頻繁に交代していること，そして日本の首相の交代が党内政治の結果として生じていることである．他の先進議会制民主主義国において，首相の交代および内閣改造が頻繁に起こるのは，主に連立政権の組み替えによるものである．戦後の日本では，同じ政党内での首相交代が他の議会制民主主義国の2倍以上の頻度で起きている．特に，この10年間でこの差はより極端なものになり，党内で2度以上首相が交代した国は他にないにもかかわらず，日本では6度にわたる党内首相交代を経験している．

1970年代以前の首相の交代を比較政治学の視点からみると，日本の首相交代は特殊なものとはいえない．1945年から1970年において，先進議会制民主主義諸国の首相の平均在任期間は3年強であったが，日本でも佐藤栄作までの首相在任期間は同程度であった．政党間の連携が不安定な時期において首相の在任期間が短くなる傾向は，日本でも芦田均，片山哲といった自民党結党以前の首相に見られた．

第 11 章　首相の権力強化と短命政権

表 11-1　先進議会制民主主義国における戦後の首相交代

国名	最近の5首相の在任日数	首相の人数	2000年以降の首相の人数	同一政党内での首相交代の回数
日本	1404	30	8	21
イタリア	4301	25	4	9
ノルウェー	5027	13	2	5
ベルギー	6720	17	3	7
オーストラリア	6798	13	3	5
フィンランド	7036	24	4	4
ニュージーランド	7270	14	2	6
ギリシャ	7416	10	3	2
アイスランド	7976	16	4	4
アイルランド	8544	11	2	5
オーストリア	8811	11	4	5
スウェーデン	8907	9	2	6
ポルトガル	9033	8	3	2
カナダ	9448	11	3	4
イギリス	11411	13	3	6
スペイン	12446	6	2	2
デンマーク	12952	13	3	5
オランダ	13595	14	2	1
ドイツ	14893	8	2	2
ルクセンブルグ	18779	7	1	3

注：Müller and Strøm (2000) を基に筆者が更新・拡張したデータより作成．直近の5人の首相の平均在任期間の短い順に国を並べた．表の2列目の直近の5人の首相の在任期間は2010年7月31日時点のものであり，その時点での首相も含んでいる．3列目と4列目の首相の人数は実数であり，同一人物が2度以上首相になった場合でも，1人と数えた．5列目の首相の交代は連立政権の組み替えあるいは首相の所属政党の変更がないにもかかわらず，首相が交代したケースを全て数えている．

しかし，1970年代に入ると，自民党内のリーダーシップ争いのパターンの変化に伴い，首相交代にも変化が見られるようになった．田中角栄の登場以来，他の閣僚同様，首相も定期的に交代するようになったのである．田中，三木武夫，福田赳夫，大平正芳，鈴木善幸はいずれも約2年間首相を務めた．図11-3はこれらの5人の首相の在任中の支持率を示したものであるが，田中以外は首相就任後1年間の支持率の低下は比較的小さく，ゆるやかなものであることがわかる．特に，図11-1が示す最近10年間の首相の就任直後の高支持率とその後の急激な低下とは対照的である．

図11-4が示すように，三木から鈴木までの4人の首相は，1960年代から80年代にかけての日本の首相の支持率の動きとしては典型的なものである．図

第 IV 部 政党政治の混迷

図 11–3 田中政権から鈴木政権までの内閣支持率の変遷

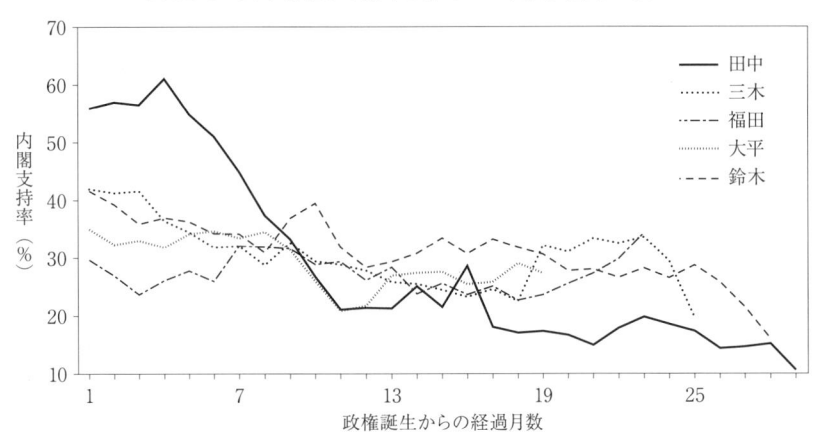

注:1972 年 7 月～1982 年 11 月の時事世論調査データより作成.

図 11–4 日本の内閣支持率の変遷

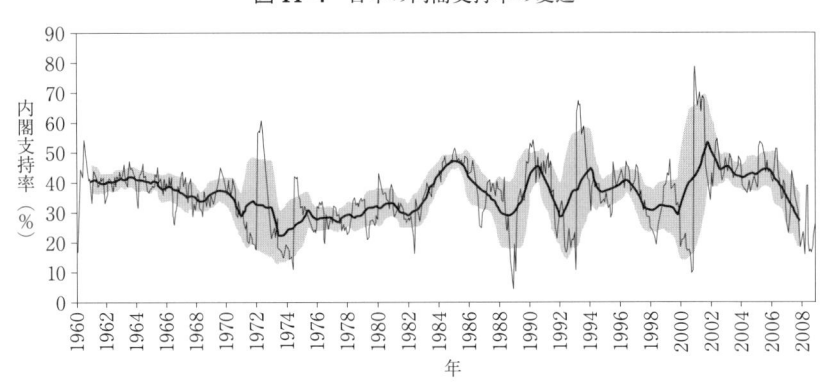

注:1960 年 6 月～2009 年 12 月の時事世論調査データより作成.

11–4 の灰色の部分は内閣支持率の標準偏差である．平均すると，1960 年代の内閣支持率の月ごとの変化は 4 ポイント以下であるが，1990 年代および 2000 年代ではその 2 倍以上の 10 ポイントである[6]．

図 11–4 において，中曽根康弘首相の 1982 年から 1987 年にかけての 5 年間

---

[6] この標準偏差の算出には，首相交代が生じた月の内閣支持率の変化も含めた．首相交代，内閣改造のない月のみに絞った場合は，内閣支持率の変動はおよそ 2 倍となった．

第 11 章　首相の権力強化と短命政権

の首相在任期間の内閣支持率の動きは特徴的である．中曽根の首相在任期間は国際舞台におけるリーダーシップという点での首相の役割の拡大の可能性を示していると考えられる．そして，首相の人気が選挙結果に与える影響に関する体系的な分析が初めて行われたのも中曽根政権期である（川人 1988）．しかし，戦後初期の多くの首相同様，支持率の動きを見る限り，ハネムーン期の上昇やその後の急落はみられない．中曽根の支持率の動きには特有のパターンも認められるが，基本的には緩やかな変化であり，田中や中曽根の後継首相である竹下登を含め，その後の首相たちに見られるような急激な変化は起こらなかった．

　中曽根が 1987 年に退陣して以降，2009 年末までに，日本では 15 人の首相が誕生し，その在任期間のメディアン（中央値）は 13 ヶ月未満であり，平均在任期間も 18 ヶ月に過ぎない．この 15 人のうち，首相の座に 2 年以上とどまることができたのは海部俊樹，橋本龍太郎，小泉の 3 首相のみであり，このうち 3 年以上にわたって政権を維持することができたのは小泉だけである．

　しかし，1980 年代後半から小渕恵三までの 1990 年代にかけての首相と 21 世紀の首相には決定的な違いがある．森喜朗以降の 21 世紀の 6 人の首相はいずれも就任 1 年以内に内閣支持率が 20 ポイント以上低下したのである．それ以前にこのような支持率の急激な低下を経験した首相は 1970 年代の田中と 1991 年から 93 年に首相であった宮沢喜一のみである[7]．

　さらに，1980 年代，90 年代の首相交代の多くは，海部，宮沢といった自民党内の派閥政治にしても，羽田孜，村山のような政党間の連立組み替えにしても，明らかに政治的連携関係の変化と結びついたものであった．この時代において，首相の不人気が退陣の主要な理由となることはなかった．例えば，海部，細川護熙，羽田はいずれも 40% 以上の支持率を保ちながらも退陣しているし，村山は就任時と辞任時の内閣支持率はほぼ同じである．また，小渕は在任中に

7）　実際，21 世紀の最初の 10 年間において，森以外の首相は少なくとも 25 ポイントの支持率低下を経験した．唯一の例外である森の就任 1 年目の支持率は，時事世論調査によれば 33.8% から 9.6% へと 24.2 ポイント低下しており，例外とはいえ 25 ポイントに非常に近い数値である．20 ポイントというのは任意の数値であり，問題がないわけではない．たとえば，時事世論調査で就任当初の内閣支持率が 19.5% しかなかった宇野宗佑の場合，20 ポイントの低下は事実上不可能であるという問題が生じる．しかし，どこで区切ったとしても議論の本質に影響を与えるものではない．

病に倒れ，昏睡状態のまま首相交代となった．

　しかし，この時期において内閣支持率が首相の在任期間に全く影響しなかったとはいえない．実際，竹下，宇野宗佑，橋本の退陣は支持率の低下と密接に関係している．とはいえ，この3人の首相が支持率の低下によって辞任したことが，1980年代，90年代とそれ以前の首相交代を質的に異なるものにしているとは言い難い．実際，岸信介，田中の辞任はそれ以前の時代においても世論が影響していたことを示唆している．世論のダイナミクスが異なるのは21世紀であり，この時代では，ほとんどすべての首相の交代において支持率が重要な役割を担っている．

　結局，21世紀の日本の首相の在任期間の短さは，その極端さと性質において特異なものである．先進民主主義国において5年間で5人の首相が誕生するというのは極めて稀なことである．この頻度で首相が交代する，あるいはそれに近いことが起こった類稀なケースでさえ，その交代はほぼ必ず政治的連携関係の変化によるものである．歴史的に頻繁に首相が交代してきた国々の中でも，日本は1940年代から70年代までの首相と比べて，最近10年間の首相のほうが在任期間が短いという点で他に類をみない．そこで，以下の二つの節では短命政権の原因と結果を考察する．

3. 短命政権の原因――首相の「ハイパーアカウンタビリティ」

　首相の在任期間の短期化に影響したと考えられる要因はいくつかあるが，既存の研究は日本の首相を「大統領化」に向かわせた二つの主要な要因を指摘している．すなわち，マスメディアの性質および役割の変化と選挙の性質の変化である．Krauss and Nyblade (2005) はこの両方の要因が首相在任期間の短期化に影響しており，選挙と投票行動において首相の重要性が高まる傾向は選挙制度改革以前から始まっていたことを示唆している[8]．これらの変化の原因として，マスメディアの性質の変化とニュース報道のスタイルの変化，そして選

[8) Kabashima and Imai (2002) は党首の人気が2000年衆議院選挙に影響があったことを示している．また，Patterson and Maeda (2007) は中選挙区制の下でも首相の人気が選挙結果に影響したことを示しているが，時系列的変化は検討していない．

挙におけるメディアの役割の変化に焦点があてられている (Krauss 2000). 1980年代の初め，日本のメディア，特に民放テレビニュースと週刊誌は政治家と政治リーダーの報道を劇的に増やした．

なぜメディアにおけるこのような変化が首相の在任期間に影響するのであろうか．端的に言えば，政治リーダーに関する報道の増加は，有権者がリーダーに対する態度を更新する機会を増やすことになったからである．誰に投票するかを決める際，有権者は個人的なネットワークに依存する度合いをますます低下させる一方，テレビのニュース番組が役に立つと考えるようになっている．その結果，首相に注目が集まり，首相に関するテレビ報道が増えるほど，首相支持率はますます変動が大きくなるのである[9]．

もちろん，首相の支持率や人気が無条件に首相在任期間に影響するわけではない．議院内閣制では首相は公選ではなく，議会によって選ばれ，首相は議会に対して責任をもつのである．よって，首相の人気が国会議員にとって重要である限りにおいて，首相の人気が在任期間の重要な決定要因になるにすぎない．

首相の人気が議員にとって次第に重要となった理由はいくつかある．第一に，1994 年の選挙制度改革によって，一定の割合の衆議院議員が比例代表区の政党名簿から選ばれ，大半の衆議院議員は小選挙区から選ばれることになった．一般的に，小選挙区制と比例代表制のいずれにおいても，以前の中選挙区制よりも投票決定の際に政党名が重視されると考えられている（例えば，Carey and Shugart 1995）．

ここで重要なのは，選挙での政党名の重要性の増大が選挙結果に影響するのは，政党間で争うのに十分な数の浮動票の存在を前提としていることである[10]．大半の有権者の政党帰属意識が強力かつ安定的で，政党帰属意識に基づいて投票が行われる場合，このような選挙制度改革の影響はそれほど大きなものではない．なぜなら，その場合には選挙では無党派層や投票先未決定者を奪い合うというよりも，むしろ既存の安定的支持者を投票に動員することに重点が置かれるからである．しかし，日本においては政党帰属意識をもつ有権者は非常に

---

[9] 首相の支持率は，首相の（不）作為とは関係のない要因にも影響を受けるが，この点を考慮したとしても，結論は同じである．
[10] そのような選挙制度，政党システムの変化の影響については，Mair (1997) を参照．

少ないことが数多くの研究で実証されている．1970年代以降，多くの有権者は支持する政党をもたず，こうした浮動層が選挙結果を左右してきたのである．つまり，政党名の重要度の変化が無党派層の増大と結びつくとき，2005年および2009年の衆議院選挙でみられたような投票行動の全国的な大きな変動が起こる可能性が高まるのである (Maeda 2010)．

　当然のことながら，首相支持の乱高下を増加させ，議員にとって首相人気をより重要にするこのような構造的な条件だけでは，21世紀に見られる首相支持率の特異なパターンを完全には説明できない．内閣支持率は経済要因や首相個人の失策などの組み合わせに影響される一方（本書第10章），21世紀における日本の首相の極端なハネムーン効果は，首相に対する有権者の期待が変化したことを示しているといえよう．この時期は首相の権力と内閣府の強化を目指した行政改革の時期とおおよそ一致している．かなりの割合の有権者が，新しい首相がこの改革を言葉どおりに実行することを期待し，それぞれの首相が前首相と大差ないことが明らかになると，急速に失望するのである．

　21世紀において，議員は自らの政党のリーダーを選ぶ際に，有権者にもっとも人気のある候補者を選んできた．しかし，首相になる前と首相就任後では，有権者の人気を決定づける要因は異なるのである．いまや，日本の有権者はリーダーシップ，変革，そしてトップダウンの改革（あるいはそのような体裁）を期待している．言うまでもなく，改革が進まなければ，有権者は「この首相は前の首相と同じ」と考えを改め，支持から不支持へと態度を変えるのである．

　根本的には，この議論は議会制民主主義を理解するうえでのプリンシパル・エージェント・モデルと一致している (Ramseyer and Rosenbluth 1993; Saalfeld 2000; Strøm 2000; 川人 2005, 2010)．このモデルにおいて，首相は議員のエージェント（代理人）である．なぜなら，政党のリーダーは議員の行動に対して飴と鞭を使い分ける一方，最終的にリーダーはプリンシパル（本人）である陣笠議員によって選ばれ，交代させられるからである．さらに，議員は有権者のエージェントであり，有権者は首相にとっての「グランドプリンシパル」（究極のプリンシパル）である．これまでの改革は単に政党リーダーの行動の自由と議員に対する賞罰の裁量を増やしただけではなく，陣笠議員が政党リーダーに求めるものの変化をも伴っている．いわば，制度改革がエージェントの裁量を増や

第 11 章　首相の権力強化と短命政権

し，さらにはプリンシパルとグランドプリンシパルからエージェントへの期待をも変化させたのである．現在の日本では，改革の意図とは逆に，議員が直接的に，そして有権者が間接的に，首相に対して高度なアカウンタビリティを要求することになり，結果として首相在任期間の短期化という現象につながっているといえよう．

　首相と議員の有権者に対するアカウンタビリティが高まるということは，民主主義の理論からは一般的に肯定的にとらえられる．しかし，21世紀の日本の首相にみられるような「ハイパーアカウンタビリティ」，特に首相が支持率の浮き沈みに敏感になることは，本来の意図とは異なる結果をも生み出しているのである．

　首相への期待とハイパーアカウンタビリティが高まるにつれて，当初は意図されていなかった影響が多々出てくると考えられる．第一に，首相の脆弱性が高まったことにより，首相の在任期間が短くなり，結果として首相は人気を維持することに焦点を置くようになるかもしれない．時によっては，首相が良いと考える政策や，長期的には利益をもたらすが短期的にはコストを国民に課すことになる政策を実行したいと思っているにもかかわらず，この政策が人気の維持とは両立しない可能性がある．たとえば，消費税率引き上げは，首相のハイパーアカウンタビリティによってますます実現困難となった政策のひとつといえよう．コストを伴う他の多くの改革と同様，消費税率引き上げに対しては非常に拒否反応が強く，引き上げを目指すと明言した菅首相の人気と民主党の選挙結果に打撃を与えた．単にコストを伴う政策変更を提案しただけにもかかわらず，その選挙への影響は計り知れないものであった[11]．

　政策決定過程における政治的リーダーシップを強化することによって，官僚依存を改め，トップダウンの政策イニシアティブを高めることが目指されたが，その一方で首相在任期間の短期化は逆効果をもたらしている可能性がある．つまり，政治的リーダーシップが不安定であることによって，官僚依存からの脱却をより困難にし (Huber and Lupia 2001)，特に短期的には逆効果の方が本来

---

11) 2010年参議院選挙において民主党への不満が消費税率引き上げなどの特定の政策論議とどの程度結びついているのかを確かめるのは難しいが，選挙後の党大会での菅の発言はこの政策問題が民主党敗北の主要な原因であると捉えられていることを示唆している．

意図された効果よりも強く出てしまうのである (Huber 1998). 日本では，短期間での首相交代は政策決定過程におけるリーダーシップの発揮および官僚依存からの脱却において障害になると考えられてきたのである (Johnson 1982; Kohno 1997; Ramseyer and Rosenbluth 1993).

4. 結　　論

　本章で検討してきた21世紀の首相とは対照的なのが，20世紀最後の首相である小渕である．上述のように，21世紀の首相全員が就任1年で支持率が20ポイント以上下落したのに対し，小渕は就任1年以内に支持率が20ポイント上昇したのである．小渕とその後の首相との相違は，首相の役割の変化の原因と結果を理解し，21世紀の日本の首相のハイパーアカウンタビリティのネガティブな影響を抑える可能性を探るために，さらなる議論に値するものである．
　小渕とその後の首相との決定的な違いは，党内での党首ポストをめぐる争いにある．1998年の総裁選挙において，自民党議員は小泉厚生相，梶山静六前官房長官よりも有権者に人気のない小渕外相を意図的に選んだ．近年の総裁選挙とは異なり，党則で一般党員の投票が認められていなかったことから，この3人の候補者による比較的短期の総裁戦の結果は初めからわかりきっていた (本書第9章を参照)．なぜ自民党議員は最も人気のない候補者を総裁に選んだのであろうか．当時は景気回復と財政改革が重要な政策課題であり，小渕のこの政策分野での信頼感と経験，党内での支持基盤から，小渕ならば福祉の充実および次の選挙で自民党が政権を維持するために不可欠な景気刺激策と経済改革を実行できると自民党議員が判断したといえよう．
　有権者にとって小渕は「平成おじさん」としてのイメージしかなく，就任当初の低支持率は当然の結果といえる．しかし，小渕は景気刺激策を実行に移し，彼の前任者たちが思い描いていた改革以上のことをやり遂げた．よって，小渕の後継首相たちが大きな期待を背負って就任し，その期待に応えることができなかったのに対して，小渕はあまり期待されることなく就任し，就任後にはその期待を上回ったという点が特徴的である．
　近年の首相の在任期間の短期化の原因であるハイパーアカウンタビリティは，

第11章　首相の権力強化と短命政権

政策決定過程における首相の役割強化と選挙での重要性の高まりについての議論と基本的に矛盾してはいない．個々の首相は次々に交代するが，選挙での非常に熾烈な競争や，大きな議席変動，リーダーに対する国民とメディアによる厳しい監視といった現在の構造的な条件が続く限り，ハイパーアカウンタビリティと首相の重要性の消滅を期待する理由はなにもない．日本の首相の役割が強化され，同時に国民，メディアおよび他の政治家の首相への期待と要求は高まっている．もっとも重要なのは，議員の選挙での命運が首相の人気に以前より左右されていることである．首相の在任期間の短期化が近年の「小泉ブーム」を題材とした首相に関する研究と矛盾しているというより，これは首相の役割の変化に焦点を当てた研究によって予期されてきたことなのである（例えば，Masuyama and Nyblade 2004）．

前節で議論されたハイパーアカウンタビリティの帰結は，さまざまな分野でなされてきた同類の議論，すなわち，ある種の短期的展望に基づいたアカウンタビリティのメカニズムが，いかに最適な結果から程遠いものをもたらしうるかという指摘と通じるところがある[12]．しかし，政治家に短期的展望や視野の狭窄をもたらす構造条件は以前よりも拡大している一方で，政治家が自分の政策選好や信念に基づいて，不人気な改革を断行することを選び，世論からの支持を失うという犠牲を払う可能性も残っている．利益団体の長期的利益が改革と結びついているとき，あるいは他の重要な集団への短期的な利益の供与も含んだ包括的な政策であるとき，痛みを伴う改革は成功しやすいのである．

本章で議論されてきたハイパーアカウンタビリティは時によっては改革の障害になり，首相の交代を頻繁にもたらす可能性があるが，政治不信，特に権力の乱用についての有権者の不信感からすると，ハイパーアカウンタビリティは欠点はあるものの，以前の政治リーダーのアカウンタビリティの欠如より好ましいと考えるのが妥当であろう．

---

12) 例えば，四半期収益報告書のための企業の行動や選挙景気循環に関する研究にみてとれる．

第 IV 部　政党政治の混迷

参 考 文 献

内山融．2007．『小泉政権：「パトスの首相」は何を変えたのか』中公新書．
川人貞史．1988．「衆参同日選挙と中曽根人気」『北大法学論集』39(2)：432-90．
―．2005．『日本の国会制度と政党政治』東京大学出版会．
―．2010．「二重の国会制度モデルと現代日本政治」『レヴァイアサン』49：96-113．
Carey, John, and Matthew S. Shugart. 1995. "Incentives to Cultivate the Personal Vote: A Rank Order of Electoral Formulas." *Electoral Studies* 14(4): 417-39.
Hayao, Kenji. 1993. *The Japanese Prime Minister and Public Policy*. Pittsburgh: University of Pittsburgh Press.
Huber, John. 1998. "How Does Cabinet Instability Affect Political Performance? Portfolio Volatility and Health Care Cost Containment in Parliamentary Democracies." *American Political Science Review* 92(3): 577-91.
Huber, John, and Arthur Lupia. 2001. "Cabinet Instability and Delegation in Parliamentary Democracies." *American Journal of Political Science* 45: 18-32.
Johnson, Chalmers A. 1982. *MITI and the Japanese Miracle: The Growth of Industrial Policy, 1925-1975*. Stanford: Stanford University Press.（矢野俊比古監訳『通産省と日本の奇跡』TBSブリタニカ，1982）
Kabashima, Ikuo, and Ryosuke Imai. 2002. "Evaluation of Party Leaders and Voting Behaviour: An Analysis of the 2000 General Election." *Social Science Japan Journal* 5(1): 85-96.
Kohno, Masaru. 1997. *Japan's Postwar Party Politics*. Princeton: Princeton University Press.
Krauss, Ellis S. 2000. *Broadcasting Politics in Japan: NHK and Television News*. Ithaca: Cornell University Press.
Krauss, Ellis S., and Benjamin Nyblade. 2005. "'Presidentialization' in Japan? The Prime Minister, Media, and Elections in Japan." *British Journal of Political Science* 35: 357-68.
Maeda Ko. 2010. "Factors behind the Historic Defeat of Japan's Liberal Democratic Party in 2009." *Asian Survey* 50(5): 888-907.
Mair, Peter. 1997. *Party System Change: Approaches and Interpretations*. Oxford: Oxford University Press.
Massey, Joseph A. 1976. *Youth and Politics in Japan*. Lexington, Mass.: Lexington Books.
Masuyama, Mikitaka. 2007. "The Survival of Prime Ministers and the House of Councillors." *Social Science Japan Journal* 10(1): 81-93.
Masuyama, Mikitaka, and Benjamin Nyblade. 2004. "Japan: The Prime Minister

and the Japanese Diet." *Journal of Legislative Studies* 10(2・3): 250–62.

Müller, Wolfgang C., and Kaare Strøm, eds. 2000. *Coalition Governments in Western Europe*. Oxford: Oxford University Press.

Patterson, Dennis, and Ko Maeda. 2007. "Prime Ministerial Popularity and the Changing Electoral Fortunes of Japan's Liberal Democratic Party." *Asian Survey* 47(3): 415–33.

Ramseyer, J. Mark, and Frances McCall Rosenbluth. 1993. *Japan's Political Marketplace*. Cambridge: Harvard University Press. (加藤寛監訳『日本政治の経済学：政権政党の合理的選択』弘文堂，1995)

Saalfeld, Thomas. 2000. "Members of Parliament and Governments in Western Europe: Agency Relations and Problems of Oversight." *European Journal of Political Research* 37(3): 353–76.

Samuels, Richard J. 2003. *Machiavelli's Children: Leaders and Their Legacies in Italy and Japan*. Ithaca, N.Y.: Cornell University Press.

Strøm, Kaare. 2000. "Delegation and Accountability in Parliamentary Democracies." *European Journal of Political Research* 37(3): 261–89.

van Wolferen, Karel. 1989. *The Enigma of Japanese Power: People and Politics in a Stateless Nation*. London: Macmillan. (篠原勝訳『日本：権力構造の謎』早川書房，1990)

あとがき

　2009年8月，本書の編者の一人は，歴史的政治変動を予期する東京の熱気を後に，米国コネチカット州のイェール大学に向かった．東京大学とイェール大学との協定によるプログラム（東大－イェール・インシアティブ）の派遣教員の一員として，可能な限り両大学の政治学での連携を強め，両校をハブとした日米の日本政治の同時代的実証分析の継続的協力体制を模索することがその目的であった．その試みの最初の成果が本書である．そこで，東大・イェール・イニシアティブの成果の筆頭を飾る本書の成立経緯と作成過程について簡単に説明したい．

　本書の問題関心の原点が2009年総選挙による政権交代であることは言を俟たない．この企画は，当初は，政権交代選挙の背景と意義の理解を目指す国際共同研究として構想された．その際，焦点となったのは，政権交代が新選挙制度の予期した結果であるのか，そうであるとして，自民党の政権転落の直接の原因が，当時，流布されていたような小泉改革への有権者の反発であるのかといった点であった．研究が進展するにつれ，分析単位を政党とし，分析枠組を政党の長期的趨勢への適応行動とした方が，政権交代選挙の前夜の与党自民党の状況を，その後の与党民主党の混乱と連続した形で理解でき，日本の政党政治の転換点をより的確に把握出来ると考えるに至った．その具体的な内容は本書の序章で展開されている通りである．無論，本書の分析の中心は自民党政権期で，2009年選挙とその前後の国政選挙の分析も，野党民主党の分析も十分になされたとは言い難い．しかし，そのような課題を扱った書籍も散見されるなかにあって，日本の政党政治の発展過程の文脈でこのたびの政権交代を位置づけた分析はなく，その意味で本書の意義は高いと自負している．読者各位の判断を仰ぐ次第である．

　本書の成立経緯であるが，各章の基となった論文は2010年4月のイェール大学での会議と同年8月の東京大学での会議を経て，後者の会議提出論文は東京大学社会科学研究所紀要の『社会科学研究』の特集号として公刊され，更に

あとがき

大幅な改訂を経て，本書のような形となった．

このうち，最初のイェール会議（"Exploring the Tectonic Change in the Japanese Political Economy"）は，本書執筆者の他に，マシュー・カールソン（ヴァーモント大学），メアリー・アリス・ハダード（ウェズリアン大学），シゲオ・ヒラノ（コロンビア大学）と今井耕介（プリンストン大学）各氏の論文の報告を得た．コメンテーターとしては今井雅巳（ウェズリアン大学），内山融（東京大学），ジェニファー・ホルト・ドゥワイヤー（ニューヨーク市立大学），藤平新樹（ハーバード大学），スティーブン・リード（中央大学），マイケル・スィーズ（カリフォルニア大学ロスアンゼルス校）各氏の貴重な意見をいただいただけでなく，会議のゲストスピーカーであった辻優・ボストン総領事と谷岡慎一・豊岡市経済部長の各氏，更にこの会議と一体で開催されたイェール大学経済学部の濱田宏一教授主宰の民主党政権下の日本の経済課題に関するシンポジウムの講演者の大塚啓二郎（政策研究大学院大学），神門善久（明治学院大学），星岳雄（カリフォルニア大学サンディエゴ校）およびエドワード・リンカーン（ニューヨーク大学）の各氏からも貴重な意見をいただいた．

このイェール会議はイェール大学のマクミラン・センターと同大学の東アジア研究協議会および東大－イェール・イニシアティブの財政支援により実現したが，その際は，マクミラン・センターのイアン・シャピロ所長，東アジア研究協議会のアン・レターマン女史，および日本人大学院留学生の市川紘子，井手弘子，田中世紀各氏，および東京大学本部・国際部の諸氏に大変お世話になった．改めて感謝の言葉を述べたい．

イェール会議でのコメンテーターや参加者からの意見や執筆者間の議論を踏まえ，東京会議に向けての論文改訂がなされた．東京での会議は東京大学堀場国際会議（「構造改革と政権交代」）として，その財政支援のもと，東京大学社会科学研究所の主催により，東大－イェール・イニシアティブとイェール大学東アジア研究協議会の協賛を得て開催された．この会議は，内外の研究者200名を超える聴衆を得て，急遽言語を英語から日本語へ変更するなどの不手際にもかかわらず，大きな成果を得た．特に，基調講演の労をとられた田中明彦・東京大学副学長とコメントを頂戴した内山融（東京大学），加藤淳子（東京大学），川人貞史（東京大学），谷口将紀（東京大学），山田真裕（関西学院大学），ス

あとがき

ティーブン・リード（中央大学）諸氏のおかげで，本書は格段にその纏まりが向上し，その内容が改善された．多くの会議参加者とともに，社会科学研究所の末廣昭所長，保城広至准教授，須藤新（研究協力分野），藤山緑（所長室），松田なつ（イェール大学大学院）と多くの院生諸氏，これらの方々の積極的なご尽力がなければ，東京会議の成功は到底，覚束なかったと思われる．これらの方々には篤くお礼を申し上げる．しかし，やはり，特記すべきは，東大堀場国際会議の寄贈者である堀場製作所の堀場雅夫氏のご厚意で，東京会議の成果はその賜物であると言っても過言ではない．

英文論文の翻訳から原稿の整理，執筆（翻訳）者との連絡や調整，編集や改訂の作業，字句や体裁の統一，索引の作成まで，本書の作成過程の中心は松田なつさんと東京大学出版会編集部の奥田修一氏によって担われた．編者の一人，斉藤淳もイェール側でなされた和訳の点検などに携わったが，両編者のおもな役割は出版助成費の調達で，各自の所属部局の研究費に加え，この際も，東大堀場国際会議の資金に大きく依存することになった．労働集約的で時間消費的，細心の注意と甚大な忍耐を必要とする作業を松田，奥田両名が極めて効率的にこなしたおかげで，なんとか本書の出版にこぎ着けることができた．ご両名のご苦労に全幅の敬意と感謝を表明する次第である．

以上の方々全てが，本書に至る過程で，対価を度外視して，惜しみなくお骨折りくださったことを想起するたびに，真の学術的連帯・同朋のありがたさを痛感せざるを得ない．その事情は，本書の各章執筆者と編者との関係でも同様で，多忙の中，編者の様々な注文に快く応じていただいた各章執筆者には敬服せざるを得ない．本書の作成の過程は，少なくとも，執筆者の中でなんと齢だけ無為に重ねているこの編者にとっては，何をもっても代え難い学習の機会であった．もし，この編者の政治理解が一歩たりとも前進したとしたら，ここに名前を記した方々と本書の執筆者のおかげであることは言うまでもない．なるべく早い時期に，なんらかの形でその学恩に，遅まきながら報いることができればと願う次第である．

冒頭で記したように，本書は，日本政治の同時代的実証分析の継続的国際協力体制を模索する中から生まれた．既に，この企画の後継企画である「政権交代と外交政策」も，東大－イェール・イニシアティブの一環としてニューヘー

あとがき

ブンと東京での国際会議の開催を経て，その会議報告書は，本書の出版と時期を同じくして『社会科学研究』の特集号として公刊されるはずである．果たして，これらの出版物がそのめざした国際的研究制度整備の魁に値するかは，すべからく，読者諸氏の，その評価と反響に委ねられるであろう．日本政治に関して，理論的に有意でかつ実証的に新鮮な同時代的分析を成就するために試行と錯誤を重ねることは，現代日本に関心を寄せる政治分析者の共通の課題であり，宿命であるだけに，本書が，それらの方々の研究の一助になればと願う次第である．

2011 年 10 月

樋　渡　展　洋

索　　引

ア　行

アカウンタビリティ　248, 257–59
上げ潮派　83–84, 89
麻生太郎（麻生内閣）　75–76, 83–84, 101, 110, 119, 127, 211, 246–47
安倍晋三（安倍内閣）　76, 81, 83–84, 88, 108, 127, 211, 246–47
一票の格差　32, 166, 172
イデオロギー　7, 45–49
大平正芳　251–52
小沢一郎　12, 101, 127–31, 179–80
小渕恵三（小渕政権，小渕内閣）　53, 60, 98, 101–2, 105, 111, 179, 253, 258
恩顧主義　40, 72, 126, 176, 178, 181

カ　行

海部俊樹（海部内閣）　219, 253
格差社会　106, 139
格差是正　12–13, 18, 107–9
合併特例法　162, 181–82
亀井静香　12, 101, 122–23, 127–30, 211
菅直人（菅内閣）　12, 85, 101–2, 130–31, 214, 247
議院内閣制　28, 33, 89, 223, 255
規制緩和（規制改革）　40, 53, 55, 57, 59–60, 62, 76, 83, 110, 180
行政改革　193, 197, 219
業績評価　5, 14, 16, 165
経済財政諮問会議　72, 75, 81–83, 85–88, 125, 130
経済産業省（経産省）　73, 86, 88–90
小泉（構造）改革　9, 11–13, 18, 45–46, 53, 76, 83, 110–11, 120, 122, 138, 140, 153
小泉純一郎（小泉政権，小泉内閣）　2, 9, 11–13, 17, 45, 53, 60, 62, 74–76, 80–81, 84–89, 97–98, 101–2, 105, 111, 115–20, 123–30, 153, 162, 180, 182, 193, 198–201, 206, 211, 219, 230–35, 239–40, 246, 253
後援会　6, 30, 32, 199
公共事業　13, 33, 75, 97, 117, 144, 154, 161–65, 172, 197
構造改革　7, 9, 11, 14–16, 18, 45–47, 49–54, 56–60, 62, 75–76, 97, 99–102, 105, 110, 112, 121, 129, 153, 159, 165, 172, 187
公明党　36, 38, 41, 184, 186, 240
高齢化（少子高齢化）　88, 90, 141, 143, 159, 161
国民新党　45, 112, 119–20, 122, 127–31, 247
55 年体制　245
国庫支出金　142, 146–47, 161–62, 177

サ　行

財政赤字　46, 53, 60, 72, 80, 83, 85, 88, 90
財政移転　13, 141–42, 146–47, 154, 161–65, 172, 177–78, 182
財政改革　11, 46, 53, 59–60, 154, 161, 172, 258
財政再建　7, 9, 13, 15–16, 53, 59, 73, 76, 84
財政出動　7, 9, 12, 78, 82, 172
財政タカ派　82–83, 89
財政投融資　75, 116–17
財務省　11, 73, 75, 79, 81, 85–90, 116
参議院選挙（参院選）
　2007 年——　2, 10, 45, 75–76, 108, 127, 175, 182, 186–87, 246
　2010 年——　2, 10, 102, 111, 131, 182, 257
三位一体（の）改革　162, 180–82
自自公連立政権　180, 187
自社さ（さきがけ）連立政権　179–80
市場原理主義　45, 83, 110, 121, 123
市町村合併（自治体合併，平成［の］大合併）

索　引

　　　7, 9, 11, 14, 36–38, 40, 162, 175–76, 178, 180–84, 186–87
ジニ係数　98, 103–4, 140–41, 146–47
自民党　→自由民主党
社会民主党(社民党)　45, 108–9, 122, 128
衆議院選挙(衆院選，総選挙)
　2005年──(郵政選挙)　2, 9–10, 13, 18, 45, 84, 112, 125, 150, 154, 166, 193, 246, 256
　2009年──　2, 10, 13, 45, 72–73, 102, 110–11, 122, 137, 150, 154, 166, 175, 182, 186–87, 211, 240, 246, 256
集票マシーン(選挙マシーン)　30, 36, 40, 126, 128, 180–81
自由民主党(自民党)
　──政務調査会　6, 71, 73, 125
　──総裁選(挙)　125, 196–201, 205–6, 208–12, 219, 258
　──総務会　125
少子高齢化　→高齢化
小選挙区制　2–3, 27, 36, 38, 41, 47–49, 57, 171, 180, 183–84, 186–87, 246, 255
小選挙区比例代表並立制(新選挙制度)　6–11, 15, 28, 32–34, 36–38, 40–41, 61–62, 125, 138, 172, 196, 246
消費税　80–85, 89, 111, 257
陣笠議員　33–34, 75–76, 82, 84–85, 89, 248, 256
新自由主義　17–18, 45–47, 53, 60, 62, 81, 115, 117, 120–24, 126, 131, 193
新選挙制度　→小選挙区比例代表並立制
スウィング　2, 183–84
鈴木善幸　251–52
政権交代　2–3, 5, 17, 30, 45–46, 139, 144, 150, 153, 175, 181, 195, 214, 240
政治改革関連四法　31
政治資金規正改革　72, 74, 88
政治資金規正法　197
政党帰属意識　10, 13, 195, 255
政党交付金　6, 194, 197
選挙制度改革　6, 10, 27–28, 33, 37–38,

　　40–41, 60, 72, 74, 88, 125–26, 166, 172, 180, 187, 194, 196, 219, 245–46, 255
選挙マシーン　→集票マシーン
総選挙　→衆議院選挙
造反議員　→郵政造反議員
総務省　75, 116
族議員　31, 80, 180

タ　行

第三の道　100–102
竹中平蔵　75, 81, 84–85, 87, 116, 118
田中角栄　126, 251–53
谷垣禎一　81, 83, 211–12
単記非委譲式投票　6, 71, 178, 245
地方行(財)政改革　7, 9, 13–14, 175, 178, 180, 187
地方交付税(交付金)　38, 142, 146–47, 161–62, 177, 180–82
地方分権(改革)　11, 14, 40, 176, 178–81, 187
地方分権一括法(案)　179–80
地方分権推進法(案)　179
中位投票者　7, 11, 27–28, 34, 40, 47–49, 62, 98, 102, 124, 198, 209
中央省庁再編　219
中央省庁等改革基本法　125
中選挙区制　6, 27–30, 32–38, 41, 166, 183–84, 196, 198, 245
「抵抗勢力」　74, 80, 115
特命担当大臣　87, 125

ナ　行

内閣支持率　14, 139, 175, 204–6, 214, 219–28, 230–40, 252–54, 256
内閣府　9, 116, 125, 256
内閣法　125
中川秀直　12, 81, 89
中曽根康弘(中曽根内閣)　9, 46, 53, 60, 62, 115, 120, 227–28, 252–53
二大政党制(二大政党化)　2, 18, 41, 48, 60, 194

索　引

ねじれ国会　90, 248

ハ　行

橋本龍太郎(橋本政権, 橋本内閣)　9, 98, 101, 111, 115–16, 211, 219, 253
羽田孜(羽田内閣)　233, 253
鳩山由紀夫(鳩山内閣)　102, 110, 121, 123, 129–30, 247
ハネムーン効果(ハネムーン期)　206, 214, 247–48, 253, 256
派閥(主義, 政治)　71–72, 74, 80, 83, 86, 125, 193, 196–97, 202, 219, 240, 245–46, 253
派閥領袖　6, 9, 12, 193, 196, 219
バブル崩壊　72, 138, 142, 155, 172
非自民連立政権　33, 179, 230–33, 239
非正規労働者　105, 112
比例代表制　33, 41, 47–48, 51, 246, 255
福島瑞穂　12, 101
福田赳夫　198, 251–52
福田康夫(福田[康夫]内閣)　75–76, 83–84, 88, 246–47
浮動票(浮動層)　10, 14, 18, 194, 214, 255–56
プリンシパル・エージェント・モデル　77, 256
平成(の)大合併　→市町村合併
補助金　36–38, 75, 177, 180–81, 183, 197
細川護熙(細川政権, 細川内閣)　137, 178–79, 219, 232–33, 237, 239, 253
ポピュリズム　62, 115, 124, 211

マ　行

マスメディア　→メディア
マニフェスト　18, 110, 122, 131

三木武夫　251–52
宮沢喜一　253
民主党　1–2, 6–7, 10–15, 17–18, 28, 40–41, 45, 60, 62, 72, 83–85, 102, 108–12, 115, 122, 124, 127–31, 246–47, 257
　──代表選(挙)　195, 201–3, 206–8, 213–14
無党派層　18, 45, 97, 193, 196, 248, 255–56
村山富市　179, 237, 253
メディア(マスメディア)　196, 204, 207–9, 213–14, 226, 254–55, 259
森喜朗　253

ヤ　行

郵政改革　122–24, 129–31
郵政改革法案　122, 124, 130–31
郵政選挙　→衆議院選挙(2005年)
郵政造反議員(造反議員, 郵政造反組)　76, 108, 120, 122, 126–27, 193
郵政民営化　75–76, 97, 110, 115–22, 124–28, 131–32, 139, 246
郵政民営化法(案)　76, 115, 117, 119–20, 124–25, 130, 193
与謝野馨　12, 81, 83–86, 89

ラ　行

利益団体　9, 28, 30, 75, 78–80, 82, 88, 115, 124–26, 131–32
利益誘導　6–7, 29–33, 40, 71, 180
リーダーシップ　79, 85, 88, 129–30, 245–46, 257
労働組合(労組)　16, 41, 71, 78, 127, 129–30
労働市場の二重構造(化)　12, 97–98, 104–5, 110, 112
労働者派遣法　105

269

執筆者一覧（執筆順，＊は編者）

＊樋渡展洋（ひわたり・のぶひろ）	東京大学社会科学研究所
＊斉藤　淳（さいとう・じゅん）	イェール大学政治学部
フランセス・ローゼンブルース （Frances Rosenbluth）	イェール大学政治学部
山田恭平（やまだ・きょうへい）	イェール大学政治学部
グレゴリー・W. ノーブル （Gregory W. Noble）	東京大学社会科学研究所
豊福実紀（とよふく・みき）	前東京大学大学院総合文化研究科
イヴ・ティベルギアン （Yves Tiberghien）	ブリティッシュ・コロンビア大学政治学部
松田なつ（まつだ・なつ）	イェール大学政治学部
パトリシア・L. マクラクラン （Patricia L. Maclachlan）	テキサス大学オースティン校政治学部
清水　薫（しみず・かおる） （Kay Shimizu）	コロンビア大学政治学部
宮川幸三（みやがわ・こうぞう）	慶應義塾大学産業研究所
ケネス・盛・マッケルウェイン （Kenneth Mori McElwain）	ミシガン大学政治学部
梅田道生（うめだ・みちお）	日本学術振興会特別研究員（PD）／ 東京大学大学院法学政治学研究科
前田幸男（まえだ・ゆきお）	東京大学社会科学研究所
ベンジャミン・ナイブレイド （Benjamin Nyblade）	ブリティッシュ・コロンビア大学政治学部

政党政治の混迷と政権交代

2011年12月16日 初版

［検印廃止］

編　者　樋渡展洋・斉藤淳

発行所　財団法人　東京大学出版会

代表者　渡辺　浩

113-8654 東京都文京区本郷7-3-1 東大構内
http://www.utp.or.jp/
電話 03-3811-8814　Fax 03-3812-6958
振替 00160-6-59964

印刷所　研究社印刷株式会社
製本所　誠製本株式会社

© 2011 Nobuhiro Hiwatari & Jun Saito
ISBN 978-4-13-036241-2　Printed in Japan

Ⓡ〈日本複写権センター委託出版物〉
本書の全部または一部を無断で複写複製（コピー）することは，著作権法上での例外を除き，禁じられています．本書からの複写を希望される場合は，日本複写権センター（03-3401-2382）にご連絡ください．

東京大学社会科学研究所編	「失われた10年」を超えて I	経済危機の教訓	A5・3200円
東京大学社会科学研究所編	「失われた10年」を超えて II	小泉改革への時代	A5・3800円
樋渡展洋　三浦まり 編	流 動 期 の 日 本 政 治		A5・4800円
川人貞史著	日本の国会制度と政党政治		A5・4400円
加藤淳子著	税 制 改 革 と 官 僚 制		A5・6000円
谷口将紀著	現 代 日 本 の 選 挙 政 治		A5・4000円
高橋　進　安井宏樹 編	政 権 交 代 と 民 主 主 義	政治空間の変容と政策革新 4	A5・4500円
増山幹高　山田真裕 著	計 量 政 治 分 析 入 門		A5・2400円

ここに表示された価格は本体価格です．ご購入の際には消費税が加算されますのでご了承下さい．